www.tredition.de

AF196374

Helmut E. Lehr

Die

Wohlstands-

dekadenz

Vom Wohlstand zum Notstand?

www.tredition.de

© 2016 Helmut E. Lehr
Weitere Mitwirkende: Layout, Ulrich Korioth

Verlag: tredition GmbH, Hamburg

ISBN
Paperback   978-3-7345-3610-6
Hardcover   978-3-7345-3611-3
e-Book   978-3-7345-3914-5

Printed in Germany

Inhaltsverzeichnis

Vorwort

Dekadenz ist ein geschichtsphilosophischer Begriff. (de.wikipedia.org.) Er beschreibt die Veränderungen in Gesellschaften und Kulturen als Verfall, Niedergang und Verkommenheit. Der Begriff bezieht sich ursprünglich auf den Niedergang des Römischen Reiches.

Dekadenz gibt es seit Beginn der Menschheitsgeschichte. Immer wieder ist zu sehen, dass es zur Verweichlichung, Sittenlosigkeit und Zügellosigkeit von Gesellschaften kommt. Meist sind die Ursachen dafür Wohlfahrtsstaatlichkeit und Reichtum.

Im Fall des Römischen Reiches setzte die Dekadenz im Zuge der Expansion des Staates in den ersten nachchristlichen Jahrhunderten ein. Durch Annexion und Errichtungen von Provinzen nahmen die Staatseinnahmen zu. Doch die Gelder wurden nicht für den Aufbau einer funktionierenden Infrastruktur, sondern zum Bezahlen von kostspieligen Geschenken und Unterhaltungsprogrammen benutzt.

Die Kaiser und Politiker setzten sie ein, um spezifisch die stadtrömische Bevölkerung mit Brot und Spielen zu versorgen. Infolge der Maßnahme verweichlichte der Wahlberechtigte Teil der römischen Gesellschaft. Die politischen Entscheidungsträger konnten ohne große Probleme Gesetze erlassen und ihren persönlichen Einfluss sowie Reichtum ausweiten. Mit der Vermehrung von Macht und Wohlstand gingen aber Exzesse, Perversitäten und Ausschweifungen einher, welche das Römische Reich politischökonomisch schwächten und maßgeblich zu seinem Untergang beitrugen.

Eine ähnliche Entwicklung wie im Römischen Reich ist heute in Deutschland zu erkennen. In der Bundesrepublik kommt es durch ein überzogenes Sozialgetue zur Beruhigung der Gesellschaft. Sichtbar wird dies zum Beispiel an der Erhöhung des Kindergeldes um zwei Euro ab 2016. Anhand dieser Maßnahme zeigt die Regierung ihre Soziale Ader und kann das bestehende System zunächst stabilisieren. Kurzfristig sichern staatliche Sozialleistungen einen bestimmten Wohlstand der Bevölkerung und wahren die Macht der Regierenden. Langfristig aber können sie zum Niedergang führen. Die Geldreserven für die Leistungen werden irgendwann aufgebraucht sein und der Staat kollabiert sowohl wirtschaftlich als auch politisch.

Allerdings ist die maßlose Wohlfahrtsstaatlichkeit nicht der primäre Faktor, der die deutsche Gesellschaft zur Dekadenz verführt. Die elementare Treibkraft, welche den Verfall der Bundesrepublik und der gesamten Welt beschleunigt, ist der Kapitalismus.

Bei einer kontrollierten Entwicklung kann der Kapitalismus ein System sein, das zum Wachstum und Wohlstand führt. Heutzutage ist er jedoch außer Kontrolle geraten und erweist sich als gravierenden Grund für die Krisen der Welt. Vor allem die Armut in der sogenannten Dritten Welt ist keine Naturgewalt, sondern die Folge von Gier und Größenwahn der westlichen Gesellschaft.

Bereits seit dem 16. Jahrhundert kommt es dazu, dass wohlhabende Länder die sogenannte dritte Welt, es gibt real nur eine Welt, ausnehmen. Als Beispiel für einen Staat, der seinen Reichtum durch Ausbeutung weiter vermehrte, gilt England. Damals das Vereinigte Königreich. Besonders während der Kolonialzeit generierte es sein Vermögen zu großen Teilen aus annektierten Ländern in Afrika und Asien.

Infolge der Ausbeutung vergrößert sich die Armut in der dritten Welt und es kommt zu Spannungen, deren Auswirkungen bis nach Europa und Deutschland zu spüren sind. Gegenwärtig zeigt sich diese Tatsache in dem großen Zustrom von Flüchtlingen.

Das völlig außer Kontrolle geratene Finanzsystem, begünstigt durch gläubige und unfähige Politiker und der Gier nach Vermehrung des Reichtums einiger schon Reicher auf Kosten der Mehrheit, dies führt zwangsläufig zum Kollaps. Das Dogma des Wachstums in jetziger Form ist in Frage zu stellen. Die zunehmende Armut in der Welt, auch die gefühlte Armut in der westlichen Welt, führt zu Spannungen deren Auswirkungen die Politik aus Hörigkeit nicht sehen will.

Wird der entartete Kapitalismus nicht schnellstens wieder eingedämmt, ist es nur eine Frage der Zeit bis die EU und Deutschland das gleiche Schicksal erleiden wie zum Beispiel die DDR oder die Sowjetunion. Obwohl beide Staaten vom Kommunismus geprägt waren, konnte der Virus der Gier ausbrechen. Auch in diesen Staaten gab es eine wohlhabende Elite, die sich auf Kosten der Mehrheit weiter bereicherte. Bedingt dadurch kam es zu Missstimmungen und dem Zusammenbruch der Länder. In der EU und Deutschland kann der Verfallsprozess aufgrund der scheinbaren Demokratie und der gefühlten Freiheit der Bevölkerung noch hinausgezögert werden. Wirklich verhindern lässt er sich jedoch nur, wenn die Politiker umdenken und Mut beweisen. Sie müssen sich endlich aus den Klauen der Kapitalwirtschaft befreien und vom Werte Konservatismus abrücken. Das unbedingte Festhalten an Traditionen führt zur Verweichlichung und Trägheit sowohl der Politiker als auch der Bürger. Sie sind nicht mehr wachsam und können auf die Veränderungen der globalisierten Welt nicht reagieren. Wenn Werte, Gesetze und Strukturen nicht kontinuierlich erneuert werden und an die jeweiligen Zeitumstände angepasst werden, ist der Niedergang einer Gesellschaft lediglich eine Frage der Zeit.

Dieses Buch soll und ist keine wissenschaftliche Abhandlung. Die Wissenschaft welche vorwiegend von Statistiken und Hochrechnungen lebt, hat ein gestörtes Verhältnis zur Realität. Aus Sicht eines besorgten Bürgers möchte ich Missstände in der Gesellschaft aufzeigen und Verbesserungsvorschläge geben. Einen Wandel kann ich allein nicht herbeiführen. Das ist eine Aufgabe, die die Bevölkerung ausschließlich gemeinsam bewerkstelligen kann. Aufgrund dessen, dass es in letzter Zeit zur Angleichung unserer Parteien und Politiker gekommen ist, muss das gemeine Volk eine vernünftige Opposition bilden und laut stark Veränderungen fordern. Nur so kann der drohende Untergang Deutschlands und der gesamten Welt abgewendet werden.

Die Quellennachweise basieren auf Medienberichten, Internet und deren Interpretationen meinerseits.

Der Verfasser

Der Kapitalismus

Der Kapitalismus in jetziger Form ist zur Geisel der Menschheit mutiert. Vorwiegend in der durch den ungehemmten Kapitalismus der westlichen und zivilisierten Welt. Der Begriff Kapitalismus fand erst ab dem 16. Jahrhundert Verwendung. Bis dahin diente Geld zum Erwerb von Waren, bezahlen von Dienstleistung und auch Steuern. Im heutigen Kapitalismus hat sich das Zahlungsmittel Geld zu einem Wirtschaftszweig verselbstständigt.

Der ungezügelte Kapitalismus, das goldene Kalb der westlichen Welt, ist die Ursache von Armut und Flüchtlingswellen. Nicht der Kapitalismus an sich ist das Problem, sondern die entartete Form von ihm. Dieser Kapitalismus nimmt auf die Umwelt und auf den Menschen keine Rücksicht. Er ist getrieben von Gier und Vermehrung des Reichtums einiger weniger. Und es kommt hinzu, wo viel Geld im Spiel ist, da ist oft die Korruption das Spielfeld!

Den ungezügelten Kapitalismus nennt man auch Neo Liberalismus. Der Begriff Neo kommt aus dem Griechischen und bedeutet zum Beispiel „neu", "frisch", „jung" „oder „ungewöhnlich" und auch „revolutionär". Eigentlich trifft keiner der Begriffe wirklich zu! Der Raubtierkapitalismus ist weder frisch, neu oder revolutionär. Er ist ganz simpel entartet und kriminell! Kapitalismus ist durchaus ein System des Wachstums und des Wohlstandes. Vor allem wenn der Kapitalismus in die soziale Marktwirtschaft integriert wird. Nur die soziale Marktwirtschaft verhinderte Exzesse wie wir sie heute haben. Die soziale Marktwirtschaft war unbestreitbar der Grundstock des Deutschen Wirtschaftswunders. Von der sozialen Marktwirtschaft haben wir uns schon längst verabschiedet. Verantwortlich dafür ist die Politik!

Es ist schlicht unverschämt, wenn heute Politiker das Wort soziale Marktwirtschaft verwenden. Es ist mangelnde Realitätswahrnehmung. Wenn aus Gewinngier Arbeitsplätze vernichtet werden hat dies absolut nichts mit sozialer Marktwirtschaft zu tun! Die Geldgier, das Monopoly Spiel an der Börse, all dies ist total außer Kontrolle. Zum einem kommt es durch die bedingungslose Hörigkeit gegenüber der USA, dem Mutterland des ungezügelten Kapitalismus, zum anderen ermöglicht dies die Steuergesetzgebung in Deutschland. Und dieser entartete Kapitalismus wird irgendwann kollabieren. Da nützt die ganze Gelddruckmaschinerie nichts! Dagegen war die letzte Krise ein laues Lüftchen. Schon einmal, 1928, bei dem ersten Börsencrash verloren die Aktien 90% ihres Wertes Die Folgen sind bekannt und die heute dafür Verantwortlichen haben nichts dazu gelernt. Der Begriff Kapitalismus bezeichnet ein Wirtschafts- und Gesellschaftssystem in dem Tauschhandel abgeschafft ist. Mit Kapital, also Geld, kann man Waren und Dienstleistungen die man benötigt erwerben. Dies setzt voraus, dass man sich Kapital durch Arbeit verdient und wieder ausgibt. Man nennt es auch Wirtschaftskreislauf.

Heute stimmt dies nicht mehr. Der Turbokapitalismus setzt dieses System teilweise außer Kraft. Heute verdient Geld das Geld. Nun, diese Aussage ist so nicht ganz richtig. Verdient wird durch Leistung! Digitale Luftbuchungen und das Micky Maus Geld an der Börse leisten nichts! Ganz im Gegenteil, sie sind schädlich. Mit schuldig ist natürlich der fälschlich so genannte Neoliberalismus. Ein jedes Wirtschaftssystem, vor allem die entartete Kapitalwirtschaft, braucht ein Mindestmaß an Regeln und Kontrollen! Das Ergebnis ohne diese Faktoren sieht man. Die Reichen werden immer reicher, teilweise ohne produktiv für die Wirtschaft etwas getan zu haben. Diese ungezügelte Profitgier erzeugt Ungerechtigkeiten auf Kosten der Waren und Dienstleistungen produzierenden Bevölkerung. Die Wirtschaft erzeugt Waren und auch Dienstleistungen um den Handel im Gange zu halten. Grundlage dafür ist eigentlich Angebot und Nachfrage. Dies gilt für den Export ebenso wie für den Inlandsmarkt. In Deutschland liegt die Wertigkeit vorwiegend im Export. Und dies ist nicht ganz ungefährlich. Bei internationalen Wirtschaftskrisen ist eine Exportnation anfälliger. Ein guter und stabiler Inlandsmarkt kann Schwankungen ausgleichen. Durch die Börsen und deren Spielmöglichkeiten mit Geld ist der Kapitalismus aus dem Ruder gelaufen. Nach Wegfall des reinen Kommunismus, außer in Nordkorea, hat der entartete Kapitalismus praktisch keine Konkurrenz mehr. Länder wie China, Vietnam, Bolivien und noch andere ehemalige rein Kommunistische Länder haben sich dem Sozialismus zugewandt. Genau darum wird er zur Katastrophe für die Bevölkerungen vorwiegend der westlichen Welt. Es gibt keine Alternative Gesellschafts- und Wirtschaftsordnung, welche einen Gegenpol zum Kapitalismus bildet. Da werden Milliardenvermögen verzockt und auch gewonnen. Wie krank die Börse und deren Spieler sind ist ersichtlich, wenn Unternehmen verzockt werden. Da geht es nicht mehr nur um Spielleidenschaft, es geht um Menschen und deren Arbeitsplätze! Der Börsenwert eines Unternehmens sagt nichts über den realen Wert aus. Der reale Wert eines Unternehmens ist das Anlagevermögen, eine gute Belegschaft, Waren und Produkte welche der Markt annimmt. Gute Löhne und Gehälter sowie Rücklagen für Investitionen, Forschung oder Entwicklung, auch Betriebsrenten. Was über diese Werte hinausgeht und an die Börse ist Manipuliermasse oder auch Spielgeld. Hinter diesen Micky Maus Geldern stehen keine realen Werte! Somit sind diese Summen ohne jeglichen Inhalt oder Deckung und damit fiktiv! Da werden Unternehmen an der Börse feindlich oder auf andere Weise übernommen, ausgeschlachtet, erneut verkauft und so geht das Spiel weiter. Da man Gewinne erwirtschaften muss, vorwiegend für die Börsen und Aktionäre, minimiert man die Arbeitsplätze und senkt die Lohnkosten. Lieferanten werden unter Druck gesetzt und der Service vernachlässigt. Hauptsache man erzielt Gewinne. Dann stellt man als Börsennotiertes Unternehmen schnell mal Hunderte von Leuten ein, um den Eindruck von einem gut florierenden Unternehmen zu machen. Der Aktienwert steigt. Danach wird das Unternehmen verkauft, die Manager und Aktionäre machen den Reibach. Nach dem Verkauf werden die zu viel eingestellten Mitarbeiter dem freien Arbeitsmarkt zugeführt. So geht heute dass Business! Mit den Gewinnen werden nun die gierigen Aktionäre und Manager bedient. Dies ist Volkswirtschaftlich reiner Selbstmord. Dieses Geld fehlt dann im Wirtschaftskreislauf. Mit sozialer Marktwirtschaft hat dies nichts mehr zu tun. Natürlich müssen und sollen Unternehmen Gewinne erwirtschaften. Diese Gewinne gehören aber vorwiegend in die Unternehmen zurück geführt. Dort werden sie benötigt und auch erwirtschaftet. Dieses Spielgeld fehlt, ermöglicht durch die Steuerpolitik, auch dem Staat. Dass da etwas falsch läuft sieht man daran, nur Dax Unternehmen, einschließlich der Zockerbanken beutelt es bei Krisen so richtig. Nun bin ich mir im Klaren, die Angelegenheit ist zu komplex um es so einfach zu erklären. Am Ende, nach der wissenschaftlichen Abhandlung oder deren Erklärung, ist das Ergebnis gleich! Eine gute und intakte Volkswirtschaft macht durch den Verkauf oder Handel von Waren und Dienstleistungen Gewinne. Für die Gewinne, Erlöse über den Herstellungskosten, fallen dann Steuern für den Staat an. Mit diesen Steuern finanziert der Staat seine Ausgaben. Manche der Steuern werden auch als Abgaben deklariert, um dem Vorwurf zu hoher Steuerbelastungen des Bürgers durch den Staat zu entgehen. Zollabgaben sind Steuern, EEG Abgabe ist eine Steuer und noch einige mehr. So wird das Volk und damit auch der Verbraucher von der Politik für dumm verkauft! Nur die ohnehin schon Reichen werden durch dieses ungerechte Steuersystem geschont. Und es ist beängstigend wenn Frau Nahles und Herr Gabriel, beide SPD, nun alle anderen Möglichkeiten ausschöpfen wollen, bevor sie die Reichen durch eine Reichen- oder auch Vermögenssteuer zur Kasse bitten wollen. Kapitalvermögen ab einer Million mit zusätzlich fünf Prozent zu versteuern bedeutet für diese Vermögenden nicht den Weg in die Armut. Dies brächte langfristig Milliarden und würde bei richtiger Verwendung den Wohlstand der Bevölkerung sichern. Und es könnte zum Abbau der Staatsschulden verwendet werden. Das Argument, Gelder würden aufgrund einer Vermögenssteuer dann ins Ausland verschoben, ist nicht stichhaltig. Dafür verantwortlich ist die Steuergesetzgebung. Es ist pervers eben die Fluchtmöglichkeit des Kapitals welche der Staat selbst schafft zu beklagen. Erst wenn das Geld versteuert wurde können die Besitzer damit machen was sie wollen. Der Monetäre Parkplatz Schweiz ist ja nicht mehr anonym. Das ist gut so! Und ausgerechnet Mitglieder der SPD verhindern so eine Reichensteuer! Dies widerspricht eigentlich ihrer Robin Hood Gesinnung. Unser Steuersystem sorgt für Ungerechtigkeit. Einige Steuergesetze sind in Form und Inhalt in Frage zu stellen. Ein Beispiel ist das im Inhalt lächerliche und alberne Mehrwert-Steuergesetz. Nehmen wir den Unsinn dass für Luxusgüter wie Kaviar oder Trüffel der ermäßigte Steuersatz gilt. Sogar für Hundefutter gilt dies. Für Babywindeln aber zahlt man die höhere MwSt. Ein Karnickel kostet 7%, ein Hase 19% MwSt. Ein Maultier 7%, der Esel 19%. Das spricht nicht für die Qualität unserer Gesetzgeber! Und das durch die Gesetzgebung zwangsläufig verschonte Kapital wird nur zum kleinen Teil in den

Wirtschaftskreislauf zurück geführt. Da wird es aber benötigt und gehört dort auch hin! Der größte Teil geht an die Börsen und mutiert zu Spielgeld. Und wie dekadent dieser Staat ist zeigt doch dass Behörden ungehindert Milliarden an Steuergeldern durch Misswirtschaft verbraten dürfen. Es sind Milliarden im Jahr (Quelle Bund der Steuerzahler). Und dies ohne Konsequenzen. Verantwortliche sind dafür in den Behörden nicht auszumachen! Das ist nicht nur gegenüber dem Bürger und Steuerzahler eine Unverschämtheit, sondern in höchstem Maße dekadent.

Nun gilt Deutschland aufgrund seiner noch guten Konjunktur als eines der reichsten Länder dieser Welt. Und es wird der Bevölkerung so suggeriert. Aber dies ist relativ! Die Regierung, und damit die von Lobbyisten beherrschte Politik, können durch falsche Fiskalpolitik und Verwendung der Steuergelder natürlich den Wohlstand mindern. Und dies macht die Politik aufgrund von Hörigkeit zur Lobby. Ich nehme im Kapitel Politik noch dazu Stellung. Eine ungezügelte Politik zugunsten des Kapitals ist absolut unsozial und stellt den Sozialstaat in Frage. Die ungezügelte Geldgier geht zwangsläufig zu Lasten und Ausbeutung der Bevölkerung. Vor allem des Mittelstandes. Aber auch zu Lasten der Länder in der sogenannten Dritten Welt. Die Ausbeutung der dortigen Ressourcen, der Fossilen oder auch anderer Wertstoffe, der Arbeitskraft der dortigen indigenen Menschen, die Vernichtung von Arbeitsplätzen zugunsten der Industrie Nationen vor allem der EU, all das sind die Gründe der Armut und auch der Hungersnöte auf dieser Welt. Im Römischen Reich war es ähnlich. Die Dekadenz der sich damals schon selbst ernannten Elite sah die Folgen nicht kommen oder ignorierte sie aus Selbstgefälligkeit. Der Hunger, hervorgerufen durch Naturkatastrophen und auch kriegerische Auseinandersetzungen in den durch die Römer annektierten Gebiete, führte zur Völkerwanderung in das noch so reiche Römische

Reich. Die Verweichlichung und Gleichgültigkeit der Bevölkerung, durch eben diesen Wohlstand, kam dazu. Dies ist heute auch zu sehen. Der vermeintliche Wohlstand ist trügerisch, denn er hat keine stabile Grundlage mehr. Die Basis ist der Turbokapitalismus mit seinem Spielgeld! Daran wird er zugrunde gehen! Und die Fehler in der Geschichte wiederholen sich doch!

Die enormen Gewinne der international agierenden Konzerne in den Entwicklungsländern dienen primär der Bereicherung der schon ohnehin vermögenden Nationen. Nicht den ausgebeuteten Regionen. Der Wohlstand der Industrie Nationen basiert teilweise auf deren Ausbeutung! Die Milliarden Gewinne der Großkonzerne und Banken gehen eindeutig zu Lasten dieser Bevölkerungen, auch der in Deutschland. Eine entsprechende Besteuerung scheitert an der Macht der Wirtschaftslobby und der Angst und damit der Machtlosigkeit der Politiker. Würde nur die Hälfte der Gewinne in den jeweiligen Ländern in deren Wirtschaft oder deren Staatshaushalte re investiert, dann hätten wir nicht diesen bedrohlichen Zustand der Armutsflüchtlinge in das westliche System. Und die internationalen Banken sind Dank der Unterstützung von Politik, Erfüllungsgehilfen dieser Gier und Ungerechtigkeit. Natürlich sind die oft korrupten Regierungen in diesen Ländern auch eine der Ursachen.

Die Schweizer Bank HSBC verwaltet Gelder von korrupten Politikern, Staatsmännern und Frauen in Milliardenhöhe. Und dies ist nur die Spitze des Eisberges. Andere Banken sind mit Sicherheit ebenso involviert. Von den Briefkastenfirmen mit Hilfe der Banken ganz zu schweigen. Auch dort hin wird Geld ganz legal verschoben. Diese Gelder wurden der Bevölkerung und dem Wirtschaftskreislauf dieser Länder entzogen. Dies ist eindeutig Betrug, Diebstahl und Grund der Verarmung dieser Länder. (Quelle ARD

8.2.15) Inzwischen gibt die Schweiz, beziehungsweise deren Banken, an die EU Länder die Daten und Konten an die jeweiligen Herkunftsländer weiter. Und nun kommen die Datenschützer daher und finden dies unmöglich und gegen den Datenschutz! Wie dekadent ist denn dies wieder! Wenn auf Schweizer Banken zur Steuerhinterziehung oder kriminell angeeignetes Geld geparkt wird, dann ist dies eine Straftat. Bei Straftaten und deren Aufklärung ist der bei uns ohnehin überzogene Datenschutz aufzuheben! Und wie kriminell manche Banken agieren, dies sieht man an der Deutschen Bank. Sie muss jetzt 2,3 Milliarden Euro Strafe zahlen wegen unerlaubter Absprachen. So war in den Medien zu lesen. Und noch mehrere Prozesse sind anhängig! Warum nennt sich diese Bank eigentlich noch „Deutsche" Bank? Diese Bank mit ihren gierigen Bossen und dubiosen Geschäften ist nun wirklich kein Aushängeschild für den Namen Deutsch! Es ist für mich nicht nachvollziehbar warum diese Banker noch die Bewunderung unserer Politiker genießen. Eigentlich gehört diese Bank aufgrund ihrer unlauteren Aktivitäten abgewickelt und vom Markt genommen! Auch wenn die halbe ehemalige Führungselite vor Gericht steht, der Form halber! Denn alles andere als ein Freispruch wäre unrealistisch. Der reelle Finanzmarkt in Deutschland ginge daran nicht unter! Vorbilder für anständige Geschäftsleute sind sie nun wahrlich nicht!

Ich habe den Eindruck, in der Welt der Großbanken und des Kapitals gehört das Kriminelle zum Geschäftsmodell. Offensichtlich sind Geschäftsmodelle in der Kapitalwirtschaft nicht Strafrelevant. Und wenn es auf Druck der Öffentlichkeit doch zu Strafverfahren kommt fallen die Strafen so aus, dass sie keine Wirkung haben und nicht wirklich Strafen sind. Da werden von unserer Justiz, wir sind angeblich, aber nur noch angeblich ein Rechtsstaat, Urteile so gefällt dass die Angeklagten nicht als vorbestraft gelten.

Banker gehören, warum auch immer, mit zur Elite unserer Nation und sind somit schützenswerte VIPs! Soviel zum Rechtsstaat. Um dies zu kaschieren werden manchmal, aber ganz selten, prominente Steuersünder wie Herr Hoeneß zur Beruhigung der Bevölkerung verurteilt. Dies war als Alibi ganz clever von der Justiz. Dieser Herr ist überdurchschnittlich prominent bei der Bevölkerung! Nun will sich die „Deutsche" Bank teilweise aus dem Geschäft mit den normalen Bürgern dieses Landes zurückziehen, um sich vorwiegend als Investment Bank zu sehen. Da wird auch mehr und schneller Geld verdient. Der Begriff Invest kommt eigentlich von Investitionen. Darunter verstand man früher Investitionen in Unternehmen zu tätigen. Dies hat sich im verkommenen Kapitalismus geändert. Heute versteht man unter Invest Ausbeutung, Zerschlagung und gnadenlose Gewinnmaximierung für die Börse! Und wenn das Ziel erreicht ist sucht man sich ein neues Opfer. Der Vergleich mit Heuschrecken trifft es perfekt. Von der Personalkosten intensiven Deutschen Post- Bank will man sich trennen. Diese Tochter macht wohl zu wenig Gewinn für die Mutter Deutsche Bank und deren Aktionäre. Dass mal wieder Arbeitsplätze verloren gehen, dies nennt man Schwund und Verderb. Im Kapitalismus eben unabdingbar! Man macht dies natürlich sehr schweren Herzens. Man sieht es den Managern an! Aber 10% Rendite im Jahr machen es erforderlich. Wenn ich mich noch richtig erinnere, lag die Forderung von Herrn Ackermann schon bei 25 %. Da fing die Maßlosigkeit und der Irrsinn an. Bei Milliarden Gewinnen würde es die Hälfte an Rendite auch tun! Zugegeben, die Gewinne sagen nichts über die Rendite des eingesetzten Kapitals aus. Und wo bleiben die Gewinne? Bei den Börsen! Wo die Gier Einzug gehalten hat ist für Vernunft kein Platz mehr. Unvernunft führt zur Dekadenz.

Offensichtlich ist dieses Verhalten nach Schweizer Recht legal. Das Bankgeheimnis erinnert mich an das Beichtgeheimnis der katholischen Kirche. Auch da bleiben gebeichtete Straftaten geheim. Wo ist denn das viele Geld geblieben welches beim letzten Finanzdesaster verschwunden ist? Ein Großteil eben auf diesem Weg! Der Rest schwirrt in der Galaxie herum! Scherz beiseite, dieses Geld gab und gibt es ja nicht wirklich. Es waren und sind Luftbuchungen! Dieser Unsinn geht ja weiter. Und es geht um Milliarden. Kaum zeichnet sich eine eventuelle Einigung mit Griechenland ab, schon sind die Börsianer um 17 Milliarden Micky Maus Geld reicher! Mit diesem Spiel wird man ja täglich im Fernsehen von den Nachrichten konfrontiert. Egal ob man Aktien besitzt oder nicht!

Somit rückt der Kapitalismus in der heutigen Form, man nennt ihn auch Turbokapitalismus, in die Nähe des kriminellen Milieus! Dies zu akzeptieren ist dekadent. Der Turbo Kapitalismus ist die Ursache der Flüchtlingsströme. Den ausgebeuteten Ländern in der dritten Welt, es gibt zwar nur eine, den Marktzugang in die EU und auch den restlichen Industrieländern zu ermöglichen, wäre durchaus eine Möglichkeit, den ungesunden Zustand dieser Länder zu ändern. Zum Schutze der Markt beherrschenden Konzerne und des Kapitals in Deutschland, der EU und der gesamten westlichen Welt, wird dies jedoch durch Gesetze erschwert oder verhindert. Man befürchtet Konkurrenz und damit weniger Gewinn. Investitionen und finanzielle, aber eben auch kontrollierte Unterstützung, findet so gut wie nicht statt.

Ich gehe im Kapitel Zu und Einwanderung näher darauf ein.

Afrika wäre ein riesiger Markt für die Zukunft! Anstatt aber dort in die Infrastruktur zu investieren wird dieser Kontinent ausgebeutet! Wenn die reichen Industrienationen langfristig planen würden, aber das können oder dürfen sie nicht zwecks der kurzfristigen Gewinnmaximierung, könnten sie viel bewirken. Die Chinesen haben dies längst begriffen! Die investieren in Afrika. Natürlich nicht aus Menschenliebe oder Humanität. Aber sie schaffen Arbeitsplätze und eine Infrastruktur. Dies braucht Zeit und kostet viel Geld. Mit Aufbau der Infrastruktur, Investitionen und damit von Arbeitsplätzen, schafft man langfristig Stabilität in einem Land. Mit einem dadurch entstehenden bescheidenen Wohlstand verlieren Stammes und Glaubensfehden ihre verheerende Wirkung! Gemeinsam mit den Kosten der nach dem Gießkannenprinzip und unkontrolliert verteilten Entwicklungshilfe, sowie den Kosten der Flüchtlingswellen, wäre in diesen Ländern das Geld humaner angelegt. Denn langfristig schafft es Märkte. Zudem entspräche es der in den wohlhabenden Ländern scheinheilig oft genannten Menschenwürde dieser Bevölkerungen. Diesen vernünftigen Gründen steht aber die kurzfristige Gewinnmaximierung im Wege. Gefährlich wird es wenn versucht wird die Demokratie nach westlicher Auslegung als einzig wahre Regierungsform installieren zu wollen! Dies ist borniert und hat bis jetzt nicht wirklich funktioniert. Zumindest am Anfang braucht man durchaus dirigistische Maßnahmen und Kontrollen. Anders geht es nicht in solchen von Korruption geprägten Ländern. Die Entwicklung zur Demokratie braucht sehr lange Zeit. Eventuelle Rückschläge muss man einkalkulieren. Nochmals, langfristig machte es Sinn!

Die Gewinne, generiert durch Ausbeutung der Arbeitskräfte mit Hungerlöhnen und Sicherheitsstandards in den ausgebeuteten Ländern, welche in der westlichen Welt zur Schließung der Produktionsstätten führen würden und schon als kriminell zu bezeichnen sind, füttern den entarteten Kapitalismus. Das System des heutigen Kapitalismus ist völlig außer Kontrolle geraten. Ein System in dem Kapital höher bewertet wird als die Wertigkeit derer, welche letzten Endes das zu Mickymaus Geld verkommene Kapital erwirtschaftet, dieses System ist absolut nicht mehr unter Kontrolle und krank! In der Realität bestimmen ohnehin die Konzerne und Banken, also der Kapitalismus, die Politik. Die sagen wo es lang geht! Der Politik bleibt ob ihrer Abhängigkeit mangels Kenntnissen und Mut zu Änderungen nur die Zuschauerrolle und das Abnicken. Bei Gesetzesänderungen im Steuerrecht sind als Berater nicht selten Mitarbeiter der Bankenbranche involviert! Und die dekadenten Regierungen der westlichen Welt unterstützen diesen absoluten Schwachsinn. Einschließlich der EZB! Die Krise der Europäischen Union sind keine Naturereignisse, sie sind hausgemacht! Es ist eindeutig nur eine Bankenkrise! Ermöglicht durch die Hörigkeit und Unfähigkeit der politischen Elite gegenüber den Bankengurus. Und wenn private, Gewinnorientierte Unternehmen wie die Rating Agenturen in der USA über Nationen bestimmen können indem sie die Bonität der Nationen willkürlich festlegen, dann ist dies mehr als krank!

Verursacher und Schuldige des ganzen Finanzdesasters sind eindeutig die Politiker. Und sie haben nichts daraus oder dazu gelernt! Auch dies ist dekadent!

Die EZB senkt den Zinssatz für Banken inzwischen auf 0 Prozent mit der fadenscheinigen Begründung, mehr Geld für die Wirtschaft zur Verfügung zu stellen. Dies ist der absolute Wahnsinn. Wenn Banken auch noch Strafzinsen zahlen müssen für das Geld welches bei der EZB gelagert wird, ja dann wird es lustig in der EU. Freue mich schon darauf wenn man von den Banken noch zusätzlich Geld bekommt bei einer Kreditaufnahme. Dass der Bankkunde für diesen Schwachsinn zur Kasse gebeten wird über höhere Gebühren für seine Kontoführung, dies ist der EZB und auch den

Regierungen gleichgültig. Irgendwie müssen die Geldinstitute ja Geld verdienen.

Durch die Maßnahme würde mit dem billigen Geld die marode Wirtschaft in den hoch verschuldeten Ländern der EU angekurbelt. Die Idee ist ohne Zweifel richtig und wäre bei entsprechender Anwendung auch wirksam. Und jetzt kommt das aber. Weil dieses billige Geld den Banken zugeschustert wird und eben nicht der Wirtschaft oder der Bevölkerung direkt zugute kommt, steht dieses Geld wiederum dem Turbo Kapitalismus zur Verfügung. Die einst so hoch verschuldeten Banken, gestützt mit Milliarden Euros durch den Staat und damit durch den Steuerzahler, haben nach ein paar Jahren so gut wie keine Schulden mehr in den Büchern. Die EZB kauft die noch vorhandenen Schuldscheine der Banken jetzt auf. Zudem wirft sie die Druckerpresse an und schmeißt Geld auf den Markt. Dieses Geld fließt aber nicht direkt in den Wirtschaftskreislauf. Nein, es geht zu den Banken. Was an Sanierung der Banken nicht mehr benötigt wird geht als Micky Maus Geld in die Börse! Damit werden die Vermögen der Bevölkerung langfristig vernichtet. Die hilflose Regierung der Bundesrepublik Deutschland schaut diesem Treiben zu.

Dieser aufgeblähte Spielgeld Kapitalismus wird zur Katastrophe führen! Immer mehr gedrucktes Geld ohne Gegenwert auf einander gelegt, dies ergibt einen großen instabilen Haufen. Und wie jeder Haufen, wenn zu groß, kommt der irgendwann ins Kippen! Bedauerlicherweise werden dann leider nicht nur die Verursacher davon begraben!

Angeblich, so Herr Draghi von der EZB, diene diese Geldvermehrung dazu die Kaufkraft der EU Bürger an zu kurbeln und eine Deflation zu verhindern. Das ist gelogen! Dies macht die USA schon seit Generationen so. Hat es geholfen? Nein, die Schere zwischen Arm und Reich ist größer denn je. In Deutschland und auch Europa ist die Entwicklung genau in diese Richtung. In Wahrheit versucht die EZB durch die Geldschwemme die maroden südlichen EU Staaten zu stützen. Nur geht dies eben auf Kosten der noch gut dastehenden anderen EU Mitglieder und deren Bevölkerung. Und dieses Verhalten wird der Tod der EU werden! Denn dies geht nicht mehr lange gut! Auch stärkt es Parteien wie die AfD und Ähnliche in anderen EU Ländern. Und sie haben in vielen Dingen recht. In den USA werden die Reichen immer reicher. Dieser Trend ist in Deutschland zu erkennen. Soll diese Geldschwemme welche absolut nicht notwendig ist in Deutschland der Bevölkerung zu gute kommen, dann geht dies nicht über die Zocker Banken. Da muss eine andere Möglichkeit gefunden werden. Sparkassen oder Genossenschaftsbanken wären eine Alternative. Die dürfen nicht zocken. Eine andere Möglichkeit wäre die Abwicklung von EU Geldern für die Wirtschaft direkt über die EZB. Es muss ein Bankensystem geschaffen werden, welches ausschließlich von der EZB kontrolliert wird und über die Wirtschaftshilfsgelder der EZB verfügt und verwendet. Also ohne Umweg über das nationale oder internationale Bankensystem. Da die EZB dies laut Satzung oder Statuten offensichtlich nicht darf, gehören diese eben geändert! Nur wer soll dies machen? Die Politik ist dazu nicht in der Lage. Damit bliebe die Bereicherung und Sanierung dieser Banken mit Steuergeldern außen vor. Dies setzt allerdings voraus wie im Falle Griechenland, die Eigentumsverhältnisse in Form funktionierenden Katasterämter zu installieren. Nur so erhält man Sicherheiten für Kredite. Zudem wird der EU Bürger für das billige Geld noch teuer bezahlen müssen. Die nächste Krise ist programmiert. Es ist eine Frage der Zeit! Die USA kann absolut nicht als Vorbild für die EU dienen. Dieser Vergleich muss in die Hose gehen. Im Gegensatz zu den USA hat Europa noch keine einheitliche Steuergesetzgebung, keine gemeinsame und angepasste Sozialpolitik mit entsprechenden Gesetzen. Die EU ist im Grunde genommen ein Haufen, nein, dies ist zu polemisch, ein Verein von Staaten. Und beim Vereinsheim wurde zuerst mit dem Dachbau begonnen. Ich bin kein studierter Architekt weiß aber auch so, es kann nicht stabil sein! Jeder in dem Verein hat nach wie vor eigene nationale Vorstellungen und Werte. Was diesen Verein zusammenhält, noch, ist zwangsläufig die gemeinsame Währung.

Die Europäische Union wird so wie sie sich derzeit darstellt, keine Zukunft haben. Die Akzeptanz bei den Bevölkerungen nimmt ab. Föderalismus in dieser Größenordnung verhindert Effektivität. Zukunftsträchtig wären die Vereinigten Staaten von Europa! Einheitliche Regeln für alle Länder in diesem Staatenverbund wie Steuerrecht, Sozialgesetzgebung, Einwanderungsgesetz, Justiz, Armee und vieles mehr. Auf demokratischem Wege wird dies aber nie realisierbar sein! Dazu sind die Eigeninteressen der Länder zu mächtig. Also wird eine für die normale Bevölkerung akzeptable Union, der Grundgedanke ist durchaus richtig und wäre erstrebenswert, eine Utopie bleiben.

Nun ist Deutschland das wirtschaftlich stärkste Land in der EU und absolut dieser EZB Geldpolitik hörig. Wenn Bürger dieses Landes für ihr Erspartes Zinsen erhalten welche niederer sind als die Teuerungsrate, so ist dies schlicht und einfach Betrug und auch der Volkswirtschaft nicht dienlich. Und es schadet dem Image der EU! Die Banken wurden und werden mit Milliarden Steuergeldern gestützt und von ihrem selbstverschuldeten Supergau gerettet.

Griechenlandkrise

Die Griechenlandkrise, machen wir uns doch nichts vor, ist ursächlich eine reine Bankenkrise! Die unfähige Politik des EU Parlamentes kommt erschwerend dazu. Da sitzt doch kein Politiker mit Biss und Durchsetzungsvermögen. Herr Schäuble mal ausgenommen! Sie sind einfach alle weichgespült und dem Kapital, natürlich auch den nationalen Interessen hörig. Darum ist die EU in jetziger Form zum Scheitern verurteilt! Die Krise begann vor fünf Jahren. Griechenland, das Mutterland der Demokratie, ist durch die Dekadenz dort wo es heute ist. Eine Ähnlichkeit mit dem Altrömischen Reich ist ja zu erkennen. Auch damals war man zu Änderungen nicht bereit. Deutschland und die EU werden diesen Weg auch gehen! Der Beitritt Griechenlands in die EU war ja schon illegal. Wurde aber zur Durchsetzung der Politikdoktrin vollzogen. Im Jahre 2010 kollabierte das Bankensystem innerhalb der EU. Die Gründe sind hinlänglich bekannt. Nun kann man zur Rettung Griechenlands stehen wie man will. Entweder man stützt das Land mit Unsummen von Euros auf Kosten der anderen Mitgliedstaaten und damit zwangsläufig auf Kosten der Bevölkerungen, oder Griechenland verlässt die EU. Letzteres will und kann die EU nicht zulassen. Bei einem Schuldenerlass wären die möglichen Folgen fatal für die Union. Warum eigentlich? Fatal wäre es wenn es richtig laufen würde für die Kapitalwirtschaft, sonst für niemand! Die müsste mal richtig bluten und käme dann eventuell auf ein normales Maß zurück! Somit wäre ein Verbleib Griechenlandes machbar. Und es würde den Steuerzahler keinen Cent kosten! Dies kann man natürlich den verhätschelten Banken und Aktionären nicht antun! Auch daran sieht man die Unfähigkeit und vor allem die Mutlosigkeit der Politik in Deutschland und auch der EU. Darum wird es zu einem Austritt Griechenlands aus dem Euro nicht kommen! Die Banken mit den Hedge Fonds reiben sich schon wieder die Hände! Die Berichterstattung in der Griechenlandkrise ist im Staatsfernsehen Deutschlands und den Zeitungen zu einseitig! Staatsfernsehen darum, der Staat verordnet die Gebühren, nimmt auch Einfluss auf Sendungen. Offiziell wird dies natürlich bestritten. Ich höre und lese immer nur was die Griechen an Forderungen der EU ablehnen. Dass die Regierung Griechenlands auch akzeptable und sinnvolle Vorschläge vorgelegt haben, dies wird nicht publik gemacht oder veröffentlicht. Es geht unter, dass Griechenland in den letzten zwei Jahren die Staatsverschuldung nicht erhöht hat, ganz im Gegenteil. Das Bruttosozialprodukt ist gesunken. Damit verändert sich natürlich rein rechnerisch der Berechnungsfaktor negativ. Dies bedeutet aber real keine Zunahme der Staatsverschuldung! Es geht unter, dass Griechenland bis jetzt die Forderungen an Rückzahlungen bedient hat! Es wird von der Politik nicht nachgefragt wo die von ihnen vor der Krise geduldeten oder veranlassten Zahlungen der Gelder aus der EU, bisher 240 Milliarden, eigentlich geblieben sind! Bei der Bevölkerung kam so gut wie nichts an! Natürlich weiß die EU dies. Sie kann es nur nicht zugeben! Diese Gelder wurden zur Bankenrettung verbraten und der Rest versickerte in korrupten Kanälen. So wird es wahrscheinlich weitergehen! Geplante Gelder für den Aufbau der Wirtschaft kann nicht über die Regierung Griechenlands und den Staatsbanken funktionieren! Nur direkt über die EZB! Im übrigen bedeutet der Austritt Griechenlands aus dem Währungsverbund nicht zwangsläufig den Austritt aus der EU. Den Niedergang der EU erst recht nicht. Auch wirtschaftlich könnten die Euro Länder es verkraften. England gehört auch zur EU ohne den Euro als Währung zu benutzen. Das Geld wurde dem Bankensystem gezielt in den Allerwertesten geschoben. War dies wirklich alternativlos? Mit dieser Feststellung hat sich Frau Merkel keinen Gefallen getan. Ich gehe davon aus, sie gab dem Druck der Bankengurus nach! Der Euroraum würde kollabieren, das Ende der EU wurde prophezeit. Wenn die EU so weitermacht kommt das Ende ohnehin. Die Welt hat schon größere Katastrophen überlebt! Und nun, wir schreiben 2015 nach Christus und fünf Jahre später, wäre der Austritt Griechenlands kein Problem mehr? Mit dem Argument, die Banken hätten nun inzwischen soviel Rücklagen um dieses Desaster zu überstehen. Das bestätigt eindeutig die Sanierung der Banken mit Steuergeldern durch die EU und der EZB. Ebenso bestätigt es die Lüge der Rettung Griechenlandes, welches von der verantwortlichen Bankenlobby und auch von unseren hörigen Politikern vehement bestritten wird. Man hat nicht den Mut eine verfehlte Strategie als Fehler ein zu gestehen. Die Bevölkerung wurde stranguliert von Auflagen der EZB, Troika und deren Tabellen hörigen Beamten. Zugegeben, Griechenland muss sich sanieren von Korruption, ineffiziente oder nicht vorhandene Verwaltung und überzogenen sozialen Wohltaten usw. Vor allem das Verhalten gegenüber den Superreichen ändern! Wenn aber ganz vehement von Deutschland gefordert wird, Griechenland müsse seine Bürokratie zurückfahren, dann ist das gerade zu lächerlich! Ausgerechnet das Mutterland der Bürokratie! Zugegeben, gegenüber manchen anderen Ländern funktioniert die kostenintensive Bürokratie wenigstens. Dennoch ist sie überzogen und verhindert Kreativität. Wäre das EU Geld in die Wirtschaft ohne Umwege über die desolaten Banken gegangen, dann wäre das griechische Volk nicht so malträtiert worden. Nun behauptet Herr Söder, CSU, (ZDF am 18.02.15) es hätte keine andere Möglichkeit als die Banken gegeben. Natürlich hätte es eine andere Lösung gegeben. Die Banken in Griechenland müssten bei der EZB das Geld, welches an Krediten für die Volkswirtschaft mit günstigen Zinsen vergeben wurde, geltend machen können. Die Rückzahlung hätte dann aber ausschließlich an die EZB erfolgen müssen. Somit wäre eine Kontrolle der Verwendung möglich. Die Banken könnten sich dann nicht auf Kosten der Steuerzahler sanieren! Somit käme die Wirtschaft wieder in Schwung, das Steueraufkommen steigt und Griechenland könnte seine Schulden langfristig bedienen. Dies setzt aber auch Reformen in diesem als korrupt geltenden Land voraus. Mit diesem Rezept bliebe natürlich die Bankenrettung außen vor! Und genau das ist das Problem und der Grund, warum mal wieder einige Banken in Europa vor dem Exitus bewahrt wurden. Zur Erinnerung. Einige und seltsamer Weise die großen international agierenden Banken in Europa standen 2010 vor dem Kollaps. Diese Großkonzerne in Sachen Kapital konnten und können bis heute die internationalen Steuervorteile nutzen. Dazu gehört natürlich das Zocken und dies ohne Risiko. Verluste tragen ja die Steuerzahler! Der Politik sei gedankt! Dies bedeutete damals fast den Weltuntergang. Zumindest den von der EU und dem Euro. So die Banker und ihre Politiksöldnertruppe. Nochmals, fast die gesamten 240 Milliarden der EZB welche in Form von Bürgschaften usw. nach Griechenland flossen, kassierten die Banken. Nur zehn Prozent dieser gigantischen Summe verblieben im griechischen Haushalt. Dies wird von den Politikern und ihren Mitläufern mit aller Kraft bestritten. Entweder sie kapieren dies nicht, das wäre Dummheit, oder sie dürfen es nicht zugeben! Diese 240 Milliarden gingen nur offiziell an die Griechische Regierung. Damit bezahlte die ihre alten Verbindlichkeiten an die Banken von Deutschland und Frankreich. Für den Staat Griechenland und die Bevölkerung blieb nichts übrig. Mit dem Geld der EU legten dann die Banken ein Polster an mit ihren privaten Gläubigern und sehen der nächsten Krise gelassen entgegen. Die kommt so sicher wie der nächste Sonnenaufgang. Aufgrund dessen würde der Austritt Griechenlands oder anderer südlicher Euroländer heute zu verkraften sein. Bezahlen muss die nächste Bankenkrise, wie immer, der Steuerzahler im Euroraum.

Das Schlimme aber ist, das Spiel geht so weiter. Und wieder bekommt Griechenland 17 Milliarden von der EZB. Damit kann Griechenland erneut eine Rückzahlung von Schulden an den Währungsfond und auch die EZB leisten. Und dies führt langfristig entweder zum Untergang der EU oder zu einer Teilung. Die starken EU Länder werden auf Dauer keinen Länderfinanzausgleich analog Deutschland akzeptieren. Und auf dies läuft es hinaus. Der Anfang ist ja mit Griechenland gemacht! So ein Ausgleich ist kontraproduktiv. Die alimentierten Staaten haben ja keinen Ansporn ihre Ausgaben zurück zu fahren. Man sieht es an Deutschland. In den alimentierten Ländern in unserem Staat ist ja das soziale Getue höher als in den Geberländern. Das Geld kommt ja!

Mag sein dass der Länderfinanzausgleich nach dem Krieg beim Neuaufbau Deutschlands sinnvoll war. Wir leben rund 70 Jahre später und diese Notwendigkeit ist nicht mehr gegeben. Es ist dekadent darauf nicht zu reagieren! Wie im Römischen Reich. Auch da passte man sich nicht der Zeit an. Man lebte in Selbstzufriedenheit in den Tag hinein! Grundsätzlich aber ist die Frage zu stellen, warum ausgerechnet jetzt diese Forderungen an die Regierung Griechenlandes gestellt werden. Fünf Jahre wurde dies nicht oder nur halbherzig getan! Fünf Jahre lang tanzte die als korrupt geltende Griechische Regierung der EZB und der EU auf der Nase herum und bekam laufend Geld. Und dies mit Billigung der heute so empört agierenden Politiker! Kann es doch damit zusammenhängen, die jetzige Regierung Griechenlandes ist links? So eine Regierung ist den Konservativen anderen Regierungen in der EU suspekt. Sie passt absolut nicht zum entarteten Kapitalismus!

Der Austritt Griechenlandes aus der Eurowährung ist der einzige richtige Weg, wenn man den Schuldenschnitt den Banken und Aktionären nicht zumuten will. Die Schulden übernimmt dann,

mal wieder, der entmündigte und dadurch ohnmächtige Steuerzahler! Dann würden die Bürgschaften fällig. Nur so kommt dieses
Land wieder auf die Beine! Ansonsten mutiert diese Angelegenheit
zur unendlichen Geschichte. Durch Rückkehr zum Drachmen,
Abwertung gegenüber dem Euro um 40 Prozent, kann Griechenland nicht mehr so viel importieren. Der Import von Lebensmittel
nahm nach dem Euro Zutritt exorbitant zu. Somit werden wieder
vorwiegend heimische Produkte gekauft. Dies gilt vor allem für die
Produktion der Landwirtschaft. Der Tourismus wäre auch wieder
Konkurrenzfähig. Produkte der Landwirtschaft und der, zugegeben relativ bescheidenen Industrie, werden auf dem Weltmarkt
nachgefragt. Dies schafft Arbeitsplätze! Somit entsteht Wachstum
des Bruttosozialproduktes. Importe werden natürlich teurer. Da
Griechenland nun keine Schulden mehr bedienen muss, sie waren
ja absolut pleite, kann es nur aufwärts gehen. Natürlich blieben,
rein rechnerisch, die Schulden in Euro. Die Gläubiger Länder können ihre Forderungen in die Tonne schmeißen. Diese Milliarden
Euros sind verbrannt. Das würden durchaus ein oder zwei harte
Jahre für das Volk. Die Verursacher, dies sind die Banken, werden
natürlich wie immer aus der Haftung genommen. Das ist alternativlos, so Frau Merkel. Alternativlos ist der Tod! Vor fünf Jahren
wäre dieser Schritt billiger gewesen. Danke liebe Politiker! Ob sie
daraus lernen? Dies gilt auch für die Politiker in Griechenland bezüglich Reformen. Ich habe meine Zweifel.

Die Gefahr ist, andere südliche Euroländer könnten dem Beispiel Griechenlands folgen! Und schnelle Entscheidung von der
Regierung in Griechenland zu fordern ist unrealistisch. Griechenland ist eine Demokratie und Demokratien sind nun mal schwerfällig. Das ist in Deutschland nicht anders! Mit dieser unsinnigen
Geldpolitik wird uns der Euro um die Ohren fliegen und damit die
EU. Griechenland ist nur ein Glied in der Kette. Irland, Portugal,

Spanien und noch andere südliche EU Länder machten den Anfang. Und dieses Desaster ist von der USA gewollt. Die USA ist an einem starken Euro nicht interessiert. Sie will einen starken Dollar und duldet keine andere „Weltwährung". Dies erkannte auch Peer Steinbrück, ehemaliger Finanzminister in einem Interview. Die denkenden Bürger in dieser Republik, es gibt es tatsächlich noch welche, wissen dies schon länger! Die Finanzjongleure der USA haben es leicht. Sie haben das Fachwissen über Geldströme und Bankenwirtschaft den Politikern voraus. Die Meinung dass ein Jurastudium dazu prädestiniert, Finanzminister oder überhaupt Minister zu werden, dies erweist sich eben als fatal. Ich komme im Kapitel Politik noch darauf zurück. Dies ist nicht nur in Deutschland so, nein in der EU ist man ebenfalls der Meinung. Damit sitzen den Spezialisten der Finanzgiganten dann bei Verhandlungen Amateure gegenüber. Und die Hörigkeit gegenüber den Rating Agenturen, natürlich mit Sitz in den USA, ist ein Armutszeugnis von Europa. Warum gründet man keine Ratingagentur mit Sitz in der EU? Kann man oder darf man es nicht, weil dies der USA nicht passt? Und der Wahnsinn war ja bei der letzten Krise, dass man dann Bankengurus, vorweg Herr Ackermann von der Deutschen Bank, als Berater holte um die von den Bankern verursachte Krise zu beheben. Man munkelt, der Banker mit Heiligenschein, zumindest für die deutschen Politiker, verdiente an der Beratung ein paar „Milliönchen" Euros. Das wäre ja gemessen an den Milliardenverlusten gerade zu ein Schnäppchen! Inzwischen stehen einige dieser so oft hofierten Herren vor Gericht! Finanzmister sollten grundsätzlich mit der Materie Finanzen vertraut sein und Fachwissen haben. Wenn in einer gewählten Partei keine dafür geeignete Person zu finden ist, dann muss man ganz einfach auf Externe zurück greifen. Dies aber macht man nicht. Man muss ja die eigene Klientel mit Ministerposten beglücken! Koste es was es wolle! Die CDU unter Frau Merkel machte es ja vor. Herr Kirchhof, anerkannter Steuerfachmann und Finanzrichter, wurde ja vor Jahren im Wahlkampf als Finanzminister gehandelt. Er hatte aber als Seiteneinsteiger in der Partei keinen Rückhalt! So wenig wie ihn gegen die schon polemische Argumentation von Alt-Kanzler Schröder in Schutz zu nehmen. Ich erinnere an die Diskussion über eine andere Einkommenssteuer mit 3 Variablen. Es ist falsch zu behaupten dass bei einem Steuersatz von 30% das Personal mehr Steuer bezahlt als der Chef. 30% sind nun mal 30%. Nun nützte Herr Schröder natürlich aus dass ein Großteil des Volkes durch den geförderten Phlegmatismus nicht mehr mit denkt! Herr Kirchhof hätte wahrscheinlich die unbedarften Finanzpolitiker auf Vordermann gebracht. Davor hatten natürlich auch die Finanz Jongleure Bammel. Hauptsache ein Studium, am besten Jura ist vorhanden. Nun höre ich schon wieder das Argument, dies gehe nicht weil...! Natürlich ginge es, man will schlicht und einfach nicht. Auch dies ist absolute Dekadenz.

Die Staatsverschuldungen alleine sind nicht das Problem. Die private Verschuldung ist es, also die Verschuldung der Bevölkerung. Dies führt ja eigentlich erst zur Staatsverschuldung, warum? Billiges Geld verleitet zur Verschuldung. Zuerst kurbelt dieses Geld natürlich die Wirtschaft an, so ist es auch angedacht. Wenn aber die Verschuldung so hoch wird dass man die Verbindlichkeiten nicht mehr bedienen kann, dann kommt der Gau. Ein gravierendes Beispiel war ja die Immobilienblase in Spanien. Um im Sog der Geldflut mit schwimmen zu können und noch mehr Kapital an zu häufen, werden von der Wirtschaft dann Arbeitsplätze gestrichen. Gewinnmaximierung nennt man das. Damit fehlen die Einkommen der verschuldeten Bevölkerung um die Schulden zu bedienen. Die Folge ist eine Erhöhung der Sozialausgaben, man muss die Bürger ja irgendwie über Wasser halten. Nur so kann der soziale Frieden gesichert werden. Und jetzt beginnt sich die Spirale zu drehen. Höhere Sozialausgaben gehen zu Lasten staatlicher Ausgaben. Man kann das Geld nur einmal ausgeben. Die Steuereinnahmen der arbeitslosen Bevölkerung entfallen. Die Kosten aber steigen. Die Zockerbanken erhalten für das geliehene Geld, einschließlich der kalkulierten Zinsen, der eigentlichen Gewinne, keine Rückzahlung mehr. Die Immobilien sind mangels verfügbaren Einkommens nicht mehr zu verkaufen. Siehe Spanien und auch USA. Nun wird bei den Banken das Kapital knapp und man leiht sich gegenseitig die Kohle. Natürlich nicht umsonst. Und da die Rückzahlung mangels Masse da aber auch nicht klappt, macht man innerhalb der Banken den Geldverleih zu. Nun wird das Geld knapp und die Regierung nimmt Kredite auf. Man nennt es auch Staatsanleihen. Dies sind eindeutig Schulden des Staates und müssen nun eben auch bedient werden. Da aber die Steuereinnahmen fehlen…! Nun schließt sich dieser Teufelskreis. Diese Staatsschulden wiederum werden dann von der Finanzmaffia dazu benutzt, als Handelsware innerhalb des Finanzzirkuses noch mehr Geld daraus zu generieren und mutiert zum Spielgeld. Ich nenne es Micky Maus Währung. Micky Maus Währung darum, diese Gelder sind spekulativ und es steht kein Wert dahinter. Und dann auf einmal platzt, natürlich völlig unerwartet und ganz unverständlich für die Politik und sogenannte Fachleute, die Blase. Nun sind die Bankenkonzerne, auch Zocker Institutionen genannt, mehr oder weniger Mausetot! Da es aber ohne „Mäuse" nicht geht, muss man reanimieren. Dies macht dann Papa Staat mit Steuergeldern und die Mäuse können wieder lustig weiter spielen. Bis zum nächsten mal! Nun ja, mit Tierschutz hat dies aber nichts zu tun! Dies fällt unter die Kategorie Unfähigkeit, gelinde ausgedrückt.

Nun sollte man die Aussage des Finanzministers Varoufakis, ein Mitglied der rechten Gruppierung in Griechenland, nicht über bewerten. Natürlich ist es nicht angebracht nach 70 Jahren noch Reparationen aus Kriegszeiten zu fordern. Zumal die Engländer während der Besetzung Griechenlands auch nicht gerade zimperlich waren. Nur gehörten eben die Engländer zu den Siegern. Dass Italien und Bulgarien vor den Deutschen in Griechenland einmarschierte, Deutschland nur auf bitten Mussolinis welcher dort eine Niederlage befürchten musste eingriff, dies geht in der Geschichte unter. Da versucht man es eben bei dem noch reichen Deutschland. Mit der Forderung von über 240 Milliarden Euro wäre der Staat Griechenland schuldenfrei. Zudem wäre diese Forderung nur bei einem Friedensvertrag fällig. Da Deutschland aber keinen Friedensvertrag abgeschlossen hat, viele wissen dies in Deutschland nicht, ist diese Forderung zumindest nach internationalem Recht hinfällig. Das Zwei plus Vier Abkommen nach der Wiedervereinigung ersetzte einen Friedensvertrag. Er trat am Jahre 1991 in Kraft, ist International gültig und er schließt Reparationszahlungen aus. Die Moral in dieser ganzen Angelegenheit ist ein anderer Sachverhalt. Und das ist nicht gut für das deutsch griechische Verhältnis. Auch nicht für die EU. Ich schlage vor, Kreta den Griechen für 240 Milliarden ab zu kaufen. Damit wäre Griechenland saniert. Die 80 Milliarden Bürgschaften ziehen wir den Banken ab. Wir hätten ein zusätzliches Bundesland und auch noch eine schöne sonnige Ferieninsel im Süden dazu! Das wär's! Damit würden Milliarden Steuergelder endlich mal sinnvoll ausgegeben!!!

Da aber Griechenland nach dem Grexit und einer neuen Währung dann wieder Schulden frei und somit Liquide wäre, ginge das gleiche Spiel erneut los. Es wird zwar davon gesprochen die Schulden von Griechenland blieben. Das ist Theorie und schön geredet um den Verlust nicht zugeben zu müssen. Die Banken und Spekulanten freuen sich schon darauf. Das Monopoly Spiel könnte von vorne losgehen. Also, keine so gute Idee mit Kreta! Lassen wir es.

Die durch die EU Auflagen malträtierte Bevölkerung, die Selbstmordraten, die Armut in Griechenland und dadurch auch der Unmut, um es milde aus zudrücken, gegenüber den EU Theoretikern wären bei richtiger Verwendung der EU Gelder nicht aufgetreten. Und sozial ist dies Verhalten schon gar nicht. Gerettet wurden wie immer die Banken durch die EU Politiker. Und dies ohne Legitimation eines Großteils der EU Bevölkerung. Denn sie wurden nicht gefragt ob des Zutrittes zu dieser Union. Eigentlich ist dies diktatorisch!

Das Argument andere EU Länder hätten die Sanierung auch geschafft, dies ist zu oberflächlich. Ebenso ist die Behauptung der Grieche an sich sei faul und dumm, ist diffamierend und spricht nicht gerade für Intelligenz! Man muss die Mentalität eines Volkes berücksichtigen. Fast alle südlichen EU Länder haben das gleiche Problem wie Griechenland. Und wer in diesen Ländern in Urlaub war der muss zugeben, dass dies mit der Faulheit absolut falsch und nur Mache ist! Bei Griechenland ist die starke Korruption das größte Problem. Das hätte vor dem Beitritt Griechenlandes erkannt werden müssen. Offensichtlich macht Größenwahn blind. Nun sollte Deutschland bezüglich Korruption nicht so hochnäsig sein. In der Politik oder in der Wirtschaft ist Korruption gängige Praxis! Man nennt es Kompensationsgeschäfte! Dieser Begriff beschreibt Geschäfte mit Gütern oder Waren auf Gegenseitigkeit. Geld ist zum Wirtschaftsgut mutiert. Sonst gäbe es den Begriff Kapitalwirtschaft nicht. Somit gibt es eigentlich keinen Unterschied mehr. Nur Juristen sehen einen! Unlogisch oder zu Einfältig gedacht?

Allein schon der Zutritt zur EU war ja nur mit manipulierten Zahlen möglich. Auch da ging der falsche Ehrgeiz der Politiker vor, den Euroraum so groß wie nur möglich zu gestalten. Durch diesen übertriebenen Ehrgeiz ist die EU zu schnell gewachsen. Natürlich drängen wirtschaftlich schwache Länder in die EU. Sie versprechen sich dadurch eine Besserung ihres Zustandes durch den Subventionstopf der EU. Manchen gelingt dies auch, unbestritten! Auch dies ist eine der Ursachen für den Zustand dieser Union! Hat übrigens schon jemand der so gescheiten Politiker auf das Desaster Frankreich und Italien hingewiesen? Die stehen der Verschuldung Griechenland nicht viel nach. Aber das passt natürlich nicht in das Bild der Glorifizierung EU! Auch Deutschland ist verschuldet. Diese Tatsache geht ob der Griechenland Krise etwas unter. Inzwischen liegt die Verschuldung bei 2.027,1 Milliarden Euro. (Quelle Wikipedia) Deutschland hat momentan den Vorteil durch die gute Konjunktur die Schulden bedienen zu können, noch!

Nun machen die neuen, jungen Politiker Griechenlands der in Brüssel herrschenden Politikerkaste Angst. Mir persönlich gefällt es wenn da mal etwas Bewegung und neues denken Einzug hält! Anstatt sie in den Medien und auch von Politikern zu diskriminieren, sollte man die neue Regierung unterstützen wenn man Griechenland unbedingt halten will. Mit EU Geldern wurden ganz bewusst die als korrupt geltende Politiker der Regierungen in Athen jahrelang unterstützt! Und die Banken machten ob der Verdienstmöglichkeiten ohne Risiko natürlich mit. Die Banken sind ja die Urheber dieser Krise. Wenn Banken mit der Erlaubnis der Politik ohne Sicherheit Kredite gewähren, dann müssen sie auch die Konsequenzen tragen. Und dass Staaten nicht pleite gehen können, dieser Irrglaube der Finanzwirtschaft ist nun von der Realität eingeholt! Davon wollen heute die dafür verantwortlichen Banker, die Politiker in Brüssel und auch Berlin nichts mehr wissen! Man sollte den neuen, offensichtlich nicht korrupten und unverbrauchten jungen Politikern nun auch eine befristete Chance geben. Beweisen zu können, dass sie es ernst meinen mit der Umsetzung der EU Forderungen. Dazu brauchen sie aber Zeit! Dass sie gegen die Strangulierung der Bevölkerung durch die Troika sind ist nach vollziehbar und auch richtig. Aber die jungen Politiker passen mit ihrem Auftreten nicht in das Bild der zu Neuerungen im Denken und Handeln resistenten herrschenden Politik. Auch noch ein Land mit linker Regierung in Europa! Dies geht ja gar nicht. Dies ist das eigentliche Problem! Bei einer Konservativen Regierung Griechenlandes wäre das Thema längst erledigt! Das sture Festhalten von Zusagen der Regierungen vor der Wahl der jetzigen linken Parteien Regierung an die EU, ist in diesem Fall dumm und zeigt schon Ratlosigkeit. Und damit vorneweg ist die Bundesrepublik Deutschland mit Frau Merkel und unserem Finanzminister. Die Beiden, Herr Schäuble kann eben nicht anders, singen mit im Chor der Untergangsarie Deutschlands und Europas ohne die Währung Euro! Dirigiert wird diese Arie von der Wirtschafts- und Finanzlobby. Ich frage mich wie EU Länder in Europa ohne Euro überleben! Man sollte übrigens den Medien Journalismus bezüglich angeblichen Stinkefinger des griechischen Wirtschaftsministers, nicht ernst nehmen. Dies gilt für fast alle solcher Meldungen! Die Medien sind mit schuldig an dem verzerrten Bild über die Griechen allgemein. Ich habe dies schon erwähnt. Die Meisten dem selbständigen und kritischen Denkens nicht mehr fähigen Deutschen sind natürlich dankbare Opfer der Medien. Warum gibt man der neuen Regierung in Athen nicht die Möglichkeit und Zeit, will man sie unbedingt im Euroraum halten, ihren Reformwillen zu beweisen? Und der Vorwurf bezüglich der Koalition mit einer rechten Partei ist heuchlerisch. Denn es gab nur die Möglichkeit um eine Regierung zu bilden um etwas zu ändern! Um des Regierens Willen wird dies in anderen Ländern auch so gehandhabt, siehe Deutschland. Eine große Koalition wurde ja vor den Wahlen bestritten. Wenn es in Deutschland nach Wahlen für eine Partei notwendig wäre, mit der AfD oder den Linken zu koalieren um die Regierung zu bilden, dann würde die Union oder SPD dies genau so machen! Es wird zwar vehement bestritten, aber dies nur verbal. Die Realität sähe anders aus. Um zu regieren ist in der Politik ja keine Wahllüge zu schade. Dass in der Politik gelogen wird oder nicht ganz die Wahrheit gesagt wird, dies kann Herr Kauder, CDU, noch so energisch bestreiten. Dies ist in der Politik ja ganz normal. Das negative Image der Politiker beim Volk bestätigt dies! Noch haben die Deutschen Parteien die Möglichkeit ohne rechte Parteien zu koalieren! Da die neuen Regierungsmitglieder Griechenlands nicht mit Krawatten sondern leger auftreten, sind sie für viele suspekt! Diese jungen Politiker wissen doch ganz genau dass die EU einen Austritt Griechenlands mit allen Mitteln vermeiden will. Und nun regt man sich darüber auf dass die Regierung Griechenlands in die Renten- und Krankenkassen Rücklagen greift um flüssig zu bleiben. Die Griechen lernen schnell! Die Deutschen Regierungen machen dies schon ein halbes Jahrhundert so! Mit den Milliarden Rücklagen der Rentenversicherung wurde zum großen Teil die Wiedervereinigung finanziert. Dies will aber heute niemand mehr von den Politikern wissen! Die EU hat keinen Plan B und befürchtet eine Kettenreaktion. Es wird versucht die im Koma liegende EU vor dem Tode zu bewahren. Dabei geht es im Falle Griechenland ja nicht um die EU. Es geht um die Währungsgemeinschaft. Eine Krankheit, und die EU ist krank, zu heilen reicht es nicht den Virus zu bekämpfen sondern die Ursache! Ich war von Anfang an gegen die Rettung Griechenlandes mit EU Geldern. Dieses Milliardengrab wurde nur durch Änderung der Maastricht-Vertrages, Artikel 125 AEU Vertrag möglich. Altkanzler Schröder und sein Kollege aus

Frankreich waren die Urheber. Und diese Änderung mit Zustimmung der anderen EU Länder. Nur so war eine Änderung überhaupt möglich. Dies war Betrug an der EU Bevölkerung. Nun haben wir eben dieses Desaster und doktern an einer Lösung herum. Die EU kommt nur mit einem Schuldenschnitt und Art Marshallplan weiter wenn man einen Austritt Griechenlands vermeiden möchte. Von alleine kommt dieses Land nicht auf die Beine. Deutschland hat es nach dem Krieg geholfen. Die Rückzahlung dauerte bis 2010. (Quelle Wikipedia) Eines ist für mich allerdings von Seiten der jungen Politiker in Griechenland unverständlich. Warum geht eine vorwiegend linke Regierung nicht an die Reichen? Warum holt sie die Milliarden Schwarzgeld aus der Schweiz nicht? An der Krise ist Griechenland nicht alleine schuldig. Mitschuldig ist die Finanzmaffia. Einschließlich der jetzt so entrüstet tuenden Deutschen Politiker. Wenn ich einem Gläubiger immer mehr Geld leihe damit er das vorher geliehene Geld zurückzahlen kann, dann ist dies absolute Dummheit! Und nichts anderes wurde jahrelang gemacht. Die Banken machten dadurch sehr gute Geschäfte. Völlig ohne Risiko. Die EZB übernahm das Risiko, beziehungsweise die Steuerzahler der EU Länder. Ob man mit Herrn Draghi den richtigen Mann für dies Amt als EZB Chef gefunden hat, es gibt berechtigte Zweifel! Siehe die momentane Zinspolitik. Seine Bilanz als Finanzminister in Italien war ja nicht gerade von Erfolgen gekrönt. Aber es war eine politische Entscheidung. Eine Hand wäscht die andere. Politische Entscheidungen haben ja selten etwas mit der Realität zu tun.

Und ein Irrtum muss korrigiert werden. In der Öffentlichkeit, vor allem in den Medien, wird so getan als hätten die Griechen von uns Steuerzahlern 80 Milliarden bekommen. Das ist absolut falsch! Deutschland bürgt bei der EZB für diese Summe. Sollte Griechenland aus dem Euro austreten würde die Bürgschaft fällig. Diese

Milliarden müssten eigentlich die Banken aufbringen. Sie verdienen bisher ja Milliarden an den Zinsen. Da wäre manche Bank dann pleite. Und dies geht ja gar nicht, weil, die Leier kennen wir ja schon....! Nun komme mir keiner mit Vergleichen. Einen Schaden muss man beheben. Unabhängig der Ursache. Nur wiederholen darf sich die Ursache nicht. Wenn ein Schuldenschnitt mit rechten Dingen zu geht dann kann dies nicht zu Lasten der Steuerzahler gehen, wenn! Die achtzig Milliarden die der Schuldenschnitt Deutschland kosten würde, müssen eben die Banken und Aktionäre bezahlen. Die machten letzten Endes den Reibach mit der Krise Griechenland. Das ich recht habe zeigt die Tatsache, die Börse rotiert bei Nennung vom Grexit wie ein Lüfter! Dabei entstünde nicht wirklich Schaden! Das Micky Maus Geld an der Börse hat ja real keinen Wert! Es träfe vorwiegend die Spekulanten. Das wäre langfristig billiger als ein weiter so! Es ist und darf nicht die Aufgabe der EZB sein, Banken welche sich aus Geldgier verspekuliert und teilweise kriminelle Methoden angewendet haben, mit Steuergeldern zu retten. Das ist eindeutige Betrug und Diebstahl am Steuerzahler im EU Raum! In Wirklichkeit geht es den Politikern doch nicht um die Bürger Griechenlands. Das ist eine Lüge. Wenn dem so wäre würde man eben anders reagieren und an die Finanzmafia gehen. Es geht rein um wirtschaftliche Interessen der Banken- und Konzernlobby. Die Deutsche Regierung ist ja Steigbügelhalter der Banken und dem Kapitalismus hörig. Darum kam Deutschland einen Grexit nicht dulden! Ein Austritt Griechenlands aus der EU würde Griechenland aufgrund seiner neuen Währung zur Konkurrenz und zum Billigland machen. Exporte in dieses Land würden schwieriger auf Grund des Wechselkurses. Nun sind die Regierungen von Griechenland und Russland im Gespräch, schon bricht in Brüssel Panik aus. Da reden zwei von der EU brüskierten Nationen, wenn auch aus unterschiedlichen Gründen, miteinander.

Schon wird von Verrat, Undankbarkeit, seit wann gibt es Dankbarkeit in der Politik, geschwafelt und und! Die Medien haben mal wieder ein neues Thema zur Steigerung der Auflage und Einschaltquoten. Der Wahrheitsgehalt spielt dabei wie so üblich eine untergeordnete Rolle!

Die Griechenlandkrise wird die EU und damit auch Deutschland spätestens in drei Jahren wieder beschäftigen. Denn dann läuft der Stabilisierungspakt aus. Nochmals, der Austritt von Griechenland aus der Eurowährung ist der einzige richtige Weg! Und schnelle Entscheidungen von der Regierung in Griechenland zu fordern ist unrealistisch. Griechenland ist eine Demokratie und Demokratien sind nun mal schwerfällig. Das ist in Deutschland nicht anders!

Sollte der politisch nicht gewollte unwahrscheinliche Grexit erfolgen, dann geht die EU daran nicht zugrunde! Im Gegenteil. Die EU wird daraus, so hoffe ich, lernen! Die Frage stellt sich natürlich, sind die dem Turbokapitalismus hörigen Politiker lernfähig? Das wäre dann der Fall wenn beim Grexit die Verursacher zur Kasse gebeten würden. Und dies sind die international fungierenden Banken. Ich habe daran allerdings berechtigte Zweifel. Im Gegensatz zur herrschenden Meinung, das ist die Politik, würde ein Grexit die EU stärken! Vor allem den Euro. Es würde beweisen dass sie eine absolut vertrauenswürdige und konsequente Union ist, mit der man nicht den Hugo machen kann! Hinzu kommt, es würden nicht mehr enorme Summen an Steuergeldern der EU Bürger verbrannt! Der Untergang Europas ohne die Eurowährung ist Panikmache von Wirtschaftswissenschaftlern, Volkswirten und natürlich der Industrie. Die von dieser Klientel auf geführten nicht der Realität entsprechenden Gründe, die spare ich mir! Diese sind ja hinlänglich bekannt!

Durch den Austritt aus der Eurowährung verlässt Griechenland ja nicht die Europäische Union. Gerade dann bräuchte Griechenland die EU. Und die wird Griechenland beim Neuanfang unterstützen. Im eigenen Interesse. Dieses Land bräuchte die EU und vor allem die Mitgliedschaft in der Nato nach dem recht unwahrscheinlichen Grexit dringend. Dies aufgrund der geographischen Lage. Die Grenze zur Türkei und den unsicheren Islamischen Staaten könnten ohne Bündnis mit der Nato zur Gefahr für Griechenland werden.

Grundsätzlich ist mir, sicherlich vielen Bürgern in Deutschland ebenfalls, eine leistungsfähige und starke Union lieber als eine lahmende, teure, ineffiziente und zu schnell gewachsene Missgeburt wie die EU!

Der Beitritt unseres Landes in die EURO Währung diente vorrangig der Sanierung des Staatshaushaltes, den Banken und der Industrie. Also dem Kapitalismus. Die Bundesrepublik Deutschland hatte vor der Währungsanpassung Schulden in Höhe von rund 2 400 Milliarden DM. Mit Einführung des Euros waren es genau die Hälfte, also noch 1 200 Milliarden Euro. Nun kommt das Argument, die Verbraucherpreise wurden auch halbiert und somit wäre die Kaufkraft der Bevölkerung gleich. Dass dies nur für den Anfang der Währungsumstellung so war weiß inzwischen jeder Bürger der eigenmächtig denken und rechnen kann. Im Buch „Lobbyismus, auf dem Weg zur ersten Staatsgewalt" wird erläutert warum dies nicht so ist.

Alle Bemühungen diesen Raubtierkapitalismus einzudämmen scheitert an der Lobbyhörigen Politik und den dem Kapitalismus ergebenen Parteien. Nun kommt von Frau Wagenknecht und Herrn Gysi von den Linken der Vorschlag, die Gewinne der Konzerne höher zu besteuern und dadurch den Mittelstand und die Bevölkerung zu entlasten. Diese zwei Politiker sind für mich einige der wenigen, nicht dem Kapital hörige Politiker im Bundestag. (Quelle ARD am 20.1.15) Solche Persönlichkeiten wünsche ich anderen Parteien auch. Und die Einführung einer Börsenumsatzsteuer welche Milliarden in den Haushalt der EU Länder bringen würde, so ganz nebenbei, diese Einführung scheitert an der Finanzlobby und den Kapitalknechten der Politik einzelner EU Länder! Für Deutschland würde bei einem Steuersatz von einem halben Prozent Steuer die Börsenumsatzsteuer 35 Milliarden einbringen! (Quelle WIFO) Vor allem England will dies nicht. Die haben aber keinen Euro! Zudem gehe ich davon aus, dass die Bevölkerung Englands ohnehin 2016 den Austritt aus der EU wählt. Der Trend dazu ist ohne Zweifel vorhanden. Daran ginge die EU nicht zugrunde. Es könnte allerdings dafür der Anfang sein, wenn andere Staaten folgen.

Nur am Rande bemerkt, die Rettung deutscher Banken hat Deutschland im letzten Jahr einen Verlust beschert. Es waren „nur" 419 Millionen, geradezu ein Nasenwasser. Der mit Steuergeldern ausgestattete Fonds ist notwendig geworden wegen der Pleite der US- Investbank Lehman Brothers. Er häufte bis heute einen Fehlbetrag von 21,9 Milliarden an. (Quelle FMSA, SZ, Stand 5/15) Wie war oder ist das, Deutschland hat kein Geld für Infrastruktur, Bezahlung von Mitarbeitern in Kitas usw. Der Finanzmarktstabilisierungsfond wurde zur Bankenrettung aufgelegt. Das Gejaule der Konzerne, das Jammern der Banken und der Börse ist ja schon bis Alaska zu hören! Das bedeutet den Untergang der Wirtschaft, das sei ja Kommunismus und all solche unwahren und polemischen Behauptungen. Diese Polemik dient doch nur der Rettung des, ich wiederhole mich, Raubtierkapitalismus und der unappetitlichen und schon krankhaften Raffgier. Dies ist dekadent!

Die Gewinne der Konzerne auf Kosten der Belegschaften und auch der Steuerzahler mangels Schlupfloch freier Gesetze wird doch nicht in den Wirtschaftskreislauf zurückgeführt. Dieses Geld verkommt zum Spielgeld an der Börse. Die enorme Zunahme an Reichtum einiger weniger kommt nicht von ungefähr. Wenn Manager mehrere Millionen an Einkommen im Jahr abschöpfen, dann ist dies krank und steht in keinem Verhältnis zur Leistung! Und wie krank einige Manager ob der Geldgier sind sieht man an deren Verhalten. Ein Beispiel. Herr Terium, Chef der RWE, schüttet trotz 30 Milliarden Schulden 600 Millionen an Dividenden für die Aktionäre aus. Das geht an die Substanz des Unternehmens. (Quelle Focus 11/15) Kommt der Supergau für RWE wird der Herr mit hoher Abfindung ob seiner herausragenden Leistung verabschiedet. Hauptsache die Aktionäre werden bedient. Den Scherbenhaufen übernimmt dann der Steuerzahler. Wäre ja nicht das Erste mal! Zudem sind Zahlen aus der Wirtschaft immer mit Vorsicht zu genießen! Vorwiegend dienen sie, zumindest bei Börsenorientierten Unternehmen, zur Steigerung des Aktienwertes! Die sogenannten „Gewinnwarnungen" sind eine Bestätigung. Ich muss immer lächeln, wenn ich dieses Wort höre. Von einem Gewinn gewarnt zu werden.....! Seltsam. Dieser Ausdruck ist ein neues Wort und wird angewendet um eventuelle Schadenansprüche der Aktionäre zu vermeiden. Grundsätzlich ist gegen Aktien nichts ein zuwenden. Sie sind eine Alternative zu Banken bei benötigten Investitionen durch die Möglichkeit der Kapitalerhöhung. Aber wie so vieles, dieses Instrument ist absolut entartet und hat seinen Sinn und Zweck verloren! Begünstigt, ja sogar unterstützt von unfähigen Regierungen mit ihren Kapital- und Bankenhörigen Politikern. Und dieser Börsenwahnsinn endet im Chaos. Dies nicht wahr haben zu wollen ist dekadent!

Deutschland wird den Wechsel von der sozialen Marktwirtschaft zum Turbokapitalismus noch bezahlen müssen. Soziale Spannungen sind jetzt schon zu erkennen. Die jetzige Regierung, die Vorherigen waren nicht besser, sind nicht in der Lage dagegen zu steuern. Selbst wenn sie wollte, die Lobby der Banken und Kapitalhaie ist mächtiger!

Natürlich sollen Unternehmen Gewinne erwirtschaften für Investitionen und Forschung. Gewinne darüber hinaus müssen entsprechen besteuert und abgeführt werden. Eine große Ungerechtigkeit ist die Besteuerung von Erlösen aus Firmenbeteiligungen und Zinserträgen von maximal 25 Prozent! So gesehen ist Deutschland nicht besser als Griechenland. Auch hierzulande werden die Reichen geschützt! Diese Einnahmen müssten in der Höhe wie alle andere Einkünfte auch versteuert werden. Nicht umsonst werden zum Beispiel die Quands, Schäfflers und andere Großindustrielle, trotz teilweiser Reinvestition der Gewinne oder Erlöse in die Unternehmen, immer reicher! Der das Bruttosozialprodukt erwirtschaftende Bürger wird mit einer höheren Steuerlast belegt. Und das für Arbeit! Wie pervers ist dies denn? Aber für solch eine Gesetzesänderung bräuchte man Politiker mit einem Hintern in der Hose! Bei Aktiengewinnen ist es ja nicht viel besser. Aktien werden immer nach dem Kaufpreis steuerlich bewertet. Und dies nur am Anfang eines Jahres. Die zwischenzeitlichen Gewinne finden keine Beachtung und sind steuerlich nicht relevant. Hinter diesen Erlösen steckt keine Arbeit und somit Wertschöpfung der Empfänger. Und dies wird weniger besteuert als Löhne und Gehälter in der Wirtschaft! Auch dies ist dekadent. Hier macht eindeutig Geld das Geld. Ganz abgesehen davon verschieben die Konzerne dank der Gesetze völlig legal Gewinne in Tochterunternehmen im Ausland um die Steuerlast in Deutschland zu minimieren.

Die Finanzpolitik in Deutschland ist nicht in der Lage ein Gesetz zu installieren das besagt, für alle Erlöse durch in Deutschland produzierten Waren und Dienstleistungen sind auch in Deutschland die Steuern zu entrichten. Nun kommt das Argument, in einer globalisierten Weltwirtschaft ginge dies nicht. Dieses Argument ist eine reine Schutzbehauptung um eben die Gewinne weiterhin verschieben zu können! Und die Steuergesetze in Deutschland fördern noch das „Armrechnen"! Ein deutsches Unternehmen welches im Ausland Niederlassung betreibt, bezahlt im dortigen Land Steuern und Abgaben von den Gewinnen. Das danach verbleibende Geld fließt dann in die Kasse des Unternehmens in Deutschland und sind somit Einnahmen. Und für diese Einnahmen sind in Deutschland eben auch Steuern zu entrichten! Warum dies eine Doppelbesteuerung sein soll ist mir nicht klar. Diese Einnahmen durch eben diesen Gewinne werden in Deutschland doch nur einmal versteuert! Und selbst wenn, was daran ungerecht sein soll kann ich in diesem Falle nicht nach vollziehen. Ich muss auch zweimal Steuern für das gleiche Produkt bezahlen. Einmal für die gesetzliche Rente, und einmal für die Betriebsrente. Beides sind ja Renten. Und wenn eine Doppelbesteuerung nicht zulässig ist dann werde ich ungerecht behandelt vom Fiskus. Es würde aber verhindern dass Unternehmen, es sind ja vorwiegend die Großen, Gewinne eben in Länder mit niederen Steuersätzen verschieben. Diese Verschieberei und Armrechnung wird ja gerne von ausländischen Konzernen wie IKEA, Google, Amazon und vielen anderen praktiziert. Diese Unternehmen nutzen die Infrastruktur in Deutschland. Dann sollen sie gefälligst dafür auch bezahlen. Der normale Steuerzahler muss dies auch.

Der Baden Württembergische Finanzminister Nils Schmid bemängelte diese Gesetzgebung bereits am 19.3.14 im TV. Durch diese Gesetzeslücke gehen dem Staat jährlich rund 160 Milliarden Euro verloren. (Quelle ARD 19.3.14) Es ist doch nur Drohkulisse, dass Unternehmen aus Deutschland abwandern würden ob der Steuern. Und selbst wenn, einheimische Unternehmen würden diese Lücken schließen. Zudem ist der Standortvorteil für Industrieunternehmen in Deutschland ein nicht zu unterschätzender Vorteil. Infrastruktur, gut ausgebildete Fachkräfte und bis auf das Jahr 2015 wenige Streiktage, all dies ist mit Geld nicht auf zu wiegen. Nicht umsonst kommen immer mehr Unternehmen mit Niederlassungen in Billigländern zurück! Den Weg welchen Deutschland bezüglich der Hörigkeit gegenüber dem Kapitalismus geht, führt zu sozialen Spannungen und ist dem inneren Frieden dieses Landes langfristig nicht dienlich. Diese 160 Milliarden würden in Deutschland einige Probleme lösen. Es sei denn der Staat und damit die Politiker und dies ist wahrscheinlich, verdummen dieses Geld wieder!

Die Rückkehr zur sozialen Marktwirtschaft ist der Weg! Dort sind öffentliche Aufgaben und Marktwirtschaft getrennt. Mit dem Versuch alles zu privatisieren was oft nur oberflächlich günstiger ist, ergibt man sich dem Kapitalismus. Damit macht der Kapitalismus die Politik und nicht mehr die vom Volk gewählten Volksvertreter! Und das ist nicht nur dekadent, das ist Dummheit! Das gilt auch für die EU- Mitgliedstaaten. Die soziale Marktwirtschaft wird aber erst wieder möglich, wenn der große Knall erfolgt ist.

Solange Deutschland Mitglied der EU ist, solange wird es aber keine soziale Marktwirtschaft mehr geben. Die EU lebt ja im Größenwahn und hat zum Geld offensichtlich ein gestörtes Verhältnis und nicht nur da! Die Osterweiterung der EU hatten wir so ähnlich schon einmal vor über 80 Jahren. Man nannte es damals Erweiterung des Lebensraumes im Osten. Heute hat das Kind einen anderen Namen. Erweiterung des Wirtschaftsraumes.

Für Europa wäre es dienlicher sich mit Russland zu engagieren. Erstens ist Russland Geschichtlich Europa näher als die USA. Zweitens als Lieferant für Rohstoffe eigentlich unerlässlich. Den Markt nicht zu vergessen. Unbestritten ist die Krimkrise nach dem Völkerrecht nicht in Ordnung und gehört verurteilt. Ich will das Verhalten von Putin nicht entschuldigen. Aber die EU und die Nato sind mit schuldig. Hätte sich die Nato und die EU nicht in Länder welche dicht an Russland sind ausgeweitet, wir hätten die Probleme nicht. Zumal es Russland nach Auflösung der UDSSR zugesichert wurde und auch mit Grundlage der Zustimmung zur Wiedervereinigung Deutschlands war. Bedauerlicherweise gab es aber über diese Absprache kein Vertrag. So viel zur vertrauenswürdigen Politik! Das will die Politik heute nicht mehr wissen. Und es ist absolut nicht dienlich wenn die Politiker der Meinung sind, jedes Land hätte das Recht in die Nato oder in den Euroraum aufgenommen zu werden. Manchmal muss man Fingerspitzengefühl haben. Das macht gute Politik aus! Aber dies fehlt offensichtlich den EU Abgeordneten in ihrem Größenwahn. Die EU wird ja nicht mal mit den Problemen und der Umsetzung des guten Gedankens der EU mit der jetzigen Anzahl von Staaten fertig! Was will eigentlich dann die EU noch mit den noch vielen labilen Ostblockstaaten? Das sind keine Märkte. Diese Staaten bringen nur Probleme! Ganz gefährlich ist ja das Spiel der USA für Europa nicht. Wenn die USA Waffen liefert an die Ukraine kann es eskalieren und dann? Die USA ist Tausende von Kilometer weg von uns.

Jetzt befürchtet man eine Annäherung Russlands an die EU Grenzen durch eine Verbindung Griechenlands mit Russland! Wenn zwei das Gleiche tun ist es dennoch nicht das Selbe! Die EU und die NATO machte es ja vor mit der Aufnahme der Baltischen Staaten.

Die EZB wirft Milliarden Euros auf den Markt in der Hoffnung, billiges Geld kurbele das Wachstum an. Das Mittel Geld ist inzwischen mehr als dekadent, es ist entartet. Dieses Krebsgeschwür wird nicht nur in Deutschland, nein für die gesamte Kapitalistische Welt katastrophale Folgen haben. Der entartete Kapitalismus führt, teilweise ist es schon heute so, zum Feudalismus. Das Ergebnis zeigt die Geschichte. Es ist durchaus denkbar dass dies zur Wiederauferstehung eines reformierten Kommunismus führt. Mangels Alternative zum verkommenen Kapitalismus! Wenn ein Prozent der Weltbevölkerung soviel Vermögen besitzt wie der Rest, dann haben Vernunft und Gerechtigkeit keine Wertigkeit mehr. Es ist in Deutschland nicht viel anders. Nach neuesten Studien ist das Vermögen der Deutschen bei 9 Billionen Euro! Man geht davon aus, dass über 50 % davon Barvermögen ist. Das geht aus der Erhebung des DIW (Deutsches Institut für Wirtschaftsforschung, 2015) hervor. Es gibt andere Zahlen welche noch höhere Summen ausweisen. Ich lasse es dabei, die genannten Zahlen frustrieren mich genug. Statistisch gesehen hat jeder Bundesbürger 80 Tausend Euro auf dem Konto. Schauen sie mal nach! Daran sieht man was Statistiken aussagen! Mit der Realität haben die nichts zu tun. Dies Ganze ist inzwischen zur Krankheit mutiert. Ich nenne sie Gierepedemie. Unterstützt von der Politik aus Hörigkeit und Unfähigkeit des realen Denkens. Zudem wird diese Geldschwemme ohnehin so nicht funktionieren. Diese Maßnahme wird erneut zur Bankenrettung verbraten da diese Geldflut nur den Banken zugute kommt. Diese sollen Kredite an Unternehmen und auch an den Verbraucher weitergeben. Zuerst aber werden die Banken sich mit diesem Geldsegen sanieren und ihre Schulden begleichen. So einfach wird dies mit Hilfe der EZB gemacht! Davon kann der Bürger nur träumen. Um weiterhin unanständige Gehälter der Oberen zu bezahlen und die Börse beglücken zu können werden dann Kredite mit einem Zinssatz vergeben, welcher ein Vielfaches über dem der EZB liegt. Wenn die EZB Geld zu einem Zinssatz von 0 Prozent an die Banken gibt und die verlangen dann 10 bis 14 Prozent Zins bei Überziehungskrediten, ist dies nicht nur unverschämt gegenüber den Steuerzahlern, denn von ihnen kommt ja das Geld, sondern schon Wucher. Dies ist eigentlich, zumindest nach deutscher Rechtsprechung, strafwürdig. Da es aber politisch so gewollt ist, stellt es keine Straftat dar! Dekadent eben.

Und dieser Unsinn, Banker sehen dies natürlich anders, birgt noch andere Gefahren. Zum einen verliert der Euro international an Wert. Angebot und Nachfrage! Zudem ist eine Immobilienblase analog der USA nicht aus zuschließen. In Deutschland muss die Konjunktur nicht angeschoben werden. Das Jahr 2014 war für die Konjunktur in Deutschland ganz ausgezeichnet wenn man den Zahlen der Regierung trauen kann! Das Jahr 2015 begann genauso viel versprechend. In Deutschland schwächelt die Nachfrage an Krediten durch die Wirtschaft nicht aufgrund von wenig Geld der Kreditinstitute, sondern an Mangel von Vertrauen in die sprunghafte und nicht mehr kalkulierbare Politik! Auch die Fiskalpolitik ist ja alles andere als verständlich, gerecht und durchschaubar. All dies sind Gründe für die mangelnde Nachfrage von Krediten. Wie sagte schon der Ökonom J. M .Keynes: man kann die Pferde zur Tränke führen aber nicht zum saufen zwingen!

Zu der Geldpolitik von Herrn Draghi kann ich nur sagen, in Deutschland gab es für Ersparnisse immer Zinsen. Die Höhe war zwar flexibel, aber so gut wie nichts mehr zu bekommen, das gab es noch nie! Was jetzt läuft ist die Vernichtung von Volksvermögen und dies trifft vorwiegend den Mittelstand! Warum der Mittelstand noch nicht auf die Straße geht ist eigentlich unverständlich. Ich persönlich war am Anfang ein Verfechter des Euros. Als sich dies aber geändert hatte durfte ich mir dafür einiges anhören! Meine Bedenken haben sich bestätigt. Denn diese Währungsunion war von vornherein eine Missgeburt. Geburtshelfer waren die Wirtschaft und die unrealistischen Politiker. Denn nur diesen Beiden war diese Union dienlich. Den Ersten die Möglichkeit der Gewinnmaximierung, den Zweiten eine neue zusätzliche politische Spielwiese und auch Profilierungsmöglichkeit. Was brachte diese Missgeburt den Bürgern? Übernationale unsinnige Gängeleien als wenn wir nicht dessen National schon genug hätten, freier Reisverkehr innerhalb der EU. Ach ja, man muss kein Geld mehr umtauschen. Der normale Deutsche fährt ja regelmäßig, fast täglich in diese Euroländer! Dies war es dann für den einfachen Bürger. Habe ich was vergessen? Was wurden wir von der Politik angelogen, eigentlich ja nichts Außergewöhnliches, durch unwahre Versprechungen. Wo sind die sicheren Arbeitsplätze, wo ist die versprochene Steigerung des Lebensstandards, wo ist die Vereinfachung der Bürokratie und und..! Dass durch den Euro der Frieden in Europa gesichert wird ist nicht haltbar! Zumindest bis Einführung der Währung in den Mitgliedstaaten 2002 war ja der Frieden auch nicht in Gefahr. Und das seit 50 Jahren! Durch Aufnahme von ehemaligen Ostblockstaaten ist dies nicht mehr so! Gefragt wurden wir Bürger in Deutschland ob des Beitritts zur EU schon gar nicht. Und das war für die Befürworter sicherlich gut so!

Und die Fortsetzung dieses Vorgangs folgt. Die TTIP Verhandlungen, das Handelsabkommen mit der USA, gehen in die gleiche Richtung. Auch da bleibt der Bürger außen vor. Ich nehme dazu unter Politik Stellung.

Die EU wird langfristig in jetziger Form keinen Bestand haben. Sie ist zum Scheitern verurteilt. Da kann die EZB Geld drucken soviel sie will. Soziale Spannungen und damit verbundenen Unruhen in der Bevölkerung sorgen dafür! Schuld sind nicht die Bürger, sondern die dekadenten und dem Kapitalismus und Eigeninteresse verfallenen Politiker. Hinzu kommt der Größenwahn der Erweiterung. Die EU erstickt in Vorschriften und Gängelungen. Sie mutiert zu einem Verwaltungsmonster welches nicht mehr kontrollierbar ist. Auch das ist Dekadenz!

Und wenn die Möglichkeit des Ausstieges von der Eurowährung Deutschlands erörtert wird dann gehen bei vielen die Lichter aus. Warum eigentlich? Wenn eine Währung umgestellt wird dann muss es andersrum auch wieder gehen! Nun komme mir keiner von wegen Verknüpfung mit der Weltwirtschaft. Deutschland würde zu teuer um Exportfähig zu sein und all so was. Dies war zu DM Zeiten nicht der Fall, ganz im Gegenteil! Und Länder in Europa ohne Euro leben auch nicht schlechter! Dies ist eine rein politische Entscheidung! Für die Banken und Börsianer wäre eine EU ohne Euro ein Desaster. Durch viele nationale Währungen sind Kapitalmanipulationen schwieriger. Erschwerend für diese Union ist die unterschiedliche Wirtschaftskraft der Länder. Die schwächeren südlichen Länder werden immer im Wettbewerb zu den starken Industrienationen in Europa stehen. Das BIP ist zu unterschiedlich und damit auch die Kaufkraft. Dies kann nicht lange gut gehen. Es sei denn, es kommt ein Länderfinanzausgleich analog Deutschland! Irgendwann kommt es zu einer Reform der EU. Eine Teilung der EU und Eurozone in wirtschaftlich starke Mitglieder und eben wirtschaftlich schwächere Länder mit einer Parallelwährung!

Der Hammer ist ja das Vorhaben, Bargeld abzuschaffen. Mir egal, ich habe schon keines mehr! War ein Scherz! In Banken Kreisen spricht von einem „War on Cash". Auf Deutsch Krieg gegen das Bargeld. Partizipieren davon werden Händler, sparen teure

Kassen, die Banken, kein Bargeld kein Bankraub, der Staat, ohne Bargeld keine Schwarzarbeit. Von den Vorteilen den Digitalunternehmen ganz zu schweigen. Der Nachteil für den Bürger ist die Total-Überwachung seiner Geldverwendung, die Abhängigkeit von den Finanzgurus! Wenn die nämlich die Karten sperren aus welchen Gründen auch immer, sind wir finanziell mausetot! Siehe Griechenland in der Krise! Und wenn die Banken pleite sind, dann wir auch. Das dümmste Argument ist ja die Begründung, durch Abschaffung des Bargeldes werde die Infektionsgefahr durch Geldscheine und Münzen vermieden. Dann muss man auch Türklinken abschaffen! Was man doch alles so von sich gibt, nur um seine Ziele zu erreichen…! Gibt es eigentlich ein wirksames Medikament gegen geistigen Durchfall? Mit Fortschritt hat dies nichts zu tun! Es dient vorwiegend nur den Banken. Daher ist es bedenklich wenn auch noch ein Herr Bofinger, Mitglied der Wirtschaftsweisen, dies befürwortet. Nun gut, er ist Professor und weiß daher natürlich genau wie es zu funktionieren hat. Ich war zum Glück noch nie demütig oder hörig gegenüber Studierten! Die Meisten werden überschätzt! Noch sieht die Deutsche Bundesbank dies anders. Mal sehen wie lange es dauert bis die Finanzmaffia unsere Politiker bekehrt, dies als sinnvoll zu sehen! (Quelle BamS, 10.5.15).

Und ein Faktor kommt ja noch hinzu. Wie stellen sich die Befürworter dieses so „Fortschrittlichen Gedankens" dies eigentlich in der Realität vor? Was bitte schön passiert bei Stromausfall, bei Katastrophen? Wie sollen Asylanten an ihr Geld kommen? Nicht jeder der da kommt hat ein Konto mit Karte. Noch nicht! Das wird aber wegen der Menschenrechte und Menschenwürde noch kommen! Jeder bekommt eine Scheckkarte beim Eintreffen in Deutschland. Wegen der Traumatisierung! Was der Wohlstand alles so hervorbringt! Abgebucht wird dann direkt vom Konto des Bundeshaushaltes! Wie wird das Trinkgeld in der Dienstleistung bezahlt! Bekommt jeder Bettler jetzt ein Abbuchungsgerät? Was wenn die Karte nicht funktioniert? Man kann doch heute schon beobachten wie die Kartenzahlung an der Kasse aufhält! Man stelle sich vor im Sommer kauft man ein Eis oder eine Grillwurst. Die muss oder kann man dann nur mit Karte bezahlen! Naja, Visa zum Beispiel weiß dann wenigstens wo ich an diesem Tag war!

Ich bin durchaus für Fortschritt, ist dies einer? Nein, mit Sicherheit nicht. Es ist eine erneute Bevormundung der Bürger. Fortschritt ist es nur für die Finanzwirtschaft! Jede Nutzung der Karte lässt die Kasse der Banken klingen, so einfach ist dieser Fortschritt zu begründen. Das ist zukunftsorientiertes Kapital- Marketing! Bezüglich Bankraub. Die Gangster, man nennt sie seit Neuestem auch Fachkräfte für Eigentumsübertragung, klingt nicht so Menschenverachtend nach Kriminalität, werden sich mit Sicherheit etwas einfallen lassen. Also muss der Bürger weiterhin die Möglichkeit haben wie er bezahlen möchte. Beide Zahlungsmöglichkeiten haben ihre Berechtigung.

Ein Beispiel der absolut verkommen Geldgier ist doch der Fußballverein Atlético Madrid. Man nennt ihn auch „die Königlichen". In ihrem Vereinslogo war eine Krone mit Kreuz. Dies wurde nun wegretuschiert um den neuen Geldgeber Katar nicht mit dem Christlichem Symbol zu konfrontieren! Das ist nicht nur Dekadenz, das ist der Beweis der langsamen Aufgabe unserer Jahrtausend alten Kultur. Nicht nur die IS bedroht die westliche Welt, nein, auch das Kapital der islamischen Länder. Und dass das Geld seine ursprüngliche Bedeutung und Zweck verloren hat, wird deutlich wenn man sieht wie es verwendet wird. Es ist nicht mehr normal wenn Rennfahrer für einen Vertrag über 3 Jahre 100 Millionen Dollar bekommen. In Deutschland ist das Verhältnis und die Wertigkeit gegenüber Geld auch schon aus den Fugen geraten. Bei den

Gehältern der Profi Fußballer, Gagen von hochgejubelten Stars und Managern, da wird dies deutlich. Das Mittel Geld hat im Grunde genommen seine Wertigkeit verloren!

Man sieht es auch daran. Islamische Monarchen kaufen sich in Deutsche und Europäische Unternehmen jeglicher Art ein. Sie bauen damit die Macht der Islamischen Länder und Monarchen aus. Somit bestimmen sie irgendwann über diese Firmen und Banken. Und damit über Europa! Und die Geldgeilen Bosse merken dies nicht oder dürfen es aus politischen Gründen nicht merken!

Der Kapitalismus ist auch die Brutstätte der Korruption bei internationalen Sportverbänden. Dies schadet dem Sport! In diesem Bereich stopfen sich korrupte Funktionäre die Taschen voll.

Wenn im Lotto bei sechs Richtigen mit Zusatzzahl 24 Millionen ausgeschüttet werden dann ist das absolut bescheuert! Dieses Geld könnte besser verteilt werden. Natürlich freut sich ein Gewinner über eine solche Summe. Ob der damit glücklich wird, dies ist eine andere Frage. Meiner Meinung nach genügen für alle „Sechse" im Lotto auch ein bis zwei Millionen. Den Rest dieser gewaltigen Summe auf die anderen Mitspieler zu verteilen, dies wäre angemessen. Aber auch da hat die Gier und Unvernunft Einzug gehalten! Nennt sich diese Einrichtung nicht „Staatliche" Lotto Gesellschaft? Für diesen Kapitalismus werden bisherige Werte wie Anstand, Leistung, Fleiß und Anerkennung für ehrliche Arbeit, gegenseitigen Respekt und Fairness geopfert. Damit geht Deutschland und die westliche Welt den gleichen Weg wie das Altrömische Reich. Den Weg in die Dekadenz und damit den Weg des Unterganges! Die Bevölkerung Deutschlands macht ja mit bei dem Kapitalismus. Man sieht dies an ihrem Kaufverhalten. Der Werbeslogan, „Geiz ist geil" zeigt ja seine Wirkung im Kaufverhalten. Geiz ist nicht geil, Geiz schadet dem Mittelstand und ist darum alles andere als geil! Viele verwechseln Geiz mit Sparsamkeit. Mit dem Kaufverhalten vermehrt man den Reichtum der Discounter und internationalen Unternehmen. Und dies auf Kosten der Hersteller und Produzenten. Ein Beispiel ist das Theater mit dem Milchpreis! Diese Dumpingpreise der Discounter gehen eindeutig zu Lasten der Landwirtschaft. Als ob 10 Cent den Verbraucher ärmer machen würden. Irgendwann wird der Gesetzgeber aktiv werden müssen! In Frankreich blockieren die Landwirte schon die Straßen ob der Dumpingpreise bei Lebensmitteln. Ein Mindestpreis bei Lebensmittel für den Produzenten, also den Landwirten, notwendig eben durch das Verhalten der Wirtschaft wird kommen! Auf die Dauer geht es nicht anders.

Und wenn der Bürger mal genau nachschaut und auch rechnet, dann wird er feststellen dass diese Unternehmensketten der Discounter in der Gesamtheit nicht unbedingt günstiger sind. Unbestreitbar ist der Kundendienst des Mittelstandes besser! Dies ist meine Erfahrung. Und dies macht sich natürlich beim Preis bemerkbar. Mir nützt es nichts wenn ich ein billiges Gerät kaufe und mit der Installation allein gelassen werde. Von den Umständen bei Defekten und Garantien ganz zu schweigen. Über die Arbeitsbedingungen und Bezahlung bei den Handelsketten müssen wir nicht reden. Die kamen oft genug in den Medien. Seit dem Mindestlohn ist es sicherlich etwas besser geworden. Zumindest was die Bezahlung betrifft! Aber der Bürger ist ja der Werbeindustrie hörig. Egal wie oberflächlich sie ist oder auch nicht der Wahrheit entspricht. Auch das ist Dekadenz der Bevölkerung.

Reichtum löst keine Probleme. Reichtum schafft welche wenn er ungerecht verteilt ist und fördert die Dekadenz!

Nur ein gesunder Mittelstand der Geld verdienen kann ist die Grundlage eines funktionierenden und sozialen Staates! Ein Steuersystem welches den Mittelstand schröpft, ist die Ursache des Unterganges einer Gesellschaft. Der Mittelstand ist der Garant unseres Wohlstandes, nicht die Konzerne und Banken! Aber dies kapieren die Politiker und ein Teil der Bevölkerung nicht.

Zu- und Einwanderung

Die Welt hat sich grundlegend geändert. Aber dem gerecht zu werden ist die Politik und die Rechtsprechung nicht in der Lage. Und damit für den Zuzug von Wirtschaft- oder Armutsflüchtlingen in unser Sozialsystem verantwortlich. Und dies ist der Weg in die Dekadenz.

Die jetzige Flüchtlingswelle ist eindeutig eine Völkerwanderung. Ob die westliche Welt, vor allem Deutschland und Europa dies ohne negative Auswirkungen verkraftet, ich bezweifle dies.

Grundsätzlich muss man unterscheiden zwischen Armutsemigranten, Kriegsflüchtlingen und Einwanderung! Letzteres gibt es in Deutschland eigentlich nicht. Dieses Land hat kein eindeutiges Einwanderungsgesetz.

Das internationale Flüchtlingsrecht ist durch die Genfer Flüchtlingskonvention zur Rechtsstellung der Flüchtlinge von 1951 begründet. Danach gilt als Flüchtling, „wer aus der begründeten Furcht vor Verfolgung aus Gründen der Rasse, Religion, Nationalität, Zugehörigkeit zu einer bestimmten sozialen Gruppe oder wegen einer politischen Überzeugung sich außerhalb des Landes befindet, dessen Staatsangehörigkeit er besitzt, und den Schutz dieses Landes nicht in Anspruch nehmen kann oder wegen dieser Befürchtung nicht in Anspruch nehmen will oder sich als staatenlos infolge solcher Ereignisse außerhalb des Landes befindet, in welchem er seinen gewöhnlichen Aufenthalt hatte und nicht dorthin zurückkehren kann oder wegen der erwähnten Befürchtung nicht dorthin zurückkehren will" So der Gesetzestext.

Jedoch wird der Begriff „Flüchtling" mit recht kritisiert. Denn diesen Begriff verwendet man auch für Menschen für die diese Kriterien nicht zutreffen, den so genannten Asylanten, Migranten oder auch Zuwandernden.

Das Recht auf Asyl ist in Artikel 16a des Grundgesetzes geregelt. Asyl steht, so nach dem Gesetzestext, allen Menschen zu, die politisch verfolgt werden. Das bedeutet, dass sie von ihrem Staat wegen ihrer politischen Überzeugung so stark ausgegrenzt werden, dass ihre Menschenwürde verletzt ist. Notsituationen wie Armut oder Bürgerkrieg berechtigen hingegen nicht zu Asyl (Gesetz vom 23.05.1949, BGB I S1, zuletzt geändert am 23.12.2014)

Einwanderung im eigentlichen Sinne gibt es defakto in Deutschland nicht. Dies ist im Grundgesetz nicht verankert und damit auch nicht vorgesehen.

Schon Altkanzler Helmut Schmidt äußerte sich in einem Interview mit Sandra Maischberger über die Zuwanderung und sagte: Zuwanderung aus fremden Zivilisationen schafft mehr Probleme, als sie uns auf dem Arbeitsmarkt an positiven Faktoren bringen kann. Und er warnte vor dem Einfluss der Zuwanderer. Nicht wegen deren anderen Abstammung sondern wegen der Art und Weise, wie sie als Säugling, wie sie als Kleinkind und als Schulkind, wie sie als Kinder in der Familie erzogen worden sind.(Quelle Focus 47/15) Dies wird aber heute in unserem Gutmenschenstaat ignoriert!

Die Asylpolitik würde bei sachlicher Auseinandersetzung nicht solche Ausmaße annehmen. Eigentlich ist es ganz einfach bei ehrlicher Beantwortung folgender Fragen:

Hat Deutschland angemessenen Wohnraum für 500 bis 700 Tausend Menschen? So die offiziellen Zahlen im Sommer 2015. In Wirklichkeit sind es über eine Million Ende des Jahres. Dies gibt man nur zögerlich zu um die Bevölkerung nicht zu beunruhigen.

Haben wir für diese Menschen Arbeitsplätze mit deren Bezahlung sie ohne soziale Unterstützung entsprechend leben können?

Sind diese Menschen gewillt und in der Lage unsere Gesetze und Lebensweise zu akzeptieren?

Können der Wohnraum und die Arbeitsplätze kurzfristig geschaffen werden?

Können die Menschen die so viel beklagte Lücke der Fachkräfte in der Industrie beheben?

Gibt es genügend Einrichtungen und Personal um den Asylanten die Deutsche Sprache bei zubringen, sofern sie überhaupt wollen? Ganz wichtig vor allem für den Schulbesuch der Kinder. Ohne die Sprache zu verstehen können sie nichts lernen.

Da mit Sicherheit keine der Fragen uneingeschränkt mit ja beantwortet oder zügig umgesetzt werden kann, ist die Konsequenz eindeutig!

Ursächlich für die inzwischen ungezügelte Zuwanderung von Armutsemigranten ist zum größten Teil der schon behandelte Kapitalismus. Die Geldgier und der Zwang zur Gewinnmaximierung geht zu Lasten der sogenannten dritten Welt. Die Ausbeutung der dortigen Ressourcen, der Fossilen oder anderer Wertstoffe, der Arbeitskraft der dortigen indigenen Menschen, die Vernichtung von Arbeitsplätzen zugunsten von Gewinnen der Industrienationen, dies ist die Ursache. Hinzu kommen Glaubenskonflikte und auch Hungersnöte und Naturkatastrophen. Das wohlhabende Deutschland und Europa sind genau darum im Focus der Völkerwanderung. Wie einst das Römische Reich. Andere westliche Länder versuchen durch Gesetze diesen Zuzug zu mindern. Auch Länder mit einem Einwanderungsgesetz können es wohl auf Dauer nicht ganz verhindern. Aber eben durch ein Einwanderungsgesetz besser lenken. Es gibt Länder welche den ungehemmten Zuzug der Armutsflüchtlinge nicht als Gott gewollt hinnehmen. Sie sehen die dadurch entstehenden Probleme für ihr Land und die Bevölkerung. Sie unterliegen dann der Kritik, die Menschenrechte nicht ein zu halten. Ich habe meine Zweifel ob der Zuzug aus Armut Bestandteil der sogenannten Menschenrechte sind. Dafür gibt es keine gesetzliche Grundlage. Weder National noch International! Nur in unserem Gutmenschenstaat wird dies so gesehen. Nochmal, im Grundgesetz der Bundesrepublik Deutschland gilt das Asylrecht ausdrücklich für politisch Verfolgte. (Art 16 a) Ich komme im Kapitel Politik darauf zurück.

Grundsätzlich ist die Denke von wegen die Bevölkerungszahl sei wichtig für das Überleben oder Bestehen einer Nation falsch! Diese Denke stammt aus dem 18. Jahrhundert! Da benötigte man Menschen zur Kriegsführung! Diese Ansicht ist in der heutigen Zeit nicht mehr angebracht. Man sieht dies bei den sogenannten Entwicklungsländern. Durch den Anstieg der Bevölkerung werden mehr Ressourcen benötigt. Wenn die aber nicht in notwendiger Form oder Menge vorhanden sind, den Völkern entzogen werden, dann kommt es zwangsläufig zu Hungersnöten und Katastrophen! Und die Zuwanderung aus eben diesen Drittländern ist die Folge. Kriege in diesen Ländern resultieren aus Verteilungskämpfen und Glaubenskonflikten. Die Stärkeren vertreiben die Schwächeren um die noch verbliebenen Ressourcen für sich zu nutzen. Um aber da erfolgreich zu sein benötigt man eben Menschen und die Population nimmt zu. Durch die andauernden Unruhen ist eine nachhaltige Bewirtschaftung oder Nutzung der noch vorhandenen Ressourcen nicht machbar. Die jeweiligen Glaubensrichtungen und teilweisen Jahrtausend alte Denkweisen kommen noch erschwerend dazu. Nach wie vor gilt in diesen Ländern, je mehr Kinder man hat, umso besser geht es im Alter. Die Kinder sorgen dann für die Alten. So die Argumentation. Und genau dies ist das Problem. Ausgerechnet in den ohnehin benachteiligten Ländern ist diese Denke gravierend. Dadurch kommt es zum überproportionalen Bevölkerungszuwachs auf diesem Planeten. Und dies wird nicht mehr lange gut gehen. Das hält er auf Dauer nicht aus. Die katastrophalen Flüchtlingswellen sind die Vorboten des Exodus.

Die nächste Katastrophe ist vorprogrammiert. Dies wird der Wassermangel sein. In der westlichen Welt sicher nicht so gravierend. Somit ist die nächste Flüchtlingswelle unausweichlich. 20 Millionen Menschen aus dem Afrikanischen Kontinent sitzen auf gepackten Koffern und wollen nach Europa! Warum zum Beispiel gibt es auf Wasserarmen Inseln und Ländern Golfplätze? Warum wird dort Wasser intensive Landwirtschaft betrieben und die Produkte in Länder exportiert, welche Wasser genug haben um diese Produkte selbst zu produzieren? All diese Fragen werden nicht genug diskutiert, der Gewinne wegen. Da versagt die Politik Weltweit

Man kann diesen Armutsemigranten, fälschlich auch Flüchtlinge genannt, keinen Vorwurf machen dass sie kommen. Diese Menschen fallen nach dem Völkerrecht nicht unter den Begriff Flüchtlinge. Das internationale Flüchtlingsrecht wird ganz klar durch die Genfer Flüchtlingskonvention von 1951 begründet. Ich wiederhole mich, dem nach ist ein Flüchtling ein Mensch, der aus begründeter Furcht vor Verfolgung aus Gründen der Rasse, Religion, Nationalität, Zugehörigkeit zu einer bestimmten Gruppe oder wegen seiner persönlichen politischen Überzeugung sich in Gefahr für Leib und Leben befindet. Und diesem Personenkreis ist Asyl und Schutz zu gewähren. Armut und der Wunsch für ein besseres Leben ist kein Asylgrund! Diese Personen fallen unter den begriff Migration. Darunter versteht man jemand der sein Land verlässt, um seine Lebensbedingungen zu verbessern und nicht, weil er in seinem Heimatland in Gefahr ist. Genau genommen sind sie auch Flüchtlinge. Aber sie flüchten nicht aus Angst vor Gefahr für Leib und Leben, sondern in der Hoffnung auf ein besseres Leben. Und dies macht den Unterschied!

Die Wirtschaftsflüchtlinge oder auch Kriegsflüchtlinge nieder zumachen, in welcher Form auch immer, ist dumm und der falsche Weg! Die monetären Leistungen an die Flüchtlinge sowie die Anforderungen der Unterbringung kann ihnen nicht angelastet werden. Dafür ist der Staat mit seiner Gesetzgebung verantwortlich. Diese Menschen nützen nur was der Staat ihnen anbietet! Die Politik taugt nichts! Darum sollten die Gegner dieses ungehinderten Zuzuges alle nach Berlin fahren und dort demonstrieren. Da sitzen die Verantwortlichen und Versager welche sich aus Unfähigkeit zu Änderungen auf das Grundgesetz berufen! Wobei wir beim Werte Konservatismus sind. Auch dieses Grundgesetz ist nicht aus Granit und gehört der Zeit angepasst. Zudem wird es von der Politik so ausgelegt wie es eben in die jeweilige Parteien Denke passt. Es ist beschämend wie die Politiker trotz der teilweise selbst verschuldeten Herausforderung, man kann es schon nationale Katastrophe nennen, nicht in der Lage sind rasch zu reagieren. Diese Katastrophe war aber kein Naturereignis! Die Politik ist doch außer Gerede nicht in der Lage, sinnvolle Änderungen zu beschließen. Müssen wir Helmut Schmidt reaktivieren? Bei der Flutkatastrophe in Hamburg in den 60er Jahren nannte er als Polizeipräsident die damals Verantwortlichen einen „aufgeregten Hühnerhaufen". Dann übernahm er die Führung, ignorierte Bürokraten und handelte pragmatisch. Innensenator wurde er erst später. Eine Ähnlichkeit mit dem Hühnerhaufen ist bei den heutigen Politikern zu erkennen! Die Politiker müssen an einen runden Tisch sitzen, ihre Parteiendenke weglassen und ganz schnell reagieren! Das sind sie ihren Wählern schuldig! Die Minister sollten sich an ihren Eid erinnern, dem Volke zu dienen.

Bei der jetzigen laschen Auslegung der Gesetze ist der unkontrollierbare Zuzug nicht zu stoppen.

Es nützt nichts zu argumentieren, man müsse die Asylanträge schneller bearbeiten um die Verweildauer bis zu einem Bescheid zu kürzen. Solange gegen einen negativen Bescheid geklagt werden kann, solange ändert sich eben nichts! Diese Möglichkeit schaffte sich der Staat selbst denn es gibt dafür kein internationales Recht. Und mit dem vermeintlichen Rechtsstaat hat dies nichts mehr zu tun. Wo bleiben denn die Rechte der indigenen Bevölkerung? Während des Verfahrens tritt der Bescheid nicht in Kraft und somit kann die Rückführung auch nicht erfolgen. Dies gehört abgeschafft! Und wenn man keine Ausweispapiere besitzt geht es schon zweimal nicht! Obwohl das Einreisen ohne gültige Papiere illegal ist und damit gegen geltendes Recht verstößt. Somit gehören solche Zuwanderer bestraft. Dagegen laufen die Grünen und Linken Genossen Amok. In diesem Gutmenschenstaat ist dies dann gegen die Menschenrechte! Nun rennen in Deutschland Tausende von nicht registrierten Menschen herum. Die Regierung gibt dies zu und wundert sich dann ob der Reaktion der Bevölkerung. In diesem Falle hat der Staat eindeutig kapituliert! Auch da ist Deutschland einzigartig!

Auch die Argumentationen von den so schlauen Menschen, vorwiegend aus akademischen Kreisen, der Prominenz und Menschen welche aufgrund ihrer monetären Möglichkeiten mit diesem Problem nicht direkt konfrontiert werden trägt nicht zur Lösung bei! Dazu gehört vor allem der Bezug auf die Vergangenheit! Man könnte geradezu meinen Deutschland war das schlimmste Volk in der Weltgeschichte! Natürlich ist die Vernichtung von Menschen im Dritten Reich ein ganz dunkles Kapitel in der Geschichte der Deutschen. Diese Schuld wird aber durch das Gutmenschentum und Berufung auf die Vergangenheit nicht getilgt! Und schon gar nicht durch die Aufnahme aller Benachteiligten der Menschheit! Eine Nation muss nach vorne schauen und in der Realität leben! Dieses Land wird sich verändern!

Aber ich bezweifle dass diese Veränderung positiv sein wird!

Deutschland trägt die Hauptlast der momentanen Völkerwanderung nach Europa. Die hält aber Deutschland alleine nicht aus! Warum wollen denn die Flüchtlinge ausschließlich nach Deutschland? Hier sind die Voraussetzungen für ein besseres Leben mit den hohen Sozialstandards durch die Gesetzgebung in Europa am besten. Und darum wollen die Flüchtlinge in dieses Land wo Milch und Honig fließt. So wird es ihnen ja erzählt! Da können die Gutmenschen argumentieren wie sie wollen. Die Realität holt sie dann spätestens in den Erstaufnahme-Unterkünften, auch AEU genannt, ein. Und ein Vergleich mit der Nachkriegsintegration und der Wiedervereinigung da hätte Deutschland es ja auch geschafft, dieser Vergleich ist einfältig! Damals waren ganz andere Verhältnisse. Nach dem Krieg kamen ja vorwiegend vertriebene Deutsche! Andere wollten erst gar nicht in ein am Boden liegendes Land ohne den Sozialfimmel wie heute! Den konnte man sich einfach nicht leisten. Somit gab es keine Probleme mit einer anderen Kultur,

Sprache sowie Glaubensbekenntnissen. Und Arbeit gab es mehr als genug durch den Wiederaufbau! Die Wirtschaft boomte und vor allem gab es Arbeit auch für unqualifizierte Menschen. Es waren auch die „Gastarbeiter" der ersten Generation kein Problem. Diese wurden damals in der Wirtschaft benötigt und nach Bedarf geholt. Sie hatten bei Ankunft in Deutschland einen Arbeitsplatz, denn sie wurden in den Herkunftsländern von den Firmen angeworben! Die Wiedervereinigung ist ebenfalls nicht vergleichbar denn es kamen Deutsche! Zugegeben, die Wiedervereinigung sorgte für einen Schub von Investitionen und für die Wirtschaft. Aber sie kostete natürlich Milliarden. Deutschland konnte sich dies nur durch seine wirtschaftliche Stärke leisten! Aber es war Wohnraum vorhanden, es gab Arbeit und es waren größtenteils qualifizierte Menschen welche hinzu kamen! Eine Integration war nicht notwendig. Die Welt und die Entwicklung blieb im Bereich Arbeit nicht stehen! Wohl aber die Denke der Politik und Gutmenschen.

Und zu meinen die Flüchtlinge könnten die 600 Tausend offene Stellen in Deutschland, Stand 8/2015, besetzen ist Träumerei. Dies gilt ebenso für die offenen Lehrstellen. Manche der Zuwanderer werden den Vorteil der sozialen Wohltaten wie Hartz-4 dieses Landes nutzen. So wie die jetzt in Deutschland Lebenden auch! 4,1 Millionen sind zur Zeit in diesem System. (Quelle Statista)

Mag sein dass von zehn Zuwanderern zwei durch Bildung und Beruf sich in Deutschland problemlos integrieren und der Wirtschaft und damit dem Lande dienlich sind. Was aber machen wir mit den Acht anderen? Die fallen zwangsläufig dem sozialen Sektor zur Last. Damit ist die These die Zuwanderung sei für unser Land nützlich in Frage zu stellen. Der Aufwand steht in keinem Verhältnis zu den Kosten und dem Nutzen! Denn es ist nicht wahr wie behauptet wird dass vorwiegend gut ausgebildete Menschen zu uns kommen. Diese Behauptung dient der Ruhigstellung der Bevölkerung!

Der Deutsche Staat kennt den Begriff „Einwanderung" im Gesetz nicht. Darum sind wir, zumindest sprachlich und juristisch, kein Einwanderungsland! Der politische Unterschied liegt darin, dass die Einwanderungsländer aus Arbeitsmarkt, entwicklungs- oder bevölkerungspolitischen Gründen, Einwanderer anwerben.(4.8.93 Johannes Gerster) Die Zuwanderung beschreibt Migration, welche für das Aufnahmeland nicht von gesellschaftlichem Nutzen ist. Dies ist der gravierende Unterschied! Und genau dies ist das Problem Deutschlands mit den nicht politisch verfolgten Asylanten. Armut ist kein Asylgrund! Auch nicht nach dem im Grundgesetz verankerten Asylgesetz. Asyl ist kein generelles Menschenrecht wie von vielen Gutmenschen behauptet wird. Zumindest Völkerrechtlich nicht! Der Artikel 1 der Genfer Konvention von 1951 sagt eindeutig: Wirtschaftliche Not, Naturkatastrophen, Bürgerkrieg oder Armut werden nicht als Asylgrund im Sinne des Internationalen Asylrechtes anerkannt! Deutschland ist eines der wenigen Länder dieser Welt mit einem Asylgesetz außerhalb der EU. Es gilt, zumindest in Deutschland, nach dem Asylgesetz für politisch verfolgte Menschen. Und dieser Artikel 16a GG und Asyl VfG wird je nach parteilichem Gutdünken ausgelegt! Die EU allerdings hat das Asylgesetz über die Grundlage der Genfer Konvention ausgeweitet. Die Folgen sind ersichtlich! In Deutschland wird Zuwanderung, Einwanderung und Asylrecht vermischt! Dafür ist die Politik verantwortlich. Dass die Linken dies nicht akzeptieren wollen liegt an ihrer Gesinnung. Und Wirtschaftsflüchtlinge als arme Vertriebene und schutzsuchende Menschen zu titulieren ist Unsinn. Die werden nicht vertrieben sondern kommen wegen dem Geld und durch unseren Sozialstaat ohne Zweifel besseren Leben zu uns. Und damit fallen sie auch nach dem EU Asylgesetz nicht unter das Asylrecht.

Grundsätzlich gehört das Deutsche Asylgesetz auf den Prüfstand und der Zeit angepasst! Das Asylgesetz wurde vor über 60 Jahren unter ganz anderen Verhältnissen als heute und aus der Erfahrung des dritten Reiches verabschiedet. Es macht keinen Sinn dass jeder der an der Grenze das Wort Asyl verwendet in dieses Land darf. Dazu war es mit Sicherheit auch nicht gedacht. Aber dieses Gesetz in heutiger Anwendung ist die heilige Kuh der Gutmenschen. Den Missbrauch sieht man nicht oder will ihn nicht sehen!

Und es ist nicht gegen die Menschenwürde oder internationales Recht, Asylanten statt Geld nur Sachleistungen zukommen zu lassen. Auch dies regelt Artikel 1 des Genfer Abkommens. Unter der Bezeichnung Asyl versteht man in diesem Gesetz die Bereitstellung einer Zufluchtsstätte, eine Unterkunft, ein Obdach oder Notschlafstelle, sowie der Schutz vor Gefahr und Verfolgung. So der Gesetzestext. Was darüber hinausgeht, besonders im Gutmenschenstaat Deutschland, ist die Entscheidung der jeweiligen Länder. Nicht die Politik sondern das Bundesverfassungsgericht mit seinem Urteil ist verantwortlich für die Geldleistung in Deutschland.

Die Aufnahme von Flüchtlingen aus Kriegsgebieten sind ein anderer Sachverhalt und von der UN Charta auch festgelegt. Aber auch in dieser Charta sind Kriegsflüchtlinge keine Asylanten! Und sie sind auch nicht wirklich das Problem! Natürlich stellt sich die Frage ob Flüchtlinge aus den Flüchtlingslagern in der Türkei und angrenzenden Islamischen Staaten diesen Status haben. Diese Flüchtlinge sind in Sicherheit vor kriegerischen Ereignissen und somit keine unmittelbaren Kriegsflüchtlinge. Zumal der Krieg in

Syrien ein Bürgerkrieg ist. Und damit ist die Aufnahme in Deutschland fragwürdig. Die Verhältnisse in diesen Lagern ist ein anderes Thema.

Die Humanität ist unbestritten ein Grund der Aufnahme von Flüchtlingen aus diesen Gebieten.

Deutschland könnte sehr wohl Christliche Syrische Kriegsflüchtlinge aufnehmen und aus dem Asylverfahren herausnehmen. Nach Artikel 17 der Dublin- III- Verordnung wäre dies möglich. Das würde bedeuten Deutschland wäre für diese Aufnahmeregelungen allein verantwortlich. Bei diesen Syrischen Flüchtlingen handelt es zum Großen Teil um ausgebildete Menschen in Berufen welche bei uns offensichtlich fehlen. Dies würde die Lage etwas entspannen, nicht zuletzt auch bei der Bevölkerung. Komme mir jetzt keiner mit dem Argument es sei gegen die Menschenwürde zu selektieren! Menschenwürde ist wenigsten einigen zu helfen anstatt alle im Chaos zu lassen! Und es muss doch dem Land oder Staat überlassen sein welche Menschen er aufnimmt! Zudem stellt sich für mich die Frage was dagegen spricht, dass Deutschland und die EU ausschließlich Kriegsflüchtlinge mit Christlichen Glauben aufnehmen. Jetzt kommt wieder die Menschenwürde. Wo ist die Menschenwürde der Bevölkerung welche eine Ausweitung der Islamisierung nicht möchte? Wer die Bücher „Neukölln ist überall" oder „das Ende der Geduld" liest wird erkennen dass es die gibt! Diese Autoren sind keine Rechtsradikalen sondern Menschen, welche aus der Erfahrung ihres praktischen Lebens berichten. Dies aber passt nicht zu unserem bezüglich der Vergangenheit gepflegten Gutmenschentum! Christliche Menschen passen sich in der Regel eher der Mentalität einer Christlich geprägten und demokratischen Lebensweise in Europa an und machen somit weniger Probleme. Als Gegenargument kann man natürlich das Grundgesetz aufführen. Bei der Verabschiedung dieses Gesetzes war an Islamisierung, Völkerwanderung und anderen heutigen Veränderungen nicht zu denken. Dieses Grundgesetz ist nicht für die Ewigkeit gemacht worden! Die Politik ist eben für Zeitgemäße Änderung nicht oder nur sehr schwer in der Lage. Und wenn, dann meist erst wenn das Kind schon im Brunnen liegt. Muslime fühlen sich Glaubensmäßig sicherlich in vom Islam geprägten Aufnahmeländern wohler oder heimischer!

Und dass Flüchtlinge vornehmlich in das so großartige Deutschland wollen erkennt man daran, dass sie die Registrierung in Ungarn verweigern. Da die Flüchtlinge aber dadurch nicht in ein anderes Land der EU einreisen dürften wird die Registrierung verweigert. Dabei erfüllt Ungarn nur die Richtlinie und Gesetze des Schengener Abkommens. Nun wird Ungarn und angrenzende Staaten welche die Grenzen schließen in den Medien und von Politikern und Gutmenschen niedergemacht. So ist nun mal das Gesetz!

Deutschland und zwangsläufig auch Europa verkraftet Millionen von Flüchtlingen nicht. Die Folge würde zu einem Absenken des heutigen Lebensstandards in allen Bereichen führen. Und das führt zu Unruhen in der Bevölkerung! Nochmals, nur der gezielte Aufbau einer tragfähigen Wirtschaft und Infrastruktur in den Ländern aus denen die Wirtschaftsflüchtlinge kommen wird helfen. Dies gilt auch für Befriedung der Kriegsgebiete!

Es gibt Stimmen welche behaupten, der Zuzug kurbele die Inlandsnachfrage an und sei darum unserer Wirtschaft dienlich. Dies ist nur oberflächlich richtig. Die Realität sieht aber anders aus. Ohne Zweifel beleben sie die Nachfrage an Wohnraum und Konsum. Die Milchmädchenrechnung besteht darin, dieser Konsum wird durch Steuermittel bezahlt und nicht durch Produktivität der Bezieher oder Verbraucher.

Deutschland und die EU muss diesbezüglich das Grundgesetz der Zeit entsprechend mit dem Begriff „Einwanderungsgesetz" modernisieren! Damit wäre eine klare Gesetzeslage vorhanden und man ginge unnötigen ideologischen Debatten aus dem Weg! Nur mit Zuwanderung könne Deutschland überleben, als ob wir dem Tode nahe wären, die Alterung aufhalten und den Wohlstand und die Renten sichern. Alles nur Theorien. Da schwirren ja Zahlen im Raum herum! Wir brauchen nicht jährlich 1,5 Millionen Zuwanderer für unsere Wirtschaft bei über vier Millionen Hartz-4 Empfängern! Mit dem ungezügelten Zuzug von Armutsflüchtlingen gefährden wir den Sozialstaat!

Da kann unsere Frau Merkel so oft behaupten wie sie will, „wir schaffen das"! Wer eigentlich ist „wir?" Wir sind das Volk, so abgedroschen dies auch klingen mag und werden nicht gefragt. Denn wir sind unmündig und unfähig die Folgen und die Tragweite zu erkennen. Zudem neigen wir zur Fremdenfeindlichkeit und sind voll Egoismus und wollen nicht teilen. Darum ist es gut dass wir, das Volk, von weitsichtigen und realitätsbewussten Politikern und der Elite von Akademikern und Juristen behütet und regiert werden. Das ist die vollkommene Demokratie!

Natürlich kann Deutschland den Zuzug von Millionen Flüchtlingen bei der momentan florierenden Wirtschaft verkraften. Die Frage aber ist wie lange und zu welchem Preis! Es ist aber nicht nur eine monetäre Frage sondern eine Frage der Gesellschaft in diesem Land. Ist sie bereit auf schon lange versprochen steuerliche Entlastung zu verzichten? Ist sie bereit die stille Islamisierung zu akzeptieren? Ist sie bereit weiterhin eine, ohne die kommenden Probleme durch den Zuzug, schon jetzt überforderte Justiz und Polizei aufgrund von Stellenabbau zu akzeptieren? Die bisher lobenswerte Hilfsbereitschaft der Bevölkerung wir nicht anhalten wenn der Zuzug zur Normalität wird!

Selbst Arbeitsministerin Frau Nahles gibt inzwischen zu, dass sich die Zahl der Arbeitslosen und damit der Hartz-4 Bezieher durch den Zuzug bis 2019 um eine Million erweitern wird. Von den Milliarden Kosten dafür wird nicht geredet. Dies aber ist nur die halbe Wahrheit! Wenn jährlich eine halbe Million Flüchtlinge zu uns kommen, dann ist das schön gerechnet. Ich gehe von der doppelten Anzahl aus. In der Politik ganz normal. Und dass unsere Landesmutter keine Steuererhöhungen verspricht, dies beruhigt das Volk ungemein. Ich glaube es ihr sogar bis nach der Wahl 2017! Und es wird natürlich schwer für die linken Verteilungsparteien Es gibt nämlich dann nichts mehr zu verteilen! Aussagen von Bossen der Industrie man brauche die Flüchtlinge, sind so lange nur Gerede und Geschwätz zur Beruhigung der Bevölkerung, bis diese Herrschaften mal konkrete Zahlen nennen wie viel sie sofort in ihren Unternehmen einstellen! Und auch wie sich an den Kosten der Sprachkurse, sofern überhaupt entsprechende Lehrkräfte zur Verfügung stehen, beteiligen. Letzten Endes partizipieren vorwiegend ihre Unternehmen bei einer erfolgreichen Integration! Damit wäre dann der so viel zitierte Fachkräftemangel auch entschärft.

Um die aufgeführten Probleme zu bewältigen bedarf es eben eines Einwanderung Gesetzes. Und so ein Gesetz ist nicht unmenschlich oder gegen die Menschenrechte. Wenn dies so wäre, dann sind Länder mit eben einem Einwanderungsgesetz totalitäre Staaten und keine Demokratien! Damit kann der Bedarf an qualifizierten Arbeitskräften die uns angeblich und aus welchen Gründen auch immer fehlen, je nach Notwendigkeit, im Sinne dieses Staates geregelt werden. Unqualifizierte haben wir selbst und müssen diese nicht importieren. Dies stellt die Menschenwürde nicht in Frage. Mit fragwürdigen Argumenten gegen ein Einwanderungsgesetz Stimmung zu machen, dies ist dem Problem nicht förderlich. Herr Reiz, Chefredakteur beim Focus ist einer davon. In der Ausgabe 32/15 nennt er das Gesetz Harmonie- Vokabel. In der selben Ausgabe wird aber über die Probleme der Zuwanderung am Beispiel Nordrhein Westfalen geschrieben. Er beruft sich auf die Gesetzeslage was Abschiebungen erschwert. Wenn es erforderlich ist muss man Gesetze eben ändern. Dies macht die Regierung nicht, um das Image der so toleranten, sozialen, menschenfreundlichen, so reichen und „Schuld" beladenen Bundesrepublik nicht zu beschädigen. Dabei hat diese Republik nichts verbrochen! Um dies zu wahren spielen die Belange der beunruhigten Bevölkerung eine untergeordnete Rolle! Wenn sich dieses Verhalten nicht mal rächt...!

Die westliche Welt, damit zwangsläufig Deutschland und die EU Länder, stehen vor zwei gewaltigen Problemen. Ein Problem ist die Flut von Flüchtlingen aus welchen Gründen auch immer. Das andere Problem des Zuzuges eben auch durch die Flüchtlinge aus Islamischen Staaten, sowie die Bedrohung durch den IS. Mit dem gemäßigten Islam hat diese Organisation nichts zu tun. Diese Organisation ist eine Terrororganisation welche als Staat keine Zukunft hätte. Und diese Probleme können und werden eskalieren. Die westliche Welt, und vor allem Deutschland mit seiner Gutmenschen Mentalität, ist im jetzigen Zustand dagegen hilflos und reagiert erst entsprechend wenn es eigentlich zu spät ist. Dann wird es ohne Gewalt nicht mehr gehen! Alles andere ist Träumerei!

Dass Europa und Deutschland gegenüber dem inzwischen Millionen umsetzenden Wirtschaftszweig Schlepper nicht gewinnen kann, dies liegt an dem Egoismus der EU Länder. Zudem ist durch die Größe diese Union zu schwerfällig!

Darum braucht Europa, zumindest die Europäische Union, ein einheitliches Einwanderungsgesetz analog Kanada! Solch ein Gesetz regelt die Einwanderung und damit den gezielten Zuzug. Ein halbes Prozent der Bevölkerung als Einwanderungsgröße fest zuschreiben brächte Deutschland rund 400 Tausend Einwanderer im Jahr. Und dies ist nicht gegen die Menschenwürde! Da die Einwanderung eben gezielt und Bedarfsgerecht wäre, reicht dies um den so viel bejammerten Fachkräftemangel zu beheben! Solange aber jedes EU Land eigene Gesetze bezüglich Asyl oder Zuwanderung hat, solange werden die Länder mit hohem Sozialstandard die Verlierer sein. Die EU muss endlich gemeinsam Mittel in die Hand nehmen und gezielt mit Kontrolle Länder in den Krisengebieten und Afrika, von da kommt die nächste Flüchtlingswelle, eine Infrastruktur aufbauen. Dies aber wird dauern! Bis dahin müssen alle Länder, welche einen Beitrittsantrag zu EU gestellt haben, als sichere Länder eingestuft werden. Wenn sie dies nicht sind, dann dürften sie auch keinen Antrag stellen. Bis dahin braucht Deutschland ein Einwanderungsgesetz.

Die Hilflosigkeit Deutschlands und der EU zeigt doch der Deal mit der Türkei! Ausgerechnet mit der Türkei welche ja mit ihrem Konflikt mit den Kurden Flüchtlinge produziert. Zudem ist die Türkei momentan mit der Politik in seinem Lande nicht unbedingt ein verlässlicher Partner für die EU. Ob der Handel mit Flüchtlingen gegeneinander mit dem Völkerrecht vereinbar ist? Ich habe da Zweifel. Durch diesen Deal ist die EU erpressbar geworden! Wie wird die Verwendung des EU Geldes für die Flüchtlingsunterbringung und Versorgung kontrolliert? Was ist wenn Herr Erdogan droht Flüchtlinge aus der Türkei durchziehen zu lassen, sollten

Forderungen nicht erfüllt werden? Er hat mit den Flüchtlingen ohne Zweifel ein Pfand in der Hand! Ich sehe nur eine Möglichkeit das Flüchtlingsproblem in den Griff zu bekommen. Man muss die, ganz gravierend in Deutschland, überzogene Sozialleistungen für Flüchtlinge, Migranten und Asylbewerber überdenken und EU einheitlich anpassen, um den Anreiz in das so reiche Europa zu wollen zu nehmen.

Deutschland und zwangsläufig auch Europa wird sich in den nächsten Jahren gravierend verändern. Und dies nicht zum Guten! Der Grund ist der unkontrollierte Zuzug von Menschen mit Islamischen Glauben. Die Dominanz der Islam gläubigen Menschen wird immer größer. Und damit auch die schon vorhandene Paralellgesellschaft. Und die Politik und die Gutmenschen lernen nichts dazu! Hinzu kommen Menschen welche sich ein besseres Leben in diesem Land erhoffen. Die Ersteren wollen und dürfen ihr vom Islam geprägtes Leben ungehindert in Deutschland ausleben! Somit haben wir eben eine Parallelgesellschaft welche irgendwann zum Problem wird. Dies Dank der völlig überzogenen Toleranz seitens der Regierung mit ihrer Justiz. Die Zweiten belasten den ohnehin schon überzogenen Sozialhaushalt. Denn ein Großteil dieser Menschen kann aufgrund ihrer Bildung nicht für sich selbst sorgen und müssen daher alimentiert werden. Von entsprechenden Arbeitsplätzen ganz zu schweigen. Kriegsflüchtlinge und Menschen in den Wirtschaftsflüchtlingsströmen mit Ausbildung in Mangelberufen bei uns und teilweisen deutschen Sprachkenntnisse aus dem Asylverfahren heraus zu nehmen, dem steht die Bürokratie im Weg Und dies ist ein Armutszeugnis! Sollte Europa keine gemeinsame Lösung finden, denn Deutschland und Schweden nehmen die meisten Flüchtlinge auf, Stand 8/2015, dann wird das ohnehin labile Gebilde Europa bald Geschichte sein! Natürlich hat dies dann auch Auswirkungen für Deutschland. Sollte Herr Sarrazin im Kern mit seinem Buch „Deutschland schafft sich ab" doch Recht bekommen? Dann ist es mit dem so reichen friedlichen Deutschland und auch Europa vorbei! Es zeigt damit eindeutig die Schwäche einer entarteten Demokratie auf. Die nicht konsequente Anwendung von Gesetzen oder deren Verweichlichung, damit verbunden die schrittweise Aufgabe von Ordnung, dies führt zum Chaos. Ich bin ein Verfechter für Einhaltung von Gesetzen und deren Durchsetzung und Ordnung in diesem Land. Ansonsten endet dieses Land irgendwann in Anarchie. Wenn ich dadurch als Nazi oder auch Rechtsradikal tituliert werde, dann spricht dies nicht für die geistige Potenz derer, welche mich so nennen. Nazi und Rechtsradikal ist etwas anderes!

Es ging schon einmal eine Republik in Deutschland unter. Die sogenannte Weimarer Republik. So wie heute war ob einer Vielzahl von Parteien keine vernünftige Politik mehr möglich. Zugegeben, die hohe Arbeitslosigkeit und der Mangel an Zukunftsperspektiven der Bevölkerung war der Nährboden für die Rechten! Die heutige Regierung nimmt aber auch auf die Belange der Bevölkerung keine Rücksicht mehr. Der Parteiendünkel hat Vorrang! Der Andrang von Flüchtlingen ist eindeutig ein Versagen der Politik in Deutschland und schürt damit die Unzufriedenheit der Bevölkerung. Und dieser Flüchtlingsstrom sorgt für Unmut. Kommt noch eine Wirtschaftskrise in Deutschland dazu, was kommt dann? Sind die Deutschen wirklich resistent gegen eine andere Regierungsform? Wenn man schon bestehende Gesetze nicht anwendet oder so verwässert dass sie an Wirkung verlieren, dann muss man sich nicht wundern! Pauschal bei den Asylanten von Schutz suchenden Menschen zu sprechen, so in den Medien und Tenor der Linken ist ja falsch! Dieser Begriff trifft ausnahmslos nur auf Kriegsflüchtlinge und politisch Verfolgte zu!

Wenn es so weitergeht wird die EU das Schengener Abkommen aufkündigen und die einzelnen EU Länder werden ihre Grenze wieder sichern. Wahrscheinlich wird England auch den Eurotunnel für einige Zeit dicht machen. Ob dieser unkontrollierten Völkerwanderung bleibt, um Unruhen in den Ländern zu vermeiden, nichts anderes übrig. Nicht alle Länder der EU leiden am Verteilungsvirus, Vergangenheitstrauma und Gutmenschentum wie Deutschland.

Also benötigt Europa und damit vor allem auch Deutschland ein Einwanderungsgesetz und auch die konsequente Anwendung des Asylrechtes!

1927 lebten zwei Milliarden Menschen auf der Erde. Im Jahr 2011 waren es schon sieben Milliarden! Tendenz steigend. Diese Zunahme an Menschen ist ursächlich für die Zuwanderung. Wenn es so weiter geht und es wird so weitergehen, dann wird und muss die Erde kollabieren und es wird zu Kriegen kommen. Die rasante Bevölkerungszunahme findet ja vorwiegend in den sogenannten armen Ländern statt. Die dagegen reichen und wohlhabende Länder sind nicht unbegrenzt Aufnahme fähig. Darum ist die geforderte Aufnahme von Armutsflüchtlingen grenzwertig!

Und eben durch die hohe Anzahl der Armutsflüchtlinge ist „Multi Kulti" in Frage zu stellen. Denn der Begriff Multi Kulti beschreibt trotz Bewahrung seiner eigenen Kultur die Akzeptanz der Gesetze, Lebensgewohnheiten und die Kultur des Landes zu beachten in welches man zuwandert. Nur dann kann Multi Kulti auch gelingen und ist dem zugewanderten Land dienlich. Die Integration der Menschen mit muslimischen Glauben ist teilweise daran gescheitert. Schuld ist die Permanenz zur Durchsetzung ihrer Lebensgewohnheiten in allen Bereichen. Und damit verbunden ist auch die falsche Tolerierung in unserem Lande durch die Justiz. Es den Zuwanderern so kommod zu machen wie möglich und sich denen an zupassen, dies ist der falsche Weg! Das hat mit Gastfreundlichkeit oder Willkommenskultur nichts gemein. Die Anpassung obliegt grundsätzlich den Zuwanderern! In Deutschland ist dies natürlich nur verbal so. In der Realität ist es gerade Gegenteilig. Somit hat dies mit Multi Kulti nichts mehr zu tun. Es ist für jeden Staat gefährlich seine Kultur aufzugeben oder unterwandern zu lassen. Auch Menschenrechte haben ihre Grenzen! Also hat die Zuwanderung von Armutsflüchtlingen nichts oder nur ganz bedingt etwas mit Multi Kulti zu tun. Dies aus ideologischen Gründen nicht zu akzeptieren ist ein Zeichen der Dekadenz!

Die momentane, ich fürchte bleibende Welle der Zuwanderung von Armutsflüchtlingen oder Wirtschaftsflüchtlingen, ist ja das Gleiche, ist eindeutig auf das Versagen der Politik in Deutschland zurück zu führen. Und ich nehme keine Partei davon aus!

Aber besonders die Grünen tun sich hervor! Das so gepflegte Gutmenschentum und der angebliche Reichtum in diesem Lande ist die Ursache. Aber es rumort schon in der bürgerlichen Bevölkerung. Da können die Medien argumentieren wie sie wollen! Und die so edlen Reden und Bekenntnisse der Politiker helfen auch nicht weiter. Die müssen was tun! Ich befürchte es wird zu Auswüchsen kommen! Das kann nicht ausbleiben.

Warum bekommen die Asylanten denn Bargeld, wenn sie Unterkunft, Verpflegung usw. frei haben, obwohl sie nichts tun? Warum werden sie nicht zur Rechenschaft gezogen wenn sie gegen unsere Regeln und Gesetze verstoßen? Warum passen wir uns denn ihren Lebensweisen an, die kommen doch zu uns und und! Es kann ja wohl nicht sein dass Einheimische bei Einbruch der

Dunkelheit nicht mehr aus dem Haus gehen. Das ist ja so langsam wie in Amerika. Viele haben Angst vor den Asylanten wenn sie, vor allem junge Männer, in Horden auftreten. Mir werden und wurden solche Fragen von Jugendlichen im Alter zwischen 15 und 17 Jahren gestellt. Von Jugendlichen welche in diesen Brennpunkten leben und zwangsläufig damit konfrontiert werden. Die Argumentation bezüglich der Menschenrechte oder Würde stellt sie nicht zufrieden. Dies akzeptieren sie als Antwort auf diese Fragen nicht! Ein Jugendlicher sagte zu mir, ich bekomme ja vom Staat auch kein Geld wenn ich nicht arbeite. Mit dem Hinweis diese Angelegenheit in Berlin oder bei Politikern anzubringen ernte ich nur Kopfschütteln und die Bemerkung, ach die! Dies sind mit Sicherheit keine Nazis oder Fremdenfeindlich. Diese jungen Menschen denken noch normal! Hallo ihr Politiker, dies sind die Wähler von morgen!

Die Hilflosigkeit gegenüber der Flüchtlingswelle unserer Politiker erkennt man an ihrer Argumentation. Fremdenfeindlichkeit, Rassismus und Nationalsozialismus sind die Schlagwörter gegen den Teil der Bevölkerung welcher nicht angetan von dem ungehinderten Zuzug ist. Ein Großteil der Bevölkerung sieht im Gegensatz der Politiker die kommenden Probleme! Es geht der Bevölkerung nicht um Flüchtlinge aus Kriegsgebieten! Die Ablehnung geht und das mit Recht, eindeutig gegen Wirtschaftsasylanten aus der ganzen Welt. Und der Zuzug inklusive Kriegsflüchtlinge belasten finanziell unseren Staat. Im Jahr 2015 belaufen sich die Kosten hochgerechnet auf zehn Milliarden Euro! So die offiziellen Zahlen. Die kann man glauben oder nicht! So wie die Bevölkerung von der Regierung belogen wird kann man davon ausgehen dass es mindestens ein Drittel mehr ist. Dies zu zugeben wird auf Blick kommender Landtagswahlen und auch der Bundestagswahl 2017 tunlichst vermieden!

Das aufgewendete Geld für die Wirtschaftsflüchtlinge fehlt eben im Haushalt für anderweitige notwendige Projekte in Deutschland und der Bevölkerung. Absolut unverständlich ist der Zuzug aus den Osteuropäischen Ländern, EU Beitritt Anwärterländer! Auch da sieht man das Versagen der Politik. Es sind sogenannte, warum auch immer, sichere Drittländer Staaten. Sonst könnten sie nicht in die EU aufgenommen werden. In Südserbien beträgt das monatlich Einkommen durchschnittlich 150 Euro. Als Asylant bekommt man hier 142 Euro bar auf die Hand in den Erstaufnahmeeinrichtungen. Bei freier Kost und Logie und und! Wenn sie später in Asylunterkünften untergebracht werden gilt eine andere Regelung. Da gibt es Geld etwa in Höhe des Hartz-4 Satzes. Dafür verantwortlich ist nicht die Politik sondern das Bundesverfassungsgericht. Mal wieder die weltfremde Justiz! Ein Jahr als Asylant in Deutschland, solange dauert in der Regel die Bearbeitung des Asylantrages, kann man soviel zurücklegen, um ein Jahr in Serbien zu leben! So die Aussage eines Asylanten. (Quelle SZ 22.7.15) Und dies wird bestätigt vom Chef der BAMF, Herr Manfred Schmidt. (Quelle ARD 23.7.15) Diesem Herren kann man nun wirklich keinen Fremdenhass oder Rechtsradikalismus unterstellen! Somit sind die demagogischen Äußerungen der Linken und Gutmenschen absurdum geführt. Die Wahrheit hört man in diesem Staat nicht so gerne! Einen logischen und durchaus vernünftigen Vorschlag, Armutsflüchtlinge aus den Balkanländern getrennt von anderen Asylanten in Nähe der Grenze unter zubringen, dies wird natürlich von den Linken und Gutmenschen entsprechend kommentiert Und diese ihrer Ideologie abhängigen Spezies sind diesbezüglich eine Gefahr! So könnte das Asylverfahren für diesen Personenkreis beschleunigt werden. Zumal nur 0,2 % dieser Asylanträge Aussicht auf Erfolg haben. Dadurch wäre eine schnellere Abschiebung machbar und würde Platz schaffen für Asylanten mit eventueller Aussicht auf

Erfolg ihres Antrages. Und vor allem für Kriegsflüchtlinge! Geld sparen würde es auch. Aber wir haben ja genug davon, wir sind ja ein „sooo" reiches Land! Nur noch Sachleistungen anstatt Geld zu gewähren wäre mit Sicherheit eine Möglichkeit den Osteuropäischen Geldtourismus zu unterbinden. Aber jetzt kommen wieder die nur so in Deutschland übertriebene Menschenrechte und unsere oft seltsame Rechtsprechung! Die beklagte Ungleichbehandlung wäre gegen das Grundgesetz. Darin steht aber nicht, dass Deutschland durch die spätere, dem Wohlstand und Gutmenschentum geschulterte Gesetzgebung verordnete, überzogene Forderungen für Asylanten finanzieren muss. Wenn es so weitergeht kommt es zu einer Entwicklung, die für mich voraussehbar ist. Aber aus politischen Gründen niemand wirklich sehen will!

In Konstanz werden Turnhallen beschlagnahmt zur Unterbringung der Asylanten. In Friedrichshafen wird ein Haus zur Asylunterkunft her gerichtet. Ganz wichtig dabei ist ein überdachter Fahrradabstellplatz! (Quelle SZ 24.7.15) Das Baurecht schreibt es so vor. Irgendwo hört es auf! Nun will unsere Landesmutter den Bauvorschriftendschungel etwas Entbürokratisieren. Aber das wird dauern. Wenn ich von Politikern schon das Wort Unbürokratisch höre! Was kommt als nächstes? Ich kann es mir vorstellen. Hatten wir alles schon einmal, nur unter anderen Voraussetzungen. Inoffiziell gibt es schon einen Plan B! Spätestens bei einem harten Winter wird er in Kraft treten. Und wie sieht der aus? Da Container Mangelware geworden und nicht lieferbar und bald nicht mehr zu bezahlen sind, Angebot und Nachfrage, von der Menschenwürde bei der Unterbringung in Selbige ganz zu schweigen, kommt Folgendes. Zuerst wird es Zwangseinweisungen in leerstehenden Wohnraum zum Beispiel Ferienwohnungen geben. Herr Palmer, Bürgermeister von Tübingen, brachte dies schon ins Spiel! Erstaunlich für einen Grünen und Respekt für den Blick zur Realität! Reicht dies nicht aus wird es ausgedehnt auf große Wohnungen oder Einfamilienhäuser, in denen nur ein oder zwei Bewohner leben. Zudem wird ein Asyl Solidaritätszuschlag eingeführt um die Kosten auf die Bevölkerung zu verteilen. Sehr wahrscheinlich wird es zur Beruhigung der Bürger welche das dann bezahlen müssen anders genannt! Und der wird dann bis in die Ewigkeit bleiben! Eigentlich sollten den nur die Gutmenschen bezahlen und die Befürworter des ungehinderten Zuzuges! Das gibt es schon in einer Stadt mit Erhöhung der Grundsteuer. Eben mit dieser Begründung! Wie in solchen Fällen üblich trifft dies natürlich nur die „Kleinen". Die „Großen" und Gutmenschen bleiben außen vor! Auch das gab es schon mal! Horrorszenarium? Bei der Umsetzung kommt es dann zwangsläufig zu Spannungen welche noch unvorstellbar sind. Dann ist es mit der Geduld und Ruhe der Bevölkerung vorbei. Zur Umsetzung bedarf es nur eines Notstandsgesetzes. Und in einem harten Winter ist es der Notstand! Dann wird auch die Bundeswehr zum Einsatz kommen. Die Polizei kann nicht alle Aufnahmezentren bewachen und für Ruhe sorgen. Das ist auch nicht ihr Job. Sie hat wichtigere Aufgaben! Zudem ist sie ja durch die Kurzsichtigkeit und auch Dummheit, ich kann es nicht anders nennen, der Politiker ausgedünnt worden. Als ob in dieser Republik die Kriminalität abgenommen hätte! Oder aber die Herrschaften leben doch in einer eigenen Traumwelt. In einer Welt, in der das Gute dominiert! Dekadent eben.

Dann noch die statistischen Vergleiche. Was soll der Unsinn? Verglichen mit dem Tschad und anderen ärmeren Staaten nach dem BIP, dem Bruttoinlandsprodukt, steht Deutschland bei den Kosten der Flüchtlingsaufnahme pro Flüchtling an 73. Stelle aller Länder! Die Lebenshaltungskosten finden bei dieser Statistik keine Beachtung! Ebenso wenig der Standard der Unterbringung, Versorgung und was sonst noch alles hinzu kommt. Es ist zu einfach, das Pro-Kopf Einkommen eines Landes durch die Summe der Flüchtlinge zu teilen! Ist dieses Einkommen brutto oder netto, nach Abzug von Gebühren und sonstigen Kosten, von Miete usw....! Statistiken haben mit der Realität nichts zu tun und sind darum nicht wirklich Aussage fähig. Es ist Stimmungsmache! Ich wiederhole mich. Nach einer Statistik hat jeder Deutsche 80 Tausend Euro auf dem Konto!!

Was eigentlich versteht man unter dem Begriff Fremdenfeindlichkeit? Dieses Wort ist ein Totschlag Argument der Medien und auch der Politiker! Und es zeigt die Hilflosigkeit! Unter Fremdenfeindlichkeit, auch Xenophie, versteht man die Ablehnung.(Quelle Wikipedia) Aber dieser Begriff wird gleich gesetzt mit Fremdenhass, Nazitum, Rassismus und was sonst noch alles. Die Ablehnung des Zuzuges von Armutsflüchtlingen hat damit absolut nichts zu tun! Es ist eine Beleidigung der Menschen welche durch ihre tägliche Arbeit die Gelder für die Versorgung der Menschen durch die Asylflut erwirtschaften. Der Deutsche ist Reiseweltmeister im Urlaub. Er bringt Geld in diese Länder und kostet kein Geld. Also ist er nicht Fremdenfeindlich! Das passt einfach nicht zusammen! Ich persönlich kenne niemand der etwas gegen Mitbürger anderer Nationen hat. Vorausgesetzt sie integrieren sich und kommen für ihren Lebensunterhalt selbst auf. Eigentlich wäre dies das Normalste und Selbstverständlichste! Natürlich ist es für diese Mitbürger nervig wenn sie gut Deutsch sprechen immer gefragt zu werden, wie lange sie schon in Deutschland leben. Aber auch dies hat seine Ursache! Es gibt Menschen welche schon lange, teilweise in der dritten Generation, in diesem Lande leben und nicht richtig Deutsch können! Dies hängt auch von der jeweiligen Nationalität ab! Oder sollen wir in der Grundschule schon mit der türkischen und arabischen Sprache beginnen? Würde ganz enorm die Integration fördern und käme der Menschenwürde und den Menschenrechten zu gute. Zukunftsorientiert wäre es auch....!

Wie nennt man eigentlich die Ignoranz und Ablehnung sowie Verweigerung der Verfassung und Gesetze der in Deutschland lebenden Zugewanderten aufgrund ihrer Religion und Herkunft? Dieses Verhalten ist absolut Fremdenfeindlich gegen die indigenen Bevölkerungen! Und es gibt für dieses Verhalten keine Entschuldigung! Aber vor allem in diesem Weichei Staat Deutschland welcher für die Duldung dieses Verhaltens verantwortlich ist, darf dies nicht erwähnt werden!

Grundsätzlich ist die westliche Welt mit Schuld an diesem Desaster! Zum Einem durch die Geldgier, man nennt es auch Gewinnmaximierung zur Befriedigung der Aktionäre und Spekulanten an der Börse, werden die Märkte in diesen Ländern aus denen die Flüchtlinge kommen lahmgelegt. Zum Zweiten durch von dem Westen mit geführten Kriegen in den Arabischen Ländern auf Drängen der USA. Die USA hat aber kein Flüchtlingsproblem in dieser Größenordnung. Die sind weit weg! Und damit wird diesen Menschen die Lebensgrundlage entzogen. Der Reichtum der westlichen Welt basiert auf die Ausbeutung der Länder, von wo uns jetzt die Flüchtlingsflut heimsucht. Ausbeutung von Ländern gab schon immer in der Geschichte der Menschheit. Aber die Schnelligkeit und der Umfang dieser Ausbeutung gab es so nicht. Vor allem aber die EU ist da führend. Da werden Lebensmittel wie Geflügel, Fleisch usw., in Europa nicht mehr absetzbar in diese Länder exportiert. Und dies mit Subventionen durch EU Gelder. Durch die Subventionen werden diese Waren dort so billig angeboten, da kann der heimische Markt nicht mithalten. Also gibt es keine Arbeitsplätze mehr und damit kein Einkommen für die indigenen Menschen. Fabrikschiffe plündern die Meere. Die Fischerei lohnt sich nicht mehr für einheimische Fischer. Und so geht es weiter. Da werden mit Handelsabkommen die Zölle abgeschafft zu Lasten der Wirtschaft in diesen Ländern. Dies natürlich nur für den Export in diese Länder! Dann werden Vorschriften und Gesetze erlassen welche den umgekehrten Weg nicht zulassen. Somit schützt die EU die eigene Wirtschaft. Die Subventionspolitik der EU und auch Deutschlands gehört grundsätzlich abgeschafft. Mit diesem Instrument ist die freie Marktwirtschaft ausgehebelt. Sie dient nur scheinheilig dem Erhalt von Arbeitsplätzen in den westlichen Ländern. Im Vordergrund steht immer die Gewinnmaximierung der Konzerne und auch der Finanzwirtschaft.

Die Folgen und Kosten für dieses handeln, die Flüchtlingsströme, tragen aber nicht die Verantwortlichen und Gewinner. Es ist der Steuerzahler! Und er wird nicht gefragt! Die Möglichkeit und auch Notwendigkeit einer langfristigen Änderung, dies habe ich im Kapitel Kapitalismus schon erwähnt.

Durch die Aufnahme dieser Menschen, denn es spricht sich herum wie gut es sich eben in den aufnehmenden Ländern vor allem in Deutschland leben lässt gemessen an ihren Herkunftsländern, kommen immer mehr! Dies wird Unruhen und auch die Minderung des Wohlstandes in den westlichen Ländern nach sich ziehen. Diese zwangsläufigen Folgen wollen die Gutmenschen, vorwiegend der linken Parteien nicht sehen!

Sollte der Fall von Unruhen, Nahrungsmittelknappheit und Wohnungsangebot sich auch in den westlichen Ländern ausbreiten, es ist langfristig die logische Folge, dann sind Menschenrechte und Menschenwürde, Humanität, Christliche Nächstenliebe und andere Gutmenschengedanken nur noch Makulatur! Eines darf man nicht außer acht lassen. Es bleibt ja nicht bei einer Million

Flüchtlinge. Wenn sie anerkannt werden haben sie das Recht nach unserem Gesetz, Familienmitglieder ganz legal nachkommen zu lassen. Geht man davon aus dass jeder anerkannte Flüchtling zwei bis drei Angehörige nachkommen lässt, ganz legal, dann sind wir bei vier bis fünf Millionen Zugewanderten in diesen Staat! Und dies jährlich. "Wir packen oder schaffen das", so Mutti Merkel. Wer ist eigentlich wir? Sie und die anderen Gutmenschen haben aber keine Antwort darauf wie! Und ohne die Hilfe vieler Ehrenamtlicher Helfer wär der Kollaps schon längst erfolgt. Aber auch deren Unterstützung ist endlich! Ich komme im Kapitel Politik nochmal darauf zurück.

Ich habe nichts gegen Menschen anderer Nationen, anderer Hautfarbe und Religionen. Ich bin absolut nicht Fremdenfeindlich oder gar Rassistisch wenn ich Dinge beim Namen nenne! Aber ich bin Realist und sehe die Tatsachen wie sie sind. Unbestritten ist dies Thema voller Brisanz, je nach Einstellung. Man muss in Deutschland schon vorsichtig sein wie man sich zu diesem Thema äußert. Man kommt da ganz schnell in die rechtsradikale Schublade. Den Zustand der unkontrollierten Zuwanderung von Armutsflüchtlingen zu beklagen und Angst vor den Folgen zu haben, dies ist eine Sache. Entsprechende Maßnahmen dagegen zu akzeptieren, eine andere. Dann kommen Argumente wie Unmenschlichkeit, Kaltherzigkeit, das kann man doch nicht machen, wo bleibt die Humanität und so weiter. Man kann einen Bären nicht waschen, ohne sein Fell nass zu machen! Ohne eine Änderung dieses Zustandes wird es irgendwann zu gravierenden Problemen in diesem Lande kommen. Spätestens wenn es zu Konjunkturellen Einbrüchen kommt! Grundsätzlich ist aber für ein Volk nur „gezielte" Einwanderung von Vorteil. Damit entledigt man sich auch dem Problem der ungehinderten Zuwanderung und damit verbundenen Probleme. Dadurch werden verkrustete Strukturen aufgeweicht, durch neue Impulse im Denken und auch der Erweiterung des Blickfeldes. Das ist Multi Kulti! Die Aussage, aus Deutschland darf kein Einwanderungsland gemacht werden, dies ertrage die Gesellschaft nicht, (Zitat von Helmut Schmidt) wird falsch interpretiert. Gemessen an der heutigen Zeit meinte er die unkontrollierte Zuwanderung. Und wie in so vielem hatte er Recht. Das Festhalten an bisherigen Gepflogenheiten und Denkweisen ist oft hinderlich für positive Entwicklung eines Landes und damit auch der Bevölkerung. Dieses Verhalten ist dekadent!

Deutschland braucht nicht beides. Unkontrollierte Zuwanderung und Einwanderung. Das Erste bringt Probleme, das Zweite ist von Vorteil. Natürlich ist dies Gesinnungs- und Einstellungssache! Und bei der Gesinnung hat die Realität und Sachlichkeit keinen Platz.

Nun gibt es das Argument, Amerika ist zur Weltmacht geworden. Eben durch die Zuwanderung. Die USA ist ein Vielvölkerstaat! Die Probleme dadurch sind auch ersichtlich! Nun kommt der ganz gravierende Unterschied zu heute. Amerika war im Aufbau und Entwicklung zu einer Nation. Da benötigte man die Menschen, unabhängig von Bildung und Herkunft, zur Besiedelung. Zudem gab es Platz ohne Ende für diese Menschen. Man darf aber nicht vergessen, diese Besiedelung ging dennoch zu Lasten der Ureinwohner, den Indianern. Aber und das ist bemerkenswert, den Zuwanderern wurde in keiner Weise bei der Ankunft soziale Unterstützung gewährt! Wer krank war dem wurde die Einreise verweigert. Er konnte ja nicht für sich selbst sorgen. Menschenrechte waren damals noch kein Thema! Den Begriff Gutmensch kannte man auch noch nicht! Zudem konnte man es dies sich damals nicht leisten. Inzwischen ist die USA ein klassisches Einwanderungsland geworden. Sie haben die Notwendigkeit eines geregelten Zuzugs schon lange erkannt.

Deutschland und auch Europa aber sind nicht mehr im Aufbau! Das macht den Unterschied. Die Länder sind höchstens im Umbruch. Dazu braucht man keinen ungehinderten Zuzug! Der ist höchst hinderlich denn er bindet Ressourcen und schafft Probleme. Und auch die Platzverhältnisse sind nicht wie in der USA. Also braucht Deutschland und Europa ein Einwanderungsgesetz! Soll aus Deutschland ein Vielvölkerstaat werden über den schon jetzt vorhanden Status hinaus? Ob und wie sich dies entwickelt, positiv oder davon kann man ausgehen negativ, es wird die Geschichte zeigen!

Eine plausible Antwort auf die Frage, wie sollen Hunderttausende nicht integrierbare Menschen mangels Schulbildung, Sprache und Ausbildung, andere Lebensweise und Glaubensbekenntnisse hier ohne Alimentation auf Dauer leben können und auch untergebracht werden, habe ich noch nicht gehört. Dass auch Kriminalität importiert wird darf man ja schon gar nicht aufführen! Auch dies wird heftigst bestritten. Die Realität sieht aber leider anders aus. Diese Antwort bleiben vor allem die Gutmenschen und die Politik bisher schuldig! Manche Politiker tun gerade so als ob nur ganz wenige Wirtschaftsflüchtlinge unqualifizierte Menschen seien. Umgekehrt ist es der Fall. Aber das lässt sich nicht so gut verkaufen. Wenn der Plan B umgesetzt wird, dann wird es unruhig in dieser Republik! Das angebliche Mitgefühl für diese armen Menschen hört dann auf, wenn sie in die Pflicht für ihre Einstellungen und vor allem den Folgen genommen werden. Ausnahmen gibt es durchaus! Zugegeben, es kommen auch Menschen auf welche diese Faktoren nicht zutreffen. Aber das ist nun mal die Minderheit.

Daran wird auch eine gezielte und sinnvolle Förderung dieser Menschen erst langfristig Wirkung zeigen. Wenn überhaupt!

Nochmal, die Unterbringung nach den hohen Anforderungen in Deutschland, manchmal total überzogen, wird eine Zuweisung in Wohnraum zur Folge haben. Dies getraut sich die Politik offiziell momentan nur noch nicht zu zugeben. Man befürchtet die anstehenden Wahlen in einigen Bundesländern. Spätestens aber 2017, nach den Bundestagswahlen, wenn die nächste vierjährige Demokratur eingesetzt ist, dann wird dies kommen! Bis dahin wurstelt die Regierung sich so durch! Es gibt ja wenn es so weitergeht, und das wird es mit den Flüchtlingsströmen, keine andere Möglichkeit!

Die Flüchtlinge sind nicht arm, sie kommen aus der Mittelschicht. Und sie haben ihren Stil und ihre Ansprüche. So die Aussage einer Leiterin von Kindergarten und Kleiderkammer in einem Aufnahmelager in Baden Württemberg. (Quelle SK 3.7.15)

Und genau dieses Anspruchsdenken der Armutsflüchtlinge erzeugt bei der Bevölkerung Unmut! Bei Flüchtlingen aus Kriegsgebieten ist dies nicht so ausgeprägt. Die wissen die Sicherheit zu schätzen und sind bescheidener. So die Aussage und Feststellung eines DRK Helfers in einer LEA. Zudem haben Kriegsflüchtlinge wie aus Syrien meist eine Schul- und Ausbildung. Bedenklich aber ist die Zuordnung „Kriegsflüchtling" und deren Aufnahme in Deutschland. Flüchtlinge aus sicheren Flüchtlingslagern fallen eigentlich nicht unter den direkten Begriff Kriegsflüchtlinge. Sie leben im Gegensatz zu Menschen in Kriegsgebieten nicht in Lebensgefahr. Und damit müssten sie eigentlich nicht aufgenommen werden. Aber dies ist wie so vieles in diesem Lande Gesinnungssache! Dennoch, im Gegensatz zu einem großen Teil der Armutsflüchtlinge aus dem afrikanischen Kontinent und einigen Balkanländern wäre deren Aufnahme verständlicher. Dies macht den Unterschied! Aber da ist der Staat zu dumm und zu schwerfällig diese Menschen welche sofort einen Arbeitsplatz hätten zu integrieren. Nicht zu unterschätzen ist aber auf diesem Weg die Zunahme von Menschen aus muslimischen Ländern. Damit importieren wir deren Weltanschauung, sozialen und religiösen Konflikte. Nicht von ungefähr kommen gewalttätige Auseinandersetzungen in den Erstaufnahmestellen! Die darin verwickelten Asylbewerber gehören umgehend ausgewiesen. Zwei von drei Asylbewerbern sind Muslime! Wie war das mit der Unterwanderung? Da wir ein Weichei Staat bezüglich Gesetzgebung oder deren Durchführung und Einhaltung geworden sind, hat Deutschland dem nichts entgegen zusetzen! Seit Beginn des Jahres stieg die Kleinkriminalität vor allem in Läden in Nähe der Asylunterkünfte drastisch an. Dabei wäre dies nicht nötig. Jeder Ankommende erhält in den Aufnahmestellen bares Geld in die Hand gedrückt. Männer monatlich 143 Euro, ein Ehepaar 258 Euro, mit 2 Kindern 426 Euro. Unterkunft, Verpflegung und Krankenfürsorge sind kostenlos. Deutsche sind auch kriminell, ich weiß! Darum müssen wir Kriminalität nicht importieren. Ich unterstelle keinesfalls allen Zuwanderern Kriminelle Energien. Nicht dass da ein Missverständnis entsteht! Aber es gibt sie. Es passt halt so gar nicht in die heile Welt der Sozialromantiker!

Hat ein Ehepaar in Deutschland in der niedrigsten Lohngruppe im Dienstleistungssektor mit zwei Kindern über 400 Euro zur „freien Verfügung"?

Natürlich drängen diese Menschen in das für sie so reiche Europa und vor allem Deutschland. Der Wohlstand und die Sicherheit ist verlockend und vorwiegend der Grund. Ich kann das verstehen, dennoch ist es keine Lösung. Langfristig gefährdet eben dieser un-

kontrollierte Zuzug genau diesen Wohlstand und auch die Sicherheit!. Man schaue nur nach Frankreich! Und dieser Wohlstand und
auch die Sicherheit fiel den Deutschen nicht in den Schoß! Dahinter
stecken in der Regel Arbeit, Fleiß, Trennung von Staat und Religion, sowie demokratisches Verständnis. Ich bin mir nicht sicher, ob
diese Attribute bei den Flüchtlingen aus Afrika und muslimisch
geprägten Länder vorhanden sind. Unbestritten haben in den letzten Jahren schon immer Zuwanderer mit dazu beigetragen, diesen
Wohlstand zu ermöglichen. Aber, und das wird gerne vergessen,
da waren noch Arbeitsplätze für ungelernte Menschen vorhanden.
Die Arbeitswelt hat sich gravierend verändert und die Anforderungen sind gestiegen. Und darum ist eine „gezielte" Einwanderung notwendig!

Und es ist nicht dienlich wenn der Direktor des Institutes der
deutschen Wirtschaft, Herr Hüther, feststellt dass jeder fünfte Asylant oder Zuwanderer einen Hochschulabschluss habe und jeder
dritte ein Qualifikation, welche der eines Deutschen Facharbeiters
entspreche. (Quelle SZ 28.4.15) Wo bringen diese so gescheiten
Leute immer die Zahlen her? Warum leben dann viele Zuwanderer
aus EU Ländern, Bulgaren, Rumänen und aus anderen ehemaligen
Ostblockländern und auch Afrika von der Sozialhilfe? 1,2 Millionen, so die offiziellen Zahlen, dieser vom Staat alimentierten Menschen kommen aus dem Ausland! Soviel zum Schönreden der sogenannten Fachleute und den so geliebten Statistiken! Die Realität
hat diese Schönschwätzer schon längst eingeholt! Eine Ursache ist
sicher auch die Politik mit ihren nicht mehr zeitgemäßen Gesetzen
ob der Aufnahme von Arbeitsmöglichkeiten. Wenn die Arbeitsplätze vorhanden sind! Eine Änderung würde das Problem eventuell etwas entschärfen. Ohne Zweifel kommen auch qualifizierte
Menschen. Dies ist aber abhängig von den Ländern woher sie
kommen!

„Es war schon immer so", dieses Argument ist rückwärts gedacht und passt natürlich nicht mehr in eine globale Welt, in der man mitspielen will und zwangsläufig auch muss. Und an dieser Denke sind schon viele Länder gescheitert. Das „Multi Kulti" ist durchaus erforderlich für die Entwicklung eines Landes wenn es richtig angewendet wird. Und genau darin liegen die vorhandenen Probleme in Deutschland. Und nicht nur in diesem Land. Ursächlich für diese Probleme ist primär die Politik, sekundär die Bevölkerung. Inzwischen gab ja auch Frau Merkel zu, Multi Kulti sei gescheitert. Natürlich gibt es die ewig Gestrigen. Das ist aber absolut die Minderheit! Dazu zähle ich auch die Rechtsradikalen. Die aber repräsentieren nicht das Volk. Dies kann, ja es wird sich wenn es so weitergeht, ganz schnell ändern! Im Übrigen gibt es auch gefährliche und radikale Linke! Das Problem der Zuwanderung schafft sich die Politik selbst. Die Politiker aller Couleur können sich nicht darauf verständigen, ob Deutschland ein Einwanderungs- oder ein Zuwanderungsland ist. Da gehen die Ansichten je nach politischer Einstellung weit auseinander. Jetzt wird schon wieder über neue Gesetze debattiert bezüglich diesem Thema. Eigentlich haben wir eine eindeutige Gesetzgebung. Die wird aber nicht angewendet! Was wir bisher nicht haben ist eine klare Aussage darüber, ob wir ein Einwanderungsland sind oder ein Zuwanderungsland. Beides wie bis jetzt gehandhabt führt irgendwann zu Spannungen! Als Zuwanderungsland zu gelten ist eindeutig im Focus der linken Parteien. Das hängt mit deren Gesinnung zusammen, alle Menschen sollen in das so reiche Land Deutschland kommen! Damit sie an unserem Wohlstand teilhaben können! Dies erfordert die Menschenwürde! Nun gut, die Politik, Justiz und Gutmenschen qualifizieren sich damit selbst. Eine Differenzierung ist mit linken Parteien nicht machbar. Ist aber dringend nötig um bei der Bevölkerung klare Verhältnisse und auch Verständnis zu schaffen. Dieses „alle in einen Topf werfen" sorgt ja für Ängste und Ablehnung. Und das Schlagwort von wegen Fremdenfeindlich, verbreitet von Politikern und den Medien, ist nicht zu pauschalieren. Ich vertrete die Einwanderung nach festgelegten Regeln und Gesetzen. Bin ich nun fremdenfeindlich? Dazu ist ein Ministerium für Einwanderung und Flüchtlinge nach dem Asylgesetz mit klaren Regeln und Gesetzen erforderlich. Dann kann man alle bisher damit involvierte Ministerien und Behörden abschaffen. Durch deren Vielzahl ist eine ordentliche und durchgehende Politik auf diesem Gebiet ohnehin nicht machbar. Nur als Einwanderungsland kann die Bundesrepublik ihren Wohlstand und das Wachstum erhalten. Die Zahl von rund 400 Tausend durch Einwanderung benötigten Fachkräften pro Jahr halte ich aber für übertrieben. Dies ist wie so vieles Theorie und Wissenschaft. In diesen Bereichen werden Arbeitsplätze durch Automatisierung und Technik weniger und nicht mehr! Dennoch kann Deutschland den Bedarf an Fachkräften aus der eigenen Bevölkerung nicht bedienen. Der Grund ist nur ganz bedingt der Mangel an Menschen. Es ist die Schulbildung. Die Schulbildung geht doch an der Lebensrealität und Erfordernis vorbei. Ich nehme im Kapitel Politik dazu noch Stellung. Aber genau darum ist die gezielte Einwanderung notwendig. Nur so kann der Mangel an Fachkräften behoben werden. Natürlich setzt dies voraus dass diese Einwanderer ein offenes Klima erwartet. Und da ist der Begriff Willkommenskultur angebracht. Aber nur da! Und die in den Medien so hochgelobten Willkommenpartys in einigen Städten und Gemeinden sind Kontraproduktiv. Sie motivieren doch dazu dass weitere Wirtschaftsflüchtlinge, es spricht sich ja schnell herum, hier willkommen seien. Nochmals, Kriegsflüchtlinge ist ein anderer Sachverhalt! Aber eben dieses offene Klima ist in diesem Lande nicht vorhanden. Da können die Politiker noch so viel labern! Der Grund liegt auf der Hand.

Durch die ungezügelte Zuwanderung werden auch Einwanderer in einen Topf geworfen und entsprechen angesehen! Jetzt zocken wie so üblich, die Bedenkenträger und für Entscheidungen unfähigen Politiker der CDU und SPD über ein Einwanderungsgesetz herum. Die CDU Fraktion ist der Meinung unsere Gesetze diesbezüglich würden reichen. Tun sie eben nicht. Sie werden nicht konsequent angewendet! Unsere Gesetze regeln eventuell den Zuzug. Dennoch ist dieser Zuzug von Armutsflüchtlingen unkontrolliert. Natürlich sind da die linken Parteien mit ihrem Gutmenschengehabe vorneweg. Ein Einwanderungsgesetz ähnlich Kanada ist dringend notwendig. Das Geschwätz einiger CDU Politiker man könne die Bundesrepublik nicht mit Kanada vergleichen ist nicht haltbar. Warum denn nicht? Auch von anderen Staaten kann man lernen. So gut und unfehlbar sind die Deutschen nun auch wieder nicht! Ich widerspreche Herrn Tauber von der CDU. Er ist der Meinung wir bräuchten kein Einwanderungsgesetz. Der Herr kennt wohl den Unterschied zwischen Zuwanderung und Einwanderung nicht, wie offensichtlich so viele der Herrschaften im Bundestag! Und dies ist ein Armutszeugnis.

Einwanderer integrieren sich und passen sich an, respektieren die Gesetze und Regeln in dem Land in das sie einwandern. Teilweise sprechen sie schon die Sprache oder lernen sie schnell. Sie benötigen nicht die soziale Unterstützung, da sie durch Ausbildung und Beruf durch einen Arbeitsplatz für sich selbst sorgen können. Und sie werden in den jeweiligen Ländern benötigt. Dies unterscheidet sie eindeutig von Armutsflüchtlingen welche wegen einem angeblich besseren Leben zuwandern. Durch Versorgung über Sozialleistungen des Staates haben sie ohne Zweifel ein besseres Leben als in ihren Herkunftsländern. Offensichtlich braucht Deutschland dieses Gesetz nicht weil es von der SPD angedacht ist. Auch die SPD hat, man glaubt es kaum, manchmal vernünftige

Gedanken! Und schon scheitert mal wieder ein Gesetzentwurf am Parteiendünkel!

Das Argument durch die Flucht viel gut ausgebildeten Menschen bluten die Länder aus, dieses Argument ist durchaus richtig. Dies aber trifft vorwiegend auf Kriegsflüchtlinge zu. Dafür können die aufnehmenden Länder nicht verantwortlich gemacht werden! Die Ursache liegt eben bei diesen Ländern selbst.

Zudem würde ein Einwanderungsgesetz den Wirtschaftsflüchtlingen helfen, sich in ihrer Heimat um eine Einwanderung nach Deutschland zu bewerben. Wenn sie dann die Voraussetzungen erfüllen könnten sie einwandern und müssten nicht den illegalen und gefährlichen Weg gehen! Wenn dieses Vorgehen gegen die Menschenrechte und Menschenwürde verstößt, die linken Parteien sind offensichtlich der Meinung, dann wird dieser Begriff missbraucht. Auf diesen Begriff gehe ich noch ein. Das Argument, was machen wir denn dann mit all den Anderen ohne Qualifikation, das ist nicht dienlich. Bei einem klaren Einwanderungsgesetz kämen eben solche Menschen nicht in dieses Land. Zumindest nicht legal. Deutschland ist eine Industrie und Wirtschaftsnation und nicht der Garten Eden oder das Sozialamt dieser Welt. Diese Feststellung hat mit Rechtsradikalismus nichts zu tun! Und die Polemik von wegen so ein reiches Land können sich die Gutmenschen sparen! Mit eigenen sozialen Problemen wird man nicht fertig. Nun kommen noch viel Größere dazu! Das klingt und ist hart aber es ist nun mal Fakt. Die moralische Verantwortung ob der Vergangenheit im letzten Jahrhundert zwinge dieses Land dazu alle Benachteiligten der Welt, aus welchen Gründen auch immer auf zunehmen, was soll das? Diese Denke wird auch nur von einem Land erwartet dem es so gut geht. Es wird aber nicht nachgefragt warum es so ist, dies mit dem Gutgehen! Und wie unrealistisch die Behörden sind, dies sieht man an den unterschätzten Berechnungen der Flüchtlingszahlen. Statt der kalkulierten 300 Tausend Menschen kommen über 500 Tausend, so die Feststellung März 2015! Und der Sommer mit der ruhigen See kommt erst noch…! Ich gehe davon aus, Ende des Jahres werden es fast eine Million sein. Im Afrikanischen Kontinent leben über eine Milliarde Menschen. Davon will jeder Zweite ins gelobte Land Deutschland oder Europa. Wenn davon nur zwei Prozent den Weg schaffen, dann hätte Europa mit Deutschland 20 Millionen Menschen mehr! Hinzu kommen dann noch Flüchtlinge aus Ländern des Nahen- und Mittleren Ostens, dem Balkan und auch aus Asien. Dies würde zwangsläufig Auswirkungen auf den Lebensstandard der Bevölkerung nach sich ziehen. Man kann Geld nur einmal ausgeben! Sehnen sich die Deutschen oder EU Mitbürger nach diesem Zuwachs? Mit Sicherheit bewahrt uns dieser Zuzug nicht vor der so angeblichen und Panik verursachenden demographischen Katastrophe! Diese rein theoretische These ist nicht halt oder belegbar. Davon labert die sogenannte Wissenschaft schon seit über 30 Jahren! Auch darauf komme ich noch.

Ich sehe zwei Möglichkeiten den Tod von Bootsflüchtlingen zu mindern. Ganz verhindern lässt es sich wahrscheinlich nicht. Schiffe der EU müssten vor der drei Meilen Zone entlang der Küsten patrouillieren. Jedes verdächtige Schiff muss angehalten und überprüft werden. Je nach Zustand wird es an der Weiterfahrt gehindert und zurückgeschickt. Ob das gegen die Menschenrechte und die Menschenwürde ist darüber kann man trefflich streiten. Jemand an seinem wahrscheinlichen Tod zu hindern, dies ist dessen Menschenrecht! Es sei denn er will dies bewusst. Dann soll er es tun! Dann darf er sich aber nicht auf das Menschenrecht der Rettung berufen. Diese Präsenz von Schiffen der EU oder auch unter Flagge der UNO half ja auch bei der Piraterie am Horn von Afrika!

Ich teile nicht die Meinung die Rettung der Bootsflüchtlinge auf See sei internationale Pflicht. Diese Pflicht gilt für Schiffe, welche durch Unwetter oder technische Mängel in Seenot geraten. Dies trifft im Falle Bootsflüchtlinge nicht zu. Die gehen bewusst dieses Risiko ein! Denn inzwischen kennen diese Menschen das Risiko und verlassen sich eben auf die Rettung zur Durchsetzung ihrer Ziele. Die Gründe der Flucht sind ein anderer Sachverhalt! Nun kann man natürlich diese Einstellung als Menschenverachtend, sowie Hartherzigkeit oder sonst wie bezeichnen. Dies aber hilft nicht zur Behebung der durch die Flüchtlingswelle entstehenden Probleme. Eine Möglichkeit wäre, die Bootsflüchtlinge aus der Seenot zu retten und umgehend wieder an ihren Ausgangsort zurück zubringen! Nochmals, Kriegsflüchtlinge sind ein anderer Sachverhalt. Man will es nur nicht sehen und benennen! Wenn es so weitergeht werden die Menschenrechte und Menschenwürde, ohnehin nur in wohlhabenden westlichen Staaten eine Rolle spielend, über strapaziert und stoßen irgendwann an ihre Grenzen! In meinem Bekanntenkreis kommt öfters das Argument, in armen Ländern sei die Gastfreundschaft doch viel ausgeprägter als bei uns und daraus könnten wir ja lernen. Der Vergleich hinkt ja ganz gewaltig. Gäste auf Zeit zu beherbergen ist etwas anderes als Armutsflüchtlinge auf zu nehmen. Gäste gehen in der Regel wieder. Das ist der Unterschied!

Die UN Charta hat festgelegt, dass generell Flüchtlinge in jedem Land welche die Charta unterzeichnet hat, aufgenommen werden müssen. Aber diese Charta wurde vor über fünfzig Jahren für Kriegsflüchtling und politisch Verfolgte ins Leben gerufen. Da waren Armutsflüchtlinge kein Thema! Und die fallen nun mal nicht unter den Begriff Flüchtlinge dieser Charta!

Eine Aufnahmeeinrichtung in den Ländern von wo die Armuts-flüchtlinge starten würde auch helfen. Dort müssten Einreiseanträ-ge gestellt werden können, geprüft nach den Gesetzen der auf-nehmenden Länder und das entsprechende Visum erteilt werden. Und somit kann der Zuzug geregelt werden. Zumindest wäre es einen Versuch wert. Dennoch werden weiterhin abgelehnte Asyl-bewerber den Weg nach dem, wie ihnen erzählt wird, so reichen Europa und vor allem Deutschland suchen. Inzwischen ist be-kannt, wo die Flüchtlingsboote in Libyen gebaut werden, wo die Hochburg der Schleuser ist! Da könnte man durchaus eingreifen und etwas dagegen tun. Will man dies wirklich? Durch ein geziel-tes Eingreifen kann dem Wirtschaftszweig der Schlepper und Schleuser die Grundlage entzogen werden. Je mehr Menschen auf den maroden Booten kommen, je mehr verdienen die Schleuser. Nun kommt das Argument der Gutmenschen die Schleuser ver-dienen ihr Geld ja durch die „Abschottung" Europas. Die armen Menschen hätten keine andere Wahl als diesen Weg zu gehen. Eu-ropa kann aber nicht die Grenzen für alle Menschen dieser Welt die kommen wollen öffnen! Bis zu 15 Tausend Euro kostet so eine Flucht. Also sind es nicht die Ärmsten welche da kommen! Vor-wiegend sind es junge männliche Menschen aus der Mittelschicht dieser Länder. Auch dies hat seinen Grund! Der ist das Familien-zuzug- Gesetz. Die aber würden in ihrer Heimat dringend ge-braucht. Die Menschen auf den Seelenverkäufern verlassen sich auf die Europäer. Die werden sie schon retten! Zu den Drahtziehern zählen auch islamische Terroristen. Die kaufen mit dem vielen Geld Waffen und finanzieren so Terroranschläge. Die Naivität oder das Gutmenschentum in Deutschland und Europa ist kontra pro-duktiv. Einmal fördert und ermuntert die Ausweitung der Seenot-rettung mehr Menschen sich in diese Gefahr zu begeben, anderseits wird mit dem vielen Geld der Terrorismus finanziert. Aber die

Bedenkenträger und Schisser unserer Regierung, auch der EU, schreien nach einem UNO Mandat. Es ist eine Katastrophe was da im Mittelmeer geschieht. Da muss einfach reagiert werden. Die EU könnte mal sinnvolle Stärke zeigen! Die Nation möchte ich mal sehen, welche Deutschland oder der EU, vorausgesetzt die werden sich mal einig, Vorwürfe machen würde! Das könnte sich die UN gar nicht leisten dies in Frage zu stellen!

Es kann ja nicht sein dass die Armutsflüchtlinge sich das Land aussuchen in dem die Sozialleistung am höchsten ist. Selbst wenn dies geregelt wäre, wer von den Wirtschaftsflüchtlingen will denn zum Beispiel in Balkanländer oder andere, nicht den Wohlstand besitzenden Staaten wie Deutschland oder Schweden? Sie werden immer die Staaten aussuchen welche in Sozialleistungen führend sind. Auch das ist verständlich. Völlig überzogen ist ja für mich die Forderung von Frau Göring-Eckardt vom Bündnis 90 die Grünen, die Aufnahme oder Rettung der Bootsflüchtlinge als nationale Aufgabe Deutschlands zu sehen! Typisch Politiker eben. Nationale Aufgabe ist es dafür zu sorgen dass es den Staatsbürgern gut geht! Die anfallenden Kosten müssten sich die EU Länder teilen, denn es betrifft eigentlich alle EU Länder. Bis jetzt drücken sich einige erfolgreich. Wenn von 28 EU Ländern nur zehn Länder Asylanten aufnehmen, davon Deutschland und Schweden 75 Prozent, dann ist dies ein Armutszeugnis für die EU! Italien, Malta und Griechenland sind ganz einfach über belastet mit dem Ansturm der Bootsflüchtlinge. Diese Länder werden alleine gelassen und sind überfordert. Sie haben eben mal nicht die Wirtschaftsstärke wie Deutschland. Ihnen bleibt doch nichts anderes übrig als die Flüchtlinge ungehindert in angrenzende EU Länder weiterreisen zu lassen. Abkommen hin oder her!

Die so oft verwendete Floskel für die Bankenrettung hätte man Milliarden, aber nicht für Armutsflüchtlinge und deren Rettung, die geht ja am Kern des Problems vorbei. Mehr Geld löst das Problem der Flüchtlingswelle nicht! Wenn etwas helfen würde dann Geld für die Infrastruktur und Schaffung von Arbeitsplätzen in diesen Ländern! Ich habe es schon erwähnt. Aber dies hilft auch nur dann wenn die Verwendung kontrolliert und überwacht würde. Ansonsten geht es den gleichen Weg wie viele Entwicklungshilfe Gelder! Diese Gelder dienen nur als Alibifunktion! Die Politik weiß dass viele Gelder nicht dort ankommen wo sie benötigt und wofür sie gedacht sind. Das gilt auch für die EU. Dieser Zustand wird zwar beklagt, aber offensichtlich ist man zu faul oder hat nicht den Mut dies zu ändern! Ohne Kontrollmöglichkeit der Verwendung kein Geld. So einfach ist das!

Natürlich muss man sich um die Asylanten kümmern wenn sie im Lande sind. Die Frage ist, wie viele halten wir aus? Es ist keine Frage des Platzes. Von der Größe her haben wir Fläche genug. Es ist eine Frage der Akzeptanz und auch der sozialen Kosten. Dass wir ein reiches Land sind ist unstrittig, wenn auch der Reichtum ungerecht verteilt ist. Was aber wenn die Konjunktur einbricht und der Reichtum nicht mehr in dieser Größenordnung vorhanden ist? Wir hatten bei der letzten Wirtschaftskrise schon Probleme und mussten soziale Einschnitte hinnehmen. Ohne diese Anzahl an Asylanten. Diesmal wären sie dadurch ungleich größer! Hielte die Bevölkerung dies ohne Spannungen aus?

Und wenn ich dann so seltsame Aussagen wie von Herrn Kauder höre, Deutschland könne noch viel mehr Flüchtlinge aufnehmen, zum Vergleich dann Kurdistan anführt, dann frage ich mich ob dieser Herr noch alle beieinander hat! Kurdistan hat fünf Millionen Einwohner und eine Million Flüchtlinge. Und dies sind allesamt Kriegsflüchtlinge und keine Armutsemigranten! Demnach müsste Deutschland 16 Millionen Flüchtlinge aufnehmen! Daran sieht man dass Politiker jenseits der Realität leben! Hauptsache man hat mal wieder etwas gelabert! Hat Herr Kauder einen Armutsflüchtling daheim? Natürlich wie alle anderen Gutmenschen Politiker und auch Prominente nicht. Ist ja nicht sein Job oder seine Verpflichtung. Dies wird an die Bevölkerung und Wähler der Parteien delegiert! Es ist wohl mehr als angebracht, dass sich die Muslimische Länder um ihre Glaubensbrüder kümmern. Dort herrschen auch ganz andere klimatische Verhältnisse als in Deutschland. Zudem sind die Anforderungen für die Unterbringung der Flüchtlinge nicht so hoch wie bei uns. Die Menschenrechte und Menschenwürde spielen da nur ganz bedingt oder auch keine Rolle. Die kann man sich schlicht und einfach da nicht leisten. Hinzu kommt, diese Kriegsflüchtlinge sind froh in Sicherheit zu sein und stellen keine so Ansprüche wie Wirtschaftsflüchtlinge in Deutschland. Und man kann davon ausgehen, nach Beendigung der kriegerischen Auseinandersetzungen wollen die wieder nach Hause. Natürlich kann man in den dünner besiedelten Bundesländern Zeltstädte bauen, und im Winter? Ganz abgesehen davon was in Deutschland alles getan werden muss, um ein sogenanntes menschenwürdiges Dasein zu ermöglichen! In der Regel verbessern die Armutsflüchtlinge durch die sozialen Leistungen in Deutschland ihren Lebensstandard gegenüber ihres Herkunftslandes erheblich. Das ist auch der Grund des Zuzuges. Alles andere ist Traumtänzerei und Stimmenfang bei den Gutmenschen. Und die Gedenkminuten ob der verunglückten Armutsflüchtlinge auf See im Bundestag, dies können sich die scheinheiligen Abgeordneten schenken! In Syrien, Ukraine und vielen anderen Teilen der Welt sterben auch täglich Hunderte. Warum gibt es da keine Gedenkminuten? Medial und International macht es aber was her! Und nur dies ist Sinn und

Zweck dieses scheinheiligen Getues. Ob das Volk diese zur Schau gestellte Betroffenheit den Politikern abnimmt? Ich auf jeden Fall nicht. Jeder der sich in solche Boote setzt muss sich der Gefahr und dem Risiko bewusst sein. Gründe dafür hin oder her! Wo war denn die Gedenkminute für die Opfer des Erdbebens in Nepal? Diese Katastrophe war nicht von Menschen gemacht, sondern eine echte Naturkatastrophe. Es wäre besser die Politik würde sich schnell einig, über die ideologischen Grenzen hinweg, dafür zu sorgen dass diese Fluchtbewegung verhindert wird! Nochmal, unser Problem sind nicht Kriegsflüchtlinge, sondern Armutsasylanten! Wenn alle abgelehnten Asylbewerber das Land umgehend wieder verlassen müssten, dann wäre Platz für Kriegsflüchtlinge und rein politisch Verfolgte. So schreibt es eigentlich das Gesetz auch vor! Wie so viele Gesetze bei uns ist auch das Asylgesetz aufgeweicht worden. Der angeblichen Menschenrechte wegen! Und damit verliert es an Wirkung! Warum frage ich, lässt man Menschen aus dem Balkan welche als sichere Länder gelten und in die EU wollen, überhaupt erst einreisen? Rigoros an der Grenze zurückschicken wäre angebracht und auch dem Gesetz entsprechend. Aber nein, diese unfähige Regierung mit ihrer schon lächerlichen Justiz beklagt lieber den Zuzug! Und bei Abschiebungen, wenn sie mal vorgenommen werden, läuft dies auch nicht mehr normal. Wenn für 200 abzuschiebende Menschen 200 Polizisten, abgezogen aus verschiedenen Revieren so die Aussage eines Polizisten, notwendig sind, dann stimmt es wirklich nicht mehr. Einer der Beamten bemerkte mir gegenüber zynisch, manche sind wieder da bevor ich wieder Zuhause bin! Diese Bemerkung wird natürlich als Polemik niedergemacht. Ich kenne diesen Polizisten persönlich! Die Polizei dann auch noch bei Abschiebungen durch die Gutmenschen zu behindern da hört es auf! Ich als Polizist würde jedem Gutmenschen einen Abzuschiebenden in die Hand drücken mit der Auflage, für ihn komplett zu sorgen! Und das gilt auch für die bei Ankunft der Flüchtlinge jubelnden Gutmenschen. Ich persönlich sehe keinen Grund bei diesen Flüchtlingsströmen zu jubeln! Und die Motivation dieser Beamten kann man nachvollziehen! Diese Beamten fehlen natürlich für ihre ureigenste Aufgaben! Am Besten wäre natürlich eine Zeltstadt vor dem Bundestag. Das würde ein Signal setzen! Zumal die Bundesregierung eine Asylpolitik macht, ohne die betroffenen Länder und Kommunen mit ein zu beziehen. Die haben letzten Endes die Kosten! Aber es ist halt in der Politik so, ähnlich auch in der freien Wirtschaft. Die Betroffenen werden nicht gefragt oder in Entscheidungen mit einbezogen. So sehen die Ergebnisse auch aus! Ich frage mich, wer von den scheinheiligen linken Politikern hat eigentlich eine Armuts Flüchtlingsfamilie bei sich aufgenommen? Wer von den Politikern wohnt auch nur annähernd in den Brennpunkten? Weder von Frau Roth, Herrn Özdemir oder anderen Befürwortern der ungezügelten Aufnahme mit ihrer Willkommenskultur für Asylanten, ist dies mir bekannt. Und die Meldung im Fernsehen über die Hälfte der Bundesbürger sei für mehr Aufnahme von Asylanten, diese Meldung halte ich für Stimmungsmache. Das trifft auf Flüchtlinge aus Kriegsgebieten zu! Offensichtlich wird da auch mal wieder etwas falsch dargestellt. Jemand in meinem Bekanntenkreis oder ich wurden nicht befragt. Über die Hälfte der Bundesbürger sind für die Rettung der Bootsflüchtlinge und deren Versorgung. Und das ist auch gut und richtig so. Dies bedeutet aber nicht zwangsläufig deren Aufnahme! Wie wäre es denn mit einer Volksbefragung! Dann wüsste man die Stimmung der Bevölkerung! Die ungehemmte Zuwanderung aus nicht EU Ländern ist diesem Lande nicht dienlich und führt, ob der absolut übertriebenen Toleranz, zu Spannungen und auch Unverständnis bei einem Großteil der Bevölkerung. Daran ändern auch die Demonstrationen für ein Welt offenes Deutschland nichts. Und die Aussage des sächsischen Ministerpräsidenten Tillich ist auch nicht hilfreich. Er behauptet doch tatsächlich im Fernsehen, die Mehrheit der schweigenden Bevölkerung befürworte doch die Aufnahme von Asylanten! (01.07.15 TV Nachrichten) Was für eine Logik! Die Bevölkerung schweigt weil sie ohnehin nichts ändern kann und auch nicht gehört wird! Wenn sie ihre Meinung gegen die Herrschende sagen, also gegen die Politik, dann sind sie Menschenfeindlich, Egoistisch, Rechtsradikal und und! Dies ausgerechnet aus Sachsen. Natürlich gibt es Ängste, sicherlich teilweise übertrieben, ob des Wohlstandes und der Sicherheit in dieser Republik. Aber diese Ängste sind nun mal da und in Großstädten und Ballungszentren sieht man auch die Gründe. In ländlichen Gegenden ist dies noch nicht so sichtbar. Die Aufnahme von Armutsflüchtlingen hat mit Weltoffenheit und Toleranz nichts zu tun! Diese Weltoffenheit ist bei einer gezielten Einwanderung und eventuell für Kriegsflüchtlinge angebracht Und die sogenannte Willkommens Kultur, ich kann es nicht mehr hören, ist auch nur ein von der Politik und den Medien missbrauchter Begriff. Bei den Verwendern des Begriffes Willkommens Kultur hört genau die dann auf, wenn sie direkt mit den Problemen konfrontiert werden und für alle Kosten selbst aufkommen müssen. Einschließlich Unterbringung im eigenen Haus oder in der Wohnung! Es gibt durchaus Menschen, man kann davon halten was man will, welche dies aber tun! Denen gebührt Respekt und dies sind gute Menschen, also keine Gutmenschen! Das ist der Unterschied! Es gibt genügend Beispiele wie sich Bürger engagieren und sich um Flüchtlinge kümmern. Sie helfen zum Beispiel durch Sprachunterricht, bei Behördengängen durch den völlig überzogenen Bürokratie Dschungel. Aber genau mit dem werden sie konfrontiert und fragen sich ob dies noch normal und vor allem Zeitgemäß ist! Flexibilität aber ist in unserem Bürokratiestaat ein Fremdwort. Dies kann aber und wird stets nur ein

Tropfen auf den heißen Stein sein. Der Andrang ist ganz simpel zu groß und damit die Bevölkerung überfordert! Dennoch, die Aufnahme von Asylanten, vor allem Kriegsflüchtlingen, in privaten Unterkünften wäre wünschenswert. Gefordert eben von den linken Parteien. Dies würde die Integration forcieren. Viele Bürger, und es ist verständlich, haben aber Angst vor Menschen mit völlig anderer Kultur. Wie gehe ich in meinem Hause mit strenggläubigen Muslimen um, wie mit Menschen mit ganz anderen Vorstellungen von Hygiene und Sauberkeit. Bin ich bereit mich ein zu schränken und auf diese Menschen Rücksicht zu nehmen. Mich deren Verhalten und Bedürfnissen an zupassen! Das so oft gebrauchte Argument wir sind eine reiche Nation und jammern auf hohem Niveau, diese Argumentation ist scheinheilig. Ich habe noch keinen Mitbürger gehört welcher auf seinen selbst erarbeiteten Lebensstandard freiwillig verzichten würde, nur um Armutsflüchtlinge zu helfen. Die Gutmenschen Solidarität hört meist dann auf wenn es darum und auch an den eigenen Geldbeutel geht! Natürlich müsste man helfen. Aber bitte die Anderen und natürlich der Staat! Der Staat sind aber letzten Endes wir! Warum frage ich mich, schließen denn die Vertreter der Willkommens Kultur eigentlich ihre Häuser oder Wohnungen ab, wo doch alle willkommen sind? Und genau die Gründe welche sie als Antwort auf diese Frage nennen, genau diese Gründe hat auch ein Staat! Nachdenken schadet nicht! Bei Einwanderern ist sicherlich der Begriff Willkommenskultur angebracht. Sie sind willkommen. Willkommen darum, sie werden benötigt und integrieren sich in der Regel schnell und auch problemlos. Sie können eben durch einen Arbeitsplatz selbst für sich sorgen, zahlen Steuern und müssen nicht alimentiert werden. Zur gezielten Einwanderung sind Gesetze und Bedingungen notwendig, ähnlich USA, Kanada, Australien und Neuseeland. Man muss eine Berufsausbildung, Sprachkenntnisse und vor allem auch einen

Arbeitsplatz nachweisen. Erst dann ist eine Zu- oder Einwanderung möglich. Nun beklagt man in Deutschland den Mangel an qualifizierten Arbeitskräften. Dieser Mangel trifft aber nur auf Berufe zu welche ein hohes Maß an qualifiziertem Wissen voraussetzen, vorwiegend in Technik und Forschung. Und im Dienstleistungssektor genügen in der Regel auch eine Lehre oder entsprechende Ausbildung. Wenn ein Land wie Deutschland trotz Schulpflicht und mit dem besten Ausbildungssystem der Welt, dem dualen System, nicht in der Lage ist den Bedarf an qualifizierten Arbeitskräften zu decken, das schon antiquierte Weicheischulsystem sorgt dafür, dann ist dies dekadent. Und genau da wird recht blauäugig argumentiert. Ohne genügende Schulbildung oder Ausbildung durchaus auch im Ausland erworben, hat man keine Chance in Deutschland Arbeit zu finden, welche ein relativ auskömmliches Einkommen garantiert. Von deutschen Sprachkenntnissen will ich gar nicht erst reden. Und so lange wir in Deutschland über vier Millionen Hartz-4 Empfänger haben gibt es eigentlich keinen Bedarf an Arbeitskräften aus dem Ausland. Außer eben Spezialisten! Die Ansprüche der Industrie sind höher geworden. Möglichst unter dreißig Jahre, das Wissen einer 50 jährigen Berufserfahrung und flexibel! Auch dies ist ja nicht mehr ganz normal! Erfüllen diese Voraussetzungen die Wirtschaftsflüchtlinge? Bei entsprechender Nachschulung könnten auch viele Hartz-4 Empfänger eingestellt werden. Wenn aber Hartz-4 Empfänger unterm Strich so fast viel haben wie ein Arbeitnehmer in der untersten Lohngruppe, zum Beispiel in der Dienstleistung, dann stimmt auch etwas nicht mehr. Dies ist mit eine Ursache von Hartz-4. Ob dies mit Sozial noch etwas zu tun hat? Zweifel sind berechtigt. Die Diskussion dann sind eben die Löhne zu nieder, diese Diskussion ändert aber an dem Zustand nichts. Denn steigt in diesem Lande das Lohnniveau, dann eben Dank unserer sogenannten Rechtsprechung auch der

Hartz-4 Satz! Die Armutsflüchtlinge haben inzwischen eine Lücke in unserem Gesetz entdeckt und nutzen diese. Man lässt Minderjährige alleine auf den Weg nach Deutschland. Und die Zahl steigt. Die dürfen auf keinen Fall wieder ausgewiesen werden und bleiben somit in diesem Lande. Denn jetzt kommt dann der Zuzug der Eltern aus humanitären Gründen. Und schon ist man legal in diesem Land! (EU Richtlinie 2003/86 EG). In diesem Falle nennt man es Elternnachzug! Die Leier von wegen diese armen Kinder, was muss die Not groß sein dass Eltern keine andere Möglichkeit sehen und und, die erspare ich mir. Und manche dieser Jugendlichen geben es auch zu. Aussagen wie ich freue auf meine Familie ist nicht ungewöhnlich. Ich kann dies auch nach vollziehen. Es gibt Länder und Kulturen, da spielen Kinder eine andere Rolle als bei uns. Vorwiegend, ich habe es schon erwähnt, sollen sie als Arbeitskraft und der Alterssicherung dienen. Darum haben sie so viele Kinder. Dies ist zwar die Denke aus dem Mittelalter. Dennoch ist sie vorhanden. Ich bin mir im Klaren wie ich mit dieser Bemerkung niedergemacht werde. Damit kann ich leben. Ich bin eben kein Gutmensch sondern Realist! Ich befürworte durchaus staatliche Unterstützung für Sprachkurse. Damit wird die Einwanderung und auch die Einbürgerung erleichtert und forciert. Und solche Menschen gibt es ohne Zweifel auch bei Kriegsflüchtlingen. Auch bei den sogenannten Armutsflüchtlingen. Wenn Deutschland jammert und die Möglichkeit der Integration solcher Menschen nicht ermöglicht, dann ist die Klagerei scheinheilig. Das Arbeitsverbot für Asylanten wurde ja vor über 25 Jahren beschlossen. Damals war es durchaus berechtigt und notwendig. Deutschland hatte eine hohe Arbeitslosenquote. Inzwischen ist dies anders, noch! Die Politik ist aber zu sinnvollen Änderungen nicht in der Lage und das ist dekadent. Schuld daran sind unterschiedlichen Ideologien! Auf neue Herausforderung und Probleme sinnvoll zu reagieren, dazu ist die Regierung nicht fähig. Das liegt auch an der oft absurden und total überzogenen Bürokratie und der damit verbundenen Schwerfälligkeit und dem Konservatismus. Ich teile nicht die Meinung Deutschland sei verpflichtet Armutsflüchtlinge aus der ganzen Welt aufzunehmen. Die Berufung auf Vorfälle im letzten Jahrtausend ändert meine Meinung nicht. Damit sollte so langsam Schluss sein. Natürlich darf man die Vorfälle im dritten Reich und die Exzesse nicht vergessen. Auch einen Gedenktag für die Opfer ist angemessen. Aber davon zu reden, unsere Kinder und Enkelkinder trügen noch an dieser Last ist absolut polemisch. Und seltsamerweise kommt diese Meinung und Ansicht vorwiegend von Deutschen Politikern und aus der Elite unserer Nation, den akademischen Kreisen. Der Großteil der Bevölkerung, vor allem die Jüngeren sieht dies nicht so. Im übrigen sollte man nicht zurück schauen sondern nach vorne in die Zukunft. Aber nun geilen wir uns ja auf bezüglich dem Begriff Völkermord an den Armeniern vor hundert Jahren! Der Grund dafür ist offensichtlich dass es uns zu gut geht. Mit den Problemen der Gegenwart wird man nicht fertig. Um dies zu verschleiern beschäftigt man sich mit der Vergangenheit. Und wie kann es denn anders sein, sind wir auch an dieser Katastrophe noch mit schuldig. Gibt es eigentlich auf dieser Welt noch irgend etwas Negatives wofür die Deutschen nicht mit verantwortlich sind?

Kriegsflüchtlinge fallen nicht oder nur bedingt unter das Asylgesetz. Deren Aufnahme ist ein ganz anderer Sachverhalt. Die Dekadenz der Politik zeigt sich darin, dass sie nicht in der Lage ist der Bevölkerung dies klar zu machen. Die Vermischung von Armutsflüchtlingen, Kriegsflüchtlingen und Zuwanderung verkompliziert die ganze Angelegenheit. Nochmals, und das ist mir wichtig, Flüchtlinge aus Kriegsgebieten haben nichts mit Armutsflüchtlingen zu tun! Ich verurteile die Brandstiftung an Gebäuden für Asylanten. Das ist Sachbeschädigung und kriminell. Und diese Gewalt kommt aus den rechtsradikalen Ecken. Und genau diese Spezies lehnt sich gegen den Staat auf, obwohl viele zum Teil von eben diesem Staat leben, da sie ja oft auf Sozialhilfe wie Hartz-4 angewiesen sind! Und da kommt die Hilflosigkeit eines angeblichen Rechtsstaates wie Deutschland zum Vorschein. Dank der Justiz ist ein Verbot von schon lange bekannten rechten und gewalttätigen Gruppierungen nicht machbar. Und wenn man meint genügend Beweise für ein Verbot zu haben, dann kommt das Bundesverfassungsgericht daher und schafft neue Hürden für ein Verbot! Ist dies noch ein Rechtsstaat? Das Argument eben genau dies mache einen Rechtsstaat aus, dieses Argument ist für mich nicht nach vollziehbar. Auch dies ist dekadent. Man kann und dies wird in diesem angeblichen Rechtsstaat ja vollzogen, Gesetze so auslegen, dass sie letzten Endes keine Wirkung mehr haben. Nun beklagt man in Deutschland die Zunahme von Gewalt bei Demonstrationen jeglicher Art. Offensichtlich findet eben das Anliegen der Demonstranten nur durch, die zu verurteilende Gewalt, bei den „Oberen" Gehör! Friedliche Demonstrationen haben so zeigt es die Geschichte, selten etwas bewirkt! Aber in dieser Demokratie zählt das Volk ohnehin nur kurz vor Wahlen! Dazwischen ist nur die Parteiideologie und der Lobbyismus von Wirtschaft und Banken wichtig!

Grundsätzlich können Flüchtlinge bei uns vor Krieg Frieden finden. Asylbewerber und Ausländer die unser Land mit seinen Gesetzen nicht respektieren sollten sofort abgeschoben werden. In dem Falle hat das so strapazierte Menschenrecht zurück zu stehen. Diese Personen missachten die Gesetze!

Wenn eindeutig nur wirkliche Kriegsflüchtlinge in solchen Heimen untergebracht werden und dies der Bevölkerung auch klar gemacht würde, dann so denke ich, hätten die Bürger sicherlich mehr Verständnis. In der Regel sind Kriegsflüchtlinge auch bescheidener bezüglich Ansprüchen. Zudem ist die Rückkehr in ihr Heimatland nach dem Krieg wahrscheinlicher. Von diesen Menschen sind Aussagen wie: „wir fordern, wir haben Anspruch, dies ist unser Recht und steht uns zu", nicht bekannt! Solange Wirtschaftsflüchtlinge aus Balkanländern wie Serbien, Kroatien und vor allem dem Kosovo usw. bei uns als Asylanten aufgenommen werden ist das eindeutig Missbrauch des Asylgesetzes. Zum Kuckuck nochmal, für was eigentlich haben wir das Asylgesetz? So wie es gehandhabt wird könnten wir in Deutschland und Europa eigentlich Tag der offenen Tür veranstalten und es abschaffen! Ach ja, ich vergaß die Menschenrechte und Menschenwürde! Diese Länder, für den Kosovo warum auch immer gilt dies offensichtlich noch nicht, gelten nach dem Gesetz als sichere Länder. Jetzt, wir haben Februar 2015, werden wir überrannt von Wirtschaftsflüchtlingen eben aus dem Kosovo. Diese Flüchtlinge sollen helfen, Zuhause ihren Laden auf Vordermann bringen. Dass dies schwierig ist liegt an der Korruption in diesen Ländern. Dies zu ändern ist Sache der Bevölkerung dieser Staaten. Und wie überrascht die scheinheiligen Politiker agieren. Dass die Politiker realitätsfremd sind ist mir klar. Aber das grenzt ja schon an Dummheit. Und die wird noch gekrönt, indem zurückgeschickten Asylanten aus dem Kosovo im Jahre 2015 auch noch 450 Euro mit auf den für sie kostenlosen Heimweg bekommen haben. Natürlich spricht sich auch das herum. Der Balkan wird ausbluten ob der Abwanderung nach Deutschland. Und dies aufgrund der üppigen und überzogenen sozialen Wohltaten. Wer weiß schon dass wenn sich in Deutschland nur ein Elternteil aufhält und arbeitet, Kindergeld für die gesamte Familie nach dem Gesetz Deutschlands in Euro gezahlt wird. (§ 62 I EStG) Unabhängig ob die Kinder in Deutschland leben. Jetzt kommt wieder die Justiz daher von wegen der Gleichbehandlung. Die ist eben nicht vorhanden wenn die Kinder nicht in Deutschland leben. Dies ist diskriminierend gegenüber den Eltern welche im teuren Deutschland ihre Kinder aufziehen! Wir haben es ja! Herr Cameron, Englands Premierminister, will sich diesem Unsinn verweigern. Und dies mit Recht! Ein Lehrer verdient im Kosovo umgerechnet 300 Euro im Monat. Dann ist das Kindergeld in Deutschland bei drei bis vier Kindern oder mehr schon einträglich! Ob es immer die Eigenen sind? Kontrolle ist schwierig. Und wenn ich lese, Wirtschaftsflüchtlinge welche es aus Griechenland hierher geschafft haben, werden nicht zurückgeschickt weil systematische Mängel des Asylrechtes in Griechenland vorliegen, ist dies nicht nur Unfähigkeit sondern dekadent. Dieser Rückführungsstopp soll bis 2016 gelten.(Quelle SZ) Wendet man nun das Asylgesetz korrekt an, so geschehen in Baden Württemberg und schickt Armutsasylanten zurück, dann wird man der Unmenschlichkeit bezichtigt. Man kann doch im Winter eine Familie mit sechs Kindern nicht in ein Balkanland abschieben. Wie unmenschlich! Diese Familie ist nach geltendem Gesetz illegal eingereist und muss eben darum wieder zurück. Wenn jetzt schon Gesetze nach Witterungsverhältnissen angewendet werden, dann ist es der Weg zur Dekadenz! Die Nichtanwendung geltender Gesetze ist in Deutschland aber leider schon zur Normalität geworden. Man sieht es daran dass abgelehnte Asylbewerber ein Bleiberecht in Deutschland erhalten, teilweise über Jahre. Dies ist durchaus angebracht bei Jugendlichen Asylanten welche in einer beruflichen Ausbildung sind. Die haben wenn sie legal in diesem Land sind, ein eigenes Einkommen und müssen nicht oder nur gering alimentiert werden. Aber der Behördenirrsinn lässt zu, dass eben solche Asylanten während der Ausbildung ausgewiesen werden. Und wenn sie mit Glück von den Behörden nicht erfasst waren und die Ausbildung beendet haben, ja dann kommt der Behördenunsinn erneut zum Tragen. Anstatt die Aus-gebildeten dann in den Arbeitsmarkt zu zulassen, wo wir doch angeblich Mangel eben an Fachkräften haben, droht die Auswei-sung. Da gehört ganz simpel ein Gesetz her welches diesen Schwachsinn ausschließt. Wer in solchen Fällen eine Arbeitsstelle nachweist, dem muss solange er diese hat, Bleiberecht gewährt werden. Dies für alle Geduldeten welche Arbeit und damit eigenes Einkommen haben. Und ob die Klage derer welche diese Voraus-setzung nicht haben gegen einen Ablehnungsbescheid, natürlich auf Kosten des Steuerzahlers, was mit Menschenrechten zu tun hat? Ich habe meine Zweifel. Für Rechtsanwälte ist dies natürlich eine Jobabsicherung. Die überbordende Gesetzesflut mit ihren Auslegungsmöglichkeiten sorgt in Verbindung mit findigen Juris-ten für die immer weniger und gerecht empfundene Rechtspre-chung in diesem Lande! Die Rechtsprechung ist, bedingt durch Einbindung und Berücksichtigung der Menschenwürde und Men-schenrechte, absolut in Schieflage geraten. Auch dies ist ein Zei-chen von Dekadenz. Die Bewertung von Menschenrechten und Menschenwürde kommt in dieser Häufigkeit nur in wohlhabenden Ländern vor. Ist es Menschenrecht auf Kosten anderer zu leben und nichts oder nur das Notwendigste für das Eigenwohl zu tun?

Und dann noch das unselige Gelabere der Politiker. Ich will in keinem Land leben indem man um Asylunterkünfte Bannmeilen errichten muss. Ich möchte in keinem Land leben in dem die Rechtsradikalen aufmarschieren und und! Originalton Herr Minis-ter Maas. Ich und der größte Teil der Bevölkerung will dies auch nicht! Wer aber außer der Politik kann die Ursache beseitigen? Und wieder zeigt es sich, nur nach „gewalttätigen" Demonstrationen bewegen die Politiker den Hintern und lassen sich in den Krisen-herden sehen! Das ist natürlich Medienwirksam. Löst aber das Problem nicht. Solange die Politik und die Justiz nicht in der Lage

sind rechtsradikale Vereinigungen und Parteien zu verbieten, solange ist alles nur scheinheiliges Getue. Demokratie hin oder her!
Mit wirklicher Demokratie hat dies nichts mehr zu tun!

Kriegsflüchtlingen ist grundsätzlich Aufnahme und Sicherheit
zu gewähren. Diese Humanität hat etwas mit dem Menschenrecht
zu tun. Aber sie fallen nicht unter das Asylgesetz! Nach Beendigung der Kriegshandlungen gehören sie zurück geführt. Das ist
Human und auch bei einem großen Teil der Bevölkerung unstrittig. Die Gutmenschen mit ihren linken Genossen und Parteien finden es gegen die Menschenwürde und Menschenrechte, die Flüchtlinge nach den Kriegshandlungen in ihre zerstörte Länder zurück
zu schicken. Wer, wenn nicht die Bürger, sollen denn ihre Länder
wieder aufbauen? Deutschland gilt in vielen Dingen als Vorbild,
vor allem in den sozialen Bereichen gegenüber Kriegsflüchtlingen.
Den Wiederaufbau Deutschlands durch die Bürger nach dem Krieg
kann durchaus auch als Vorbild genommen werden!

Es häufen sich Forderungen von Menschen und Ländern welche
unter dem dritten Reich gelitten haben. Und dies nach über 70 Jahren! Da fordern Sinti und Roma, nicht nur die, Deutschland sei
verpflichtet ihnen in Deutschland ein menschenwürdiges Leben zu
ermöglichen.(ZDF 8.4.15) Diese Volksgruppen werden offensichtlich im eigenen Land welches als sicheres Land eingestuft wird
diskriminiert Daran sind wir nicht Schuld! Und es ist kein
Asylgrund! Wie soll dies aussehen? Ein menschenwürdiges Leben
beinhaltet Schulbildung, die Deutsche Sprache, Arbeit und Anpassung. Trifft dies auf diese Menschen zu? Nur auf Kosten anderer
zu leben hat mit Menschenwürde nichts zu tun! Das ist so, auch
wenn es angeblich gegen die Meinung der mehrheitlichen Bevölkerung ist! Aber dies glaube ich nicht. Es wird von der Politik und
auch den gelenkten Medien so verkauft. Die Andersdenkenden

getrauen es sich nur nicht zu sagen! Soweit sind wir schon in diesem Lande! Wenn Deutschland ein armes Land wäre, dann wäre dies alles kein Thema. Wir Deutschen gehören eben zu den Auserwählten dessen Wohlstand vom Himmel gefallen ist! Der fast ungehemmte Zuzug von Menschen sogenannter armen Ländern spaltet die Bevölkerung. Vor allem aber das Argument Deutschland bräuchte die Zuwanderung um den bisherigen Wohlstand halten zu können, dies ist nicht haltbar bei 4 Millionen Hartz-4 Empfängern! Diese Behauptungen sind rein wissenschaftliche Hochrechnungen und Hellseherei! In unserer schnelllebigen Zeit sind derartige Vorhersagen reine Theorie.

Der Demographische Faktor ist ein rein theoretisches Instrument und entspricht nie der realen Entwicklung. Das kann er auch nicht. Dieser Faktor geht immer vom Ist Zustand aus und wird dann hochgerechnet. Dabei findet die reale und auch nicht vorhersehbare zukünftige Entwicklung keine Beachtung. Das geht auch nicht, es sei denn es sind Hellseher am Werk! Beispiele gibt es genug. Da hatte man, rein rechnerisch, wenige Schüler und wollte Lehrer abbauen. Als inzwischen viele kinderreiche Familien in dieses Land kamen, aus welchen Gründen auch immer, stimmte dies nicht mehr. Deutschlands Bevölkerung schrumpft und die Gefahr des Aussterbens der deutschen Spezies stand auf dem Spiel. So in den 80-er Jahren mit rund 60 Millionen Einwohnern. Heute zählen wir über 80 Millionen! Das Rentenchaos wird von Generation zu Generation weiter prognostiziert. Bis heute nicht eingetroffen. Deutschland kann den Bedarf an Arbeitskräften in 20 Jahren nicht mehr bedienen. Die Arbeitsplätze werden aber nicht mehr, ganz im Gegenteil, und und…! Also alles fruchtlose Theorien.

Was Deutschland braucht ist gesteuerte, gezielte Einwanderung! Das Argument es fehlen in zwanzig Jahren Millionen Arbeitskräfte ist nicht zutreffend. Dies sind reine Hochrechnungen und Theorien, basierend auf den heutigen Stand. Vorhersagen über einen so langen Zeitraum sind in der jetzigen Zeit einfach nicht mehr möglich! Und die ewige Drohung ohne Zuwanderung seien die Rentenzahlungen in Gefahr, dies ist Unsinn. Die Rentenzahlungen sind in Gefahr bei der jetzigen Form der Rentenfinanzierung. Seit Einführung der gesetzlichen Renten unter Bismarck sind über Hundert Jahre vergangen. Damals waren ganz andere Voraussetzungen. Aber dies hat die verschlafene Politik noch nicht bemerkt! Die Politik ist nicht fähig entsprechende Änderungen zu beschließen. Vorschläge gibt und gab es schon genug. Auch diese Behauptung basiert auf wissenschaftliche Hochrechnungen. Mit wissenschaftlichen Zahlen kann man fast jede Behauptung und auch Unsinn belegen.

Auf die Rentendiskussion komme ich noch im Kapitel Politik.

Es ist auch nicht dienlich wenn unser Bundespräsident argumentiert, als Lehre aus der Vertreibung nach dem Krieg müsse man die Flüchtlinge umso großherziger aufnehmen. Beides kann man nicht vergleichen! Zumal die reinen Kriegsflüchtlinge ja nicht das Problem sind. Aber man muss Herrn Gauck das nachsehen. Er ist nun mal von der Geistlichen Zunft. Nun muss man das Wort Krieg oder dessen Bedeutung definieren. 1932 ersetzte die Genfer Fünf- Mächte- Vereinbarung den Ausdruck „Krieg" durch „Anwendung von bewaffneter Gewalt" zwischen internationalen Beziehungen. Fallen „nationale Konflikte" unter diesen Begriff? Dies kann und muss man diskutieren. Ändert natürlich nichts am Leid der betroffenen Menschen! Im Kosovo oder Serbien herrscht kein Krieg! Und dies trifft auf viele sogenannte Flüchtlinge aus aller Welt zu. Dies sind eindeutig Wirtschaftsflüchtlinge. Aber diese Tatsache ist einigen Politikern, vor allem den Linken, absolut gleichgültig. Warum Deutschland aufgrund seiner Geschichte eine besondere Verpflichtung zur Humanität hat, Argumentation Peter Friedrich SPD, (Quelle SK 26.6.15) kann ich nicht nach voll ziehen. Ich als erste Nachkriegsgeneration zumindest empfinde dies nicht so! Inzwischen lebt die dritte Generation in Deutschland. Ich denke irgendwann muss mit dieser „Erbsünde" Schluss sein.

Grund der Zuwanderung ist eine Zunahme der Erdbevölkerung. Die Bevölkerung dieser Erde wird immer mehr. Und durch die rasante Zunahme der Bevölkerung, vor allem in den armen Ländern, ist der Aufbau einer tragfähigen Infrastruktur mit sozialen und wirtschaftlichen Inhalten nicht möglich. Armut ist immer relativ! Ich war in manchen nach westlicher Betrachtung armen Ländern. Diese Menschen sprachen absolut nicht von Armut! Sie kennen eben den Wohlstand der westlichen Länder nicht und waren zufrieden. Wenn es solche Errungenschaften wie Infrastruktur und bescheidenen Wohlstand gibt, die brauchen ihre Zeit, dann werden sie von der Zunahme der Bevölkerung überholt. Ich bin mir im Klaren mich jetzt unbeliebt zu machen. Fakt aber ist, früher sorgten Katastrophen, militärische Auseinandersetzungen und Hungersnöte für eine Regulierung der Bevölkerungen. Letzten Endes ist dies Naturgesetz. Es regelt die Geburtenrate nach Nahrungsangebot und verfügbaren Jagdgebieten. Nicht zu helfen verbietet die Humanität. Dieser Begriff kommt in der Natur nicht vor und gilt vorwiegen in wohlhabenden Nationen. Ich bezweifle ob die Erde dieses Spiel noch lange mit macht. In der Natur gab und gibt es immer Schwache und Starke. Und der Mensch ist ein Bestandteil der Natur, auch wenn er der Meinung ist darüber zu stehen! Das ist ein großer Irrtum. Der Mensch ist eine Weiterentwicklung der Natur. Sein Vorteil gegenüber ähnlichen Kreaturen liegt darin, dass er sich durch Sprachmöglichkeit artikulieren kann und Dank der Evolution ein größeres Hirn besitzt. Hin und wieder kommt ja die Natur beim Menschen durch. Bei Kriegen und Herrschsucht über Rudelmitglieder. In der Regel führen Tiere aber innerhalb der eigenen Art keine Vernichtungskriege. Ist bei der Evolution des Menschen etwas schief gelaufen?

Es gilt zumindest in den westlichen Ländern dieser Erde als inhuman bei solchen Naturereignissen und Katastrophen nicht helfend ein zugreifen. Bei Kriegen zur Durchsetzung von Ideologien ist man nicht so zimperlich. Dies sind keine Naturgewalten sondern vom Menschen verursacht. Ebenso die Umweltverschmutzung zur Befriedigung der Geldgier. Natürlich hat auch der so glorifizierte Wohlstand der Völker welche sich diesen leisten können seinen Preis. Und den zahlen wir eben mit der enormen Beschädigung und Raubbau der Natur, und den Armutsflüchtlingen. Humanität kann aber durchaus, wie alles bei Übertreibung, ins Negative ausschlagen.

Europa und Deutschland kann nicht die Auffangstation für alle Menschen dieser Welt sein welche nicht die Privilegien der westlichen Welt haben. Wenn diese Völker nicht in der Lage oder Willens sind ihren Zustand zu ändern, dann ist es ihr Problem. Mache ich es mir wirklich zu einfach? Was bitte ist die Alternative? Die Aufnahme von den Gebeutelten dieser Welt ist absolut keine Lösung. Langfristig schwächt man damit die starken Nationen. Korruption und Diktatur und damit eben diese Zustände der Länder kann nur von innen beseitigt werden. Das ist die Alternative!

Ein unkontrollierter Zuzug verkraftet dieses Land auf Dauer nicht! Weder Wirtschaftlich noch der Akzeptanz der Bevölkerung wegen. Denn eines muss den Gutmenschen und Linken Genossen klar sein. Die Folgen des politischen Rumgeeieres sind auch zusätzliche Kosten für diesen Staat. Logische Folgerung sind Steuer, oder lässt sich besser verkaufen, Gebührenerhöhungen! Nicht vorstellbar? In der Stadt Mettmann im rheinisch-bergischen Land wurde die Grundsteuer erhöht. Begründung: die gestiegenen Flüchtlingszahlen! (Quelle Focus 31/15) Dies würde oder wird nur der Anfang sein. Spätestens im Jahr 2017 nach den Wahlen wird eine Steuererhöhung kommen! Ich bin mir nicht im Klaren ob dies die verordnete „Willkommenskultur" lange aushält! Ein Beispiel ist die Stadt Meßstetten in Baden Württemberg. Bei Einrichtung der sogenannten Erstaufnahmestelle sprach man von höchstens 500 bis 700 Personen. Jetzt sind es bereits 1700! Die Stadt hat etwas über 5 Tausend Einwohner. Die Bevölkerung war in Mehrheit aufgeschlossen und unterstützte, sie tut es noch, bei der Bewältigung dieser Aufgabe. In Medien galt Meßstetten als Vorzeigeprojekt. Und heute, wir haben Juli 2015? Die Stimmung kippt aufgrund der hohen Anzahl von Menschen. Sie kennen die Regeln in Deutschland nicht oder halten sich nicht daran. Gut, dies machen manche andere Zugezogene schon jahrelang nicht. Das müssen sie auch nicht ob der Milde des Staates wegen der Menschenwürde und Rechte…! Dafür haben wir jetzt eine Paralellgesellschaft. Die älteren Menschen gehen bei Dunkelheit nicht mehr aus dem Haus und haben Angst um ihre Mädchen. Der Unrat aller Art verunstaltet die Straßen und und..! Ist diese Tatsache zu nennen auch wieder Fremdenfeindlich? Dies Behauptung und Feststellung ist nicht von mir! (Quelle SZ /SK vom 31.7.15) Und dies wird so weitergehen. Auch in den anderen LEA. LEA ist die Bezeichnung für Landes Erstaufnahme Stelle. Lager ist ob unserer Vergangenheit nicht mehr zulässig! Die Ablehnung gegenüber diesen Flüchtlingen wächst. Das mit Fremdenhass zu titulieren ist unverschämt! Und kann mir einer erklären wie Flüchtlingskinder ohne Kenntnis der Deutschen Sprache in den normalen Schulen lernen können? Mit schnellerer Integration hat dies nichts zu tun. Dies geht eindeutig zu Lasten des normalen Unterrichts der indigenen Schüler.

Für manche Politiker und auch sogenannte VIPs ist dieses Thema natürlich ein Tummelplatz um sich zu profilieren. Herr Schweiger, Film und Fernsehstar, will ein Vorzeige Flüchtlingsheim bauen. So eine Art Willkommens Heim. Sehr lobenswert! Dieses Heim wird in einer ehemaligen Kaserne eingerichtet welche, wie man hört, einem Bekannten gehört. Bisher steht diese Kaserne leer. Kommt Herr Schweiger für die Kosten auf? Auch für die Folgekosten? Für die Medien und auch Politiker ist dies ein gefundenes Fressen. Eigentlich hat er diese Werbung nicht nötig. Ein Prominenter kümmert sich um Flüchtlinge! Nehmt ihr, das Volk daran gefälligst ein Beispiel....! Ich kommentiere dies nicht. Nur soviel, kein schlechter Marketing Gag!

Die Ursache des Zuzuges in unser Land hat seine Gründe. Es ist das Versagen der Politik in Verbindung mit der Justiz. Ein typisches Beispiel ist Frau Nahles. Bei der Diskussion über sichere Herkunftsländer macht sie eine Zustimmung abhängig vom Einwanderungsgesetz. (Nachrichten ARD 27.7.15) Und wieder wird ein politischer Kuhhandel betrieben! Damit wird ja deutlich wie wenig die dringend notwendigen Probleme von Politikern zugunsten der Parteien Ideologie behandelt werden. Die Ursache der Asylantenflut nach Deutschland hat ja Gründe. Die Aufweichung und nicht konsequente Anwendung des Asylgesetzes. Die lange Dauer der Bearbeitung von Asylanträgen! Es ist einfach lächerlich wenn ein Asylantrag fast ein Jahr dauert! Die Ausweitung der sozialen Wohltaten für Wirtschaftsflüchtlinge und Zuwanderern mit Bargeld. Die Unfähigkeit zum schnellen Zugang qualifizierter Zuwanderer in den vorhandenen Arbeitsmarkt aufgrund von überbordender Bürokratie. Wird nicht immer von Fachkräftemangel gelabert? Hinzu kommen zig Stellen welche da mitreden und meinen sie seien so was von wichtig!

Nochmal, wir brauchen dringend ein Einwanderungsgesetz! Es wird den unkontrollierten Zuzug nicht ganz verhindern. Aber eine Ausweisung ist juristisch dann schneller realisierbar.

Kanada könnte durchaus als Beispiel dienen. Deren Einwanderungsgesetz wäre absolut von Deutschland zu übernehmen! In Kanada ist es, man staune, Pflicht als Einwanderer ein Jahr an Kursen teil zunehmen in denen ganz klar zuerst die Pflichten und danach auch Rechte als Bürger Kanadas vermittelt werden. In Deutschland haben die Rechte Vorrang! Im Gegensatz zu uns werden diejenigen welche sich gravierend nicht daran halten in ihre Herkunftsländer zurück geführt. In Kanada haben die Gesetze des Landes Priorität. Es sind die Pflichten und Rechte ein zu halten. Egal welcher Glaubensrichtung oder Kulturellen Herkunft man angehört. Man stelle dies sich in Deutschland vor! Bemerkenswert, Kanada ist ein Rechtsstaat und keine Diktatur.

Wenn geduldete Asylanten die Frage stellen ob es denn nicht möglich wäre Schwiegereltern nachkommen zu lassen, komme ich schon ins grübeln. So die Ansicht einer Dame mit schickem Kopftuch, könne ja Deutschland für sie aufkommen da sie kein Einkommen haben und schon alt seien. Sie selbst könne das nicht stemmen. (Anne Will ARD 29.7.15) Die Rentenkasse freut sich über neue Mitglieder! Dass diese nie eingezahlt haben und dennoch Leistung erhalten, dies sind wir der Menschenwürde und dem Gutmenschentum schuldig! Und ist ja so neu auch nicht. Bei der Heimholung der Russlanddeutschen und der Wiedervereinigung war es ja auch schon so. Wie war das mit den Kosten der Rente?

Diesen unkontrollierten Zuzug kann auch ein so reiches Land wie Deutschland nicht lange verkraften. Wobei der Begriff Reichtum stets relativ ist. Es ist wie bei einer Torte. Je mehr davon wollen desto kleiner werden die Stücke für jeden. Und wo das hinführen kann das sieht man bei Ländern wie Frankreich, England. Auch Holland hatte mal solche Probleme. Nun sind die Probleme des Zuzuges in diese Länder teilweise ihrer Vergangenheit, den Kolonien geschultert. Deutschland hatte nur kurzzeitig Kolonien bis zum Ende des ersten Weltkrieges. So gesehen hat Deutschland keine Aufnahme Verpflichtung. Dennoch gibt es in Deutschland ein Asylgesetz. Das ist auch gut so und im Grundgesetz verankert. Danach haben politisch Verfolgte Recht auf Asyl, § 16a des Grundgesetzes. Von Wirtschafts- oder Armutsemigranten steht davon nichts. Und somit ist es für mich fraglich ob diese Asylanträge noch das gute Recht solcher Antragsteller sind! Und wie lasch dieses Gesetz angewendet wird sieht man an den Zahlen. 150 Tausend Ausreisepflichtige und 109 Tausend Geduldete sind in Deutschland registriert und werden mit Steuergeldern alimentiert. Stand 10.14. (Quelle Die Welt,12.02.15) Und dies wird sich in diesem Jahr verdoppeln. Dies sind wir der Menschenwürde schuldig! Nun werden inzwischen von Städten und Gemeinden schon eifrig Baugebiete ausgewiesen um Häuser für Asylanten zu errichten. Altbauten werden auf einmal für unbewohnbar erklärt und die Mieter müssen sich eine neue meist teurere Bleibe suchen. Die Wohnungen werden dann saniert und Asylanten zur Verfügung gestellt. Wie schnell auf einmal dafür Geld vorhanden ist! Für Instandsetzung von Schulen oder Ähnliches hat man bisher kein Geld! Und so schnell wie die Baugenehmigungen erteilt werden! Da träumt jeder Häuslebauer davon! Als zwingend gilt dann noch eine Busverbindung, Einkaufsmöglichkeiten, Spielplatz und Arzt in der Nähe. Kasernen müssen saniert werden, der Brandschutz ist ganz wichtig! Und die Räume werden Menschenwürdig gestaltet. Offensichtlich sind unsere Soldaten Jahrzehnte unwürdig kaserniert worden. Das wäre aber gegen das Grundgesetz. Wie krank ist dies denn! Von solchen Bedingungen träumen viele Bewohner von Dörfern und Ortschaften außerhalb der Ballungszentren wo es diese Voraussetzungen nicht gibt! Und dies spricht sich doch in den Ländern woher die Armutsflüchtlinge kommen herum. Dies motiviert doch. Und wenn der Bürger das nicht will hat dies nichts mit Fremdenfeindlichkeit oder auch Rechtsradikal zu tun! Das zeigt höchstens den Blick für die Realität. Und da wundert sich die Regierung über die Pegida? Auf einmal schafft man Lehrerstellen für Migrantenkinder. Vorher hatte man dafür kein Geld in den Bundesländerhaushalten. Und wie schnell man Geld für den Wohnungsbau, natürlich für Asylanten, bereitstellt! Bisher hatte man für den sozialen Wohnungsbau keines! Ich bezweifle nicht die Notwendigkeit. Aber der Unmut in der noch normal denkenden Bevölkerung, die gibt es noch, ist nach vollziehbar. Dies auf zu zeigen ist keine Fremdenfeindlichkeit. Es spiegelt die unfähige und auf die Belange der Bevölkerung keine Rücksicht nehmende Politik wieder. Die Ideologie der Parteien steht immer im Vordergrund. Da wird bei Talk Shows über die Asylantenflut rum gelabert dass sich die Balken biegen. Vorneweg die liebe Frau Roth von den Grünen und noch anderen sogenannten Spezialisten und Besserwissern. Vernünftige Vorschläge werden abgebügelt. Nur weil sie von Frau Frauke Petry, AfD, kommen. Sie hat recht wenn sie anmahnt, dass die Regierung geltende Gesetze nur anzuwenden braucht um die Debatte zu entschärfen. Wie soll es eigentlich funktionieren. Hunderttausende Menschen ohne Sprachkenntnisse, Ausbildung und gänzlich anderer Kultur und gewohnter Lebensweise zu integrieren. Vorausgesetzt die wollen dies überhaupt! Wir haben in Deutschland nicht die Menge von geeigneten Arbeitsplätze und Wohnungen. Die Argumentation nach dem Krieg wären wir damit auch fertig geworden, dieses Argument sticht nicht. Damals war dieses Land im Aufbau und es gab Arbeit und damit Arbeitsplätze genug. Vor allem eben auch für unqualifizierte Menschen. Dies ist heute anders. Offensichtlich haben die Befürworter des ungehinderten Zuzuges dies vergessen oder ignorieren sie diese Tatsache aus ideologischen Gründen! Und eine dauerhafte Alimentierung so vieler Menschen überfordert das Sozialsystem. Spätestens dann hört auch die verordnete Willkommenskultur auf. Jeder Asylant kostet den Steuerzahler rund 15 bis 20 Tausend Euro im Jahr. Die Gesundheitsfürsorge nicht gerechnet. So die veröffentlichen offiziellen Zahlen! Dass diese Zahlen getürkt sind, davon kann und muss man ausgehen. Die wahren Kosten werden nicht genannt aus gutem Grund! Wer bezahlt eigentlich die Krankenkosten, wirklich der Staat? Mit Sicherheit ist der Beitragszahler der Krankenkassen mit im Boot! Abgesehen von der Akzeptanz der Bevölkerung! Diese kann von der Regierung und den Medien nicht verordnet werden. Sie muss aus der Bevölkerung kommen!

Natürlich geht dies auf Kosten der eigentliche Aufgaben von Kommunen, Städten und Landkreisen. Denn dafür bleiben andere für den Bürger relevante und teilweise auch dringende Projekte auf der Strecke! Ist dies jetzt auch wieder Menschen- und Ausländerfeindlich?

Grundsätzliche Aufgabe einer Regierung ist es, die Belange und Interessen seine Bevölkerung zu beachten und auch zu vertreten. Dafür wurden sie gewählt!

Sollte mir entgangen sein dass die Mehrheit der Deutschen den ungehinderten Zuzug von Armutsflüchtlingen befürwortet?

Zugegeben, bei diesem Thema gibt es unterschiedliche Meinungen. Ich sehe es in meinem Freundes und Bekanntenkreis. Mich stören die Flüchtlinge nicht, machen die uns etwas aus, man muss denen doch helfen, bis zur Ablehnung des ungehinderten Zuzuges ist die Bandbreite. Abhängig ist jeweils der Status dieser Personen und vor allem auch der Wohnort. In ländlichen Gebieten ist dieses Problem noch marginal. Aber dies wird so nicht bleiben!

Und eines darf man nicht vergessen. Wenn die Bevölkerung mit dem Zuzug von Asylanten, und dies sind vorwiegend Wirtschaftsflüchtlinge, überfordert wird, dann kommt zwangsläufig der sogenannte Fremdenhass auf. Da können die Kirchen und die Gutmenschen dagegen argumentieren wie sie wollen! Kriegsflüchtlinge sind eine andere Baustelle! Schuld daran ist aber nicht die Bevölkerung sondern die Politik, welche diese Entwicklung nicht sehen will! Noch ist dies kein großes Thema für die Stimmung im Volk. Es wird aber mit Sicherheit eines werden! Spätestens dann wenn die Mehrwertsteuer erhöht wird um das alles zu finanzieren. Angedacht von Herrn Methling, Oberbürgermeister von Rostock. (Quelle BamS 9.8.15) Eigentlich nicht so schlimm. Wer unsere so ehrlichen Politiker kennt weiß, die Erhöhung wird, wenn sie nicht mehr für diesen Zweck benötigt wird, umgehend wieder aufgehoben. Das letzte Wunder geschah vor 2015 Jahren! Die Bevölkerung Deutschlands wird eindeutig überfordert. Es kommen einfach zu viele Menschen auf einmal. Die Unterwanderung durch den Islam und die geforderte Anpassung und dessen Duldung von den indigenen Bürgern, die Flut von Menschen welche sich ein besseres Leben erhoffen, dies kann nicht gut gehen.

Nun doktert die EU an einer Lösung herum. Die einzige Lösung wäre eine Anpassung der Leistungen für Flüchtlinge im EU Raum. Die muss eben für alle EU Länder gelten. Dann macht eine Verteilung Sinn und kein Asylbewerber kann sich das Land mit den höchsten Sozialleistungen aussuchen. Darum ist ein gleicher Standard nötig in den EU Ländern. Das aber ist problematisch. Nicht jedes EU Land kann oder will sich den hohen Standard wie in Deutschland leisten! Dänemark fährt nun seine Leistungen für Asylanten herunter. Der Vorteil liegt eben darin, da wollen die Wirtschafts- und Armutsflüchtlinge dann auch nicht hin! Und dass Deutschland seinen überzogenen Standard herunter fährt ist undenkbar! Da drehen dann die Grünen und die anderen linken Parteien vollends durch!

Sollte der ungehinderte Zuzug so weiter gehen wird es Folgen für das Sozialsystem haben. Es wird und muss implodieren. Ein Schritt dazu ist ja die Forderung der CDU für fünf Millionen Spielzeug für Asylanten aus Steuergeldern zur Verfügung zu stellen. Damit könne man das Leid der Flüchtlingskinder mildern. So der Sprecher der CDU Partei, Marcus Weinberg. (9.4.15 Bild) Offensichtlich ist dies der Menschenwürde geschultert. Gebrauchtes Spielzeug aus Spenden, dessen gibt es reichlich, führen eventuell zu Depressionen! Es ist darum nicht zumutbar diesen Kindern gebrauchtes Spielzeug zu zumuten. Das ist schon mehr als dekadent!

Natürlich sind fünf Millionen für dieses reiche Land eine Kleinigkeit, so die Gutmenschen. Sind wir wirklich so ein reiches Land? Straßen, Schulen, der Ausbau von Kitaplätzen, dafür hat man nicht die notwendigen Mittel oder es wird gekürzt. Und das Geld welches für die Unterbringung und Subventionierung der Asylanten benötigt wird, dieses Geld fehlt den Kommunen eben für diese Aufgaben.

Und die Zuwanderungsflut zeigt auf wie unfähig dieser Bürokratenstaat ist. Ein Beispiel sind doch pensionierte Lehrer für den

Deutschunterricht ein zustellen. Da sind Verordnungen und Vorschriften im Wege welche eine sofortige Einstellung verhindern. Die aber zu ändern, dies dauert...! Wir haben ganz einfach keine Macher oder Entscheider welche Verantwortung übernehmen mehr! Auch in anderen Fällen ist dies zu erkennen! Das mit der Lahmarschigkeit und den Grund dafür habe ich schon erwähnt.

Nun kann man argumentieren für die Rettung Griechenlandes und des Euros hat man Milliarden. Aber für die Flüchtlinge nicht. Das ist Polemik der Gutmenschen. Mehr Geld löst dieses Problem nicht, ganz im Gegenteil. Je mehr man in das Projekt Flüchtlinge steckt um so mehr werden diese Menschen kommen. Denn es spricht sich herum wie gut es einem dann geht wenn man den beschwerlichen Weg geschafft hat. Australien geht den anderen Weg und wird nun als unmenschlicher Staat gegeißelt. Auch Malaysia schickt Bootsflüchtlinge nach Versorgung mit Lebensmittel, Wasser und Treibstoffen auf das Meer zurück. Ohne Zweifel erscheint dies nach westlichen Werten unmenschlich. Aber es ist nun mal eine Möglichkeit den Zustrom zu vermindern. Es wird sich herumsprechen dass es so nicht funktioniert. Die angrenzenden Länder von Malaysia haben selbst genug Armut in ihren Ländern. Kommen da immer mehr wird es zusätzliche Probleme in diesen Ländern geben. Ein Staat oder dessen Regierung hat in erster Linie die Interessen seiner Bürger zu vertreten! Und dies macht die Australische Regierung und Malaysia.

Und wenn dieses System implodiert ist die innere Sicherheit gefährdet und es wird zu Auswüchsen kommen. Dagegen sind Demonstrationen wie die Pegida ein harmloses Lüftchen. Es bleiben dann die sogenannte Menschenwürde und die Menschenrechte auf der Strecke. Sie haben in dem Falle keine Gültigkeit mehr! Zum Abschluss dieses Themas noch eine Feststellung. Der Wohlstand der Industrienationen fiel nicht vom Himmel. Auch dauerte es Jahrzehnte bis der Wohlstand in heutiger Form erreicht wurde. Es bedurfte harter Arbeit und Leistungsbereitschaft, eine Politik der sozialen Marktwirtschaft. Heute sind wir in vielen Teilen der Gesellschaft eine „Fun" Gesellschaft geworden. Um mir den Vorwurf zu ersparen ich würde nur kritisieren und keine Alternativen aufzeigen, weise ich auf genügend Literatur mit eben sachlichen und machbaren Alternativen zur heutigen Politik hin. Natürlich kann man der Meinung sein all das bisher aufgeführte seien Kleinigkeiten, die wirklich großen Probleme würde man damit nicht lösen. Dem widerspreche ich, denn diese Komplexität ist nicht auf einen Schlag zu lösen. Es bleiben nur kleine Schritte! All diese Vorschläge aber scheitern an der Änderungsresistenz und Angst vor Neuem der herrschenden Politik. Den Rest erledigt dann noch der ungehemmte Lobbyismus.

Eine Gefahr wird auch nicht gesehen, oder man will es nicht! Es kann und wird wenn es so weitergeht in dieser Republik auch durchaus zu Spannungen wie in Frankreich kommen. Dort gehen die Zuwanderer auf die Straße, randalieren ob ihrer aussichtslosen Situation. Hohe Arbeitslosigkeit und damit verbundene Wohlstandsarmut, das Gefühl abgehängt zu sein. Die Gründe, mangelnde Qualifikation für den Arbeitsmarkt und das Fehlen von Arbeitsplätzen für eben diese Menschen, diese Gründe wollen sie nicht akzeptieren. Religion und eine völlig andere Lebensweise und Auffassung, mangelnde Sprachkenntnisse und berufliche Qualifikation, fehlende Unterkünfte, natürlich der Menschenwürde und den Menschenrechten geschultert, all dies sorgt für Unruhen!

Und genau diese Gefahr droht Deutschland auch. Wenn die Konjunktur einbricht, das Geld für soziale Wohltaten nicht mehr im heutigen Maße zur Verfügung steht, also Brot und Spiele der

Neuzeit, dann wird es eskalieren. Ich sehe schon die entsetzten Gesichter unser Politiker und höre ihre scheinheiligen Argumente. Das haben wir nicht erwartet, wie konnte denn so was geschehen! Das alles war doch nicht voraus zu sehen und und! Da sind wieder alle schuldig. Nur die Verursacher, nämlich die Politiker, nicht. Und wie schnell dann die Wohlstandsgutmenschen von der Bildfläche verschwinden...!

Unser Bundespräsident wundert sich in seiner Rede zum „Weltflüchtlingstag", was es alles so gibt, über die mangelnde Bereitschaft in der heutigen Zeit Flüchtlinge auf zunehmen. Nach dem Kriege als Deutschland arm und zerstört war habe man Millionen aufgenommen und erfolgreich integriert. Und wir sind doch so ein reiches Land, da müsse man dies doch verkraften. Auch er ist eben Politiker, kennt oder will den Unterschied von der Nachkriegszeit zu heute nicht oder will ihn nicht akzeptieren. Ich habe den Unterschied schon aufgeführt.

Ich bin mir nicht im Klaren ob hinter den Flüchtlingsströmen nicht ein Plan steckt. Es ist auffällig dass vor allem im Jahr 2015 die Anzahl der Flüchtlinge, nicht nur aus Kriegsgebieten, so exorbitant angestiegen ist. Der Krieg in Syrien geht nun schon ins vierte Jahr! Die sogenannte Armut in den ehemaligen Ostblockstaaten und auch in Afrika ist ebenfalls nicht neu! Ob nur die sozialen Wohltaten einiger Länder die Ursache sind?

Zum Schluss dieser Thematik ist zu bemerken dass die USA, eigentlich der Urheber dieser Katastrophen ist, bewusst oder unbewusst. Ich lasse es mal dahingestellt. Wer begann die Kriege in den jetzt so gebeutelten Ländern unter fadenscheinigen Gründen! Im Irak suchen sie noch heute nach Atomwaffen.....! Dies war ja nur ein Vorwand um einen unsinnigen Krieg zu beginnen. Was wurde der damalige Außenminister Westerwelle, FDP, dafür beschimpft dass er eine Zusage Deutschlands zur Teilnahme an diesem Krieg im Namen der Bundesregierung verweigerte. Und das selbe Spiel macht man jetzt mit der Ukraine. Nach Beendigung der Kriege durch die USA verließ man die Länder und hinterließ einen Scherbenhaufen. Mit den Folgen müssen die Europäer leben! Nicht der Tausende Kilometer entfernte Verursacher!

Islamophobie

Grundsätzlich respektiere und akzeptiere ich jede Religion oder Glaubensrichtung! Das „Ausleben" der Religionen oder Glaubensrichtungen aber nur in den Herkunftsländern. Lebensart und auch Kleidung der jeweiligen Religionen oder Glaubensrichtungen in der Öffentlichkeit haben hinter den Gesetzen des jeweiligen Landes und den Lebensweisen der indigenen Bevölkerungen zu stehen, in welche man zu- oder einwandert. Dies ist nicht gegen die Menschenrechte! Diese Anpassung ist dringend notwendig um die so oft beklagte Ausgrenzung und damit verbundene Konflikte zu vermeiden!

Islamophobie hat nichts mit Fremdenfeindlichkeit zu tun. Dieser Begriff bedeutet Aufklärung je nach Interpretation. (die Welt am 28.10.14) Wird aber wie so viele Begriffe nach Gesinnung missbraucht um jegliche Kritik am Islam zu unterbinden. Keinesfalls ist es eine Krankheit wie der Begriff interpretiert werden kann! Dies wird vorwiegend in Europäischen Ländern mit Demokratie so tituliert! Man kann daraus schließen, dieses Thema wird auf Rücksicht des Islams so tabuisiert. Warum eigentlich? Sich mit diesem Thema zu beschäftigen ist ja durch den relativ ungehinderten Zuzug dieser Religion notwendig geworden. Durch die ungehemmte Zuwanderung aus Ländern mit Islamischem Glauben sind natürlich Probleme aufgetreten. Die zu bestreiten ist absolute Ignoranz und Realitätsfremd! Es passt halt nicht in das Bild der so heilen Welt Bundesrepublik. Jeder der sich mit dem Islam beschäftigt und kritisch auseinander setzt gilt als Fremdenfeindlich und Rassist. Es ist unerträglich wie die Politiker, je nach Gesinnung, durch falsche Interpretation von Begriffen Stimmung machen. Den streng Konservativen Islam als nicht gefährlich zu benennen sondern zu verharmlosen ist leichtfertig und dumm. Ich akzeptiere wie schon erwähnt die Islamische Religion so wie alle andere Glaubensrichtungen und deren Lebensweisen. Aber nur in ihren Herkunftsländern! Dort können und sollen sie ihren Glauben ausleben! Ich mag die penetrante Missionierung nicht in den Ländern welche sie aufgenommen haben. Diese Duldung hat nichts mit Menschenwürde oder Freiheitsrecht zu tun. Und es wird, teilweise haben wir es ja schon, sich eine Paralellgesellschaft bilden mit allen negativen Folgen. Und dies zeigt mit aller Deutlichkeit dass das schon als Kult Wort stigmatisierte „Multi- Kulti" nicht funktioniert. Bei Zuwanderung von Menschen aus Ländern in denen die Religion dominiert und über allen anderen Gesetzen steht geht das nicht. Wo Paralellgesellschaften entstehen hat die Integration vollkommen versagt. Und dieses Versagen ist ein Versagen der Politik! Damit ist die Islamisierung Deutschlands und auch Europas nicht auf zuhalten. Dies liegt an der Realitätsfremde der Politiker und an der bestehenden Angst eben vor dieser Glaubensrichtung deren zu viel Entfaltung zugestanden wurde und auch noch wird. Auch unter Missachtung unserer Regeln und Lebensweise. Diese Entfaltung auf das Grundgesetz zu schieben ist Unfähigkeit! Aber die Politik und auch unsere Justiz legt ja Gesetze so aus wie es gerade genehm ist! Das ist diesem Land und anderen Ländern in Europa nicht dienlich. Bedauerlicherweise sehen die Politiker und Gutmenschen es nicht so. Zugleich ist dies ein Versagen des Staates.

Über keine Religion wird in Deutschland und auch Europa so diskutiert wie über den Islam. Warum gibt es vorwiegend mit Menschen aus Arabischen und anderen vom Islam geprägten Ländern Probleme mit der Integration? Dies nicht nur im so „fremdenfeindlichen und rassistischen" Deutschland, sondern in anderen Staaten auch! Diese Frage sollte und muss man diskutieren! Ich kann nur bedingt eine Antwort darauf geben. Und das ist eine ganz heikle Sache in diesem bezüglich Gesetzen und deren Auslegung zum Weichei mutierten Staat! Auch dies ist Anzeichen von Dekadenz! Es wird durch die momentanen Flüchtlingsströme nicht einfacher. Zwei von drei Flüchtlingen sind Muslime!

Man darf aber nicht den Fehler begehen alle Islamgläubigen in einen Topf zu werfen. So wenig wie es „den Christen, „den Buddhisten" oder „den Hindu" gibt. In all diesen Glaubensrichtungen oder Religionen gibt es Unterschiede der Auslegung des Glaubens. Im Islam sind die Sunniten und Aleviten gemäßigter als der konservative Islam. Darum sind sie auch in Konservativen Islam Staaten nicht gerne gesehen und werden teilweise auch verfolgt.

Die Mehrheit der in Deutschland und Europa lebenden Muslime legt den Koran mit seinen Suren friedlich aus. Dennoch vermisse ich den Protest in der Öffentlichkeit dieser friedlichen und angepassten Muslime bezüglich des Agierens der IS und ähnlichen Vereinigungen und Attentaten im Namen Allahs. Duldung kann als Einverständnis verstanden werden! Zudem ist die westliche Welt, vor allem die USA als Urheber, an dieser Entwicklung selbst schuld. Die ganze Misere begann 1979 mit dem Sturz des Schahs von Persien. Zugegeben, das ehemalige Persien war eine Diktatur, aber westlich orientiert und auf dem Weg sich zu demokratisieren. Und dieser Sturz erfolgte mit Unterstützung der westlichen Welt. Nun verhalf man Kohmeini an die Macht. Wäre er damals in Paris, seinem Exilaufenthalt „verunfallt", dann wäre der Welt mit Sicherheit viel erspart geblieben. Das Ergebnis ist bekannt! Es gibt durchaus, dies ist die Mehrheit in Deutschland, den gemäßigten und angepassten Mitbürger mit muslimischem Glauben. Die Behauptung von Politikern der Islam gehöre zu Deutschland ist nicht begründbar. Kein Islamischer Staat käme auf die Idee, das manchmal geduldete Christentum als Bestandteil des Staates zu sehen!

Aber die Politiker stellen oft Behauptungen jenseits der Realität auf! Diese Behauptung ist nichts anderes als die Kapitulation gegenüber dieser Religion. Warum so frage ich, wird beim Buddhismus, Hinduismus, Sikhs oder anderen Glaubensgemeinschaften diese Diskussion nicht geführt? In Deutschland leben, Stand 2014, 270 Tsd. Buddhisten, 200 Tsd. Juden, 120 Tsd. Hindus, 60 Tsd. Jesiten, 5 bis 10 Tsd. Sikhs sowie rund 10 Tsd. weitere Glaubensgemeinschaften. Das sind an der Gesamtbevölkerung rund 0,8 %. Islam gläubige Menschen, geschätzt 4,5 Millionen, gleich 5,5 %. Eine genaue Zahl gibt es nicht, warum? (Quelle Wikipedia) Diese Religionen sind nicht aggressiv! Warum gibt es vorwiegend mit Menschen Islamischer Religion Probleme? Es liegt an der Permanenz ihre Religion auch in Ländern mit anderer Kultur ausleben zu wollen. Und dieses Getue ob des Islams ist nichts anderes als Resignation des Staates vor dieser Glaubensrichtung. Die Ursache dass es so weit gekommen ist liegt eindeutig an der Politik und der Anwendung und Auslegung der Gesetze in Deutschland. Die Gesetze nicht anzuwenden ist dekadent! Nur die in Deutschland lebenden friedlichen und angepassten Muslime sind Bestandteil der Bevölkerung. Den konservativ Islam gläubigen Menschen wurden und werden aus falscher Toleranz zu viele Dinge gestattet. Damit wollte man die Integration dieser Menschen fördern. Aber genau dies war und ist der falsche Weg. Integration bedeutet Anpassung und Einhaltung der Rechte und Gesetze sowie an Gepflogenheit und Lebensweise des jeweiligen Landes! In Deutschland läuft es aber umgekehrt! Wenn die Dominanz einer Religion unter Multi Kulti fällt, dann bekommt dieser Begriff eine ganz andere Bedeutung! Gemessen an der Gesamtbevölkerung ist der Anteil der Türkisch stämmigen Menschen, etwas über 2,5 Millionen 2014, Mengenmäßig zu vernachlässigen. Eine Paralellgesellschaft ist dennoch festzustellen. Vor allem in Ballungszentren der Großstädte. Nun geht es in diese Richtung ja weiter. Mit einem neuen Gesetz möchte die grün-rote Regierung in Baden Württemberg nun die Chancengleichheit für Islamische Mitbürger. Auch den Aleviten. Sie sollen das Recht bekommen an ihren religiösen Feiertagen nicht zur Arbeit zu müssen um in die Moschee gehen zu können. Man nennt dies Partizipations- und Integrationsgesetz! Gilt dies auch für Buddhisten, Juden und andere Glaubensrichtungen? Wenn nicht ist es gegen das Grundgesetz! Ich habe dies schon im Buch" Lobbyismus" geschrieben! Verantwortlich dafür ist die Integrationsministerin Bilka Öney, SPD.(Quelle SZ 12.5.15) Dieses Ministerium ist so unnötig wie ein Kropf! Bei konsequenter Anwendung der Gesetzeslage! Offensichtlich tun sich Politiker mit Türkischen Wurzeln schwer, trotz aller Beteuerungen, sich neutral diesbezüglich zu verhalten. Dies gilt auch für Minister im Bundestag. Ich bin kritisch gegenüber solcher Politiker. Mit Ausländer Feindlichkeit hat dies nichts zu tun. Diese Personen sind Deutsche Staatsbürger! Gerade darum habe ich damit ein Problem. Und dies alles mit der Begründung der Menschenrechte. Im Islam haben Menschenrechte wie die westliche Welt sie versteht keinen Platz! Ganz im Gegenteil. Diese Werte widersprechen dem Koran wenn er radikal ausgelegt wird. Und darum will ein Teil dieser Menschen nicht nach unseren Regeln leben. Müssen sie ja auch nicht wegen der Menschenwürde! Bedenklich ist dieser Zustand vor allem bei hier geborenen Kindern dieser Volksgruppen. Ich gehe im Kapitel Politik näher darauf ein. Sie sind in einen Laizistischen Staat gekommen. Niemand hat sie dazu gezwungen! Nun wird die Trennung von Staat und Kirche in Deutschland allerdings auch nicht eingehalten. Siehe Kirchensteuer. Wenn Kirche und Staat getrennt sind darf der Staat eigentlich auch keine Kirchensteuer per Gesetz einziehen. Von der Bezahlung hoher kirchlicher Würdenträger ganz zu schweigen! Heute beklagt man, außer den Linken und Gutmenschen natürlich, dass die dritte Generation der Zuwanderer aus islamischen Ländern sich schlechter integriert als die der 60- Jahre. Die erste Generation dieser Zuwanderer passte sich der Lebenssituation der neuen Heimat an. Mangels Zugeständnisse ihren Lebensstil hier ausleben zu können blieb ihnen nichts anderes übrig. Heute ist dies ja anders und absolut überzogen. Dies hat mit Menschenrechten nichts mehr zu tun. Und die mancherorts vorhandene Gettobildung macht ja eine Anpassung nicht notwendig. Wir haben mit den Türken eine Parallel Gesellschaft! Wer dies in unserer Gutmenschenrepublik bestreitet, dem empfehle ich die Lektüre „Neukölln ist überall". Auch wenn diese Tatsache nicht genehm für die vorwiegend Linken ist. Die Politiker in Deutschland bestreiten dies auch. Warum? Sind sie sich im Klaren dass sie nichts mehr an der Dominanz des Islams in Deutschland ändern können! Ursächlich war und ist aber die Politik mit unserer Justiz. Und wenn ich höre, bei Erwerb von Wohneigentum in Deutschland unterstützt der Türkische Staat dies durch finanzielle Zuwendungen, vom Bau der Moscheen ganz zu schweigen, dann ist mir nicht mehr ganz wohl! Man braucht nicht all zu viel Phantasie wohin dies führen kann! Man lebt auch teilweise mit üppiger staatlicher Unterstützung in einer eigenen Welt. 363 Tausend Türkische Mitbürger beziehen Hartz-4 und kosten rund 1,8 Milliarden im Jahr. (Quelle T-online 2014) Warum soll man sich denn anpassen, die Sprache lernen oder sich gar integrieren? Die indigenen Deutschen werden sich schon anpassen. Dafür sorgt schon teilweise die Justiz und das Damoklesschwert ob der Vergangenheit im letzten Jahrhundert. Bin gespannt wann in Deutschland das Kirchengeläut verboten wird mit der Begründung es sei ein religiöses Symbol. Oder aber den Muslimen wird stündlich der Aufruf zum Gebet von der Moschee gestattet! Bei unserer Rechtsprechung wird dies nicht mehr lange dauern. Dass das Geläut der Kirchenglocken traditionell die Uhrzeit kundtut und nur ganz bedingt mit Religion zu tun hat, dies wird keine Rolle spielen! Da knickt die Justiz wie bei so vielen Gesetzen wieder ein. Der Staatsgründer der Türkei, Kemal Atatürk, hatte den Weg der Trennung Religion und Staat eingeschlagen. Recept Erdogan ist auf dem Wege dieses rückgängig zu machen. Was soll die Türkei somit eigentlich in der EU? Grundsätzlich haben sich Zuwanderer oder Einwanderer unseren Gesetzen und Regeln zu fügen. Dann braucht man kein Ministerium für Integration! Aber unsere teilweise dekadente Politik und Rechtsprechung mit unverständlichen Urteilen ist zur Einhaltung und Durchsetzung nicht in der Lage. Bedauerlicher Weise ist die Deutsche Justiz auch schon Islam unterwandert! Die Zugehörigkeit einer Nationalität und Glaubensrichtung als Strafminderung anzuwenden, dies ist eindeutig Rechtsbeugung! Die Burka zu verbieten, in Deutschland gibt es ein Vermummungsverbot, ist nicht gegen die Menschenwürde. Dies gilt allerdings nur bei Demonstrationen um eine Identifizierung nicht zu behindern. Und wie so viele Gesetze in dieser Republik ist dieses Gesetz nicht eindeutig! Die Burka verhindert die Identifikation der Trägerin. Somit fiele dies unter das Vermummungsverbot! Die Burkas aber werden aus religiösen Gründen getragen und somit kommt dieses Gesetz nicht zur Anwendung! Ich brauche die Vermummung als Staatsbürger dieses Landes nicht. Es ist gegen meine persönliche Freiheit meinem Gegenüber nicht ins Gesicht sehen zu können! Da die konservativen Muslime freiwillig nicht auf die Burka verzichten, Rücksicht auf anders denkende und Lebende sind nicht ihr Ding, gehört es eben verboten. Aber dieses Verbot durchzusetzen, in Frankreich, Luxemburg und Belgien ist es bereits Gesetz, scheitert an der Angst vor der Reaktion der Muslime! Ist das wieder Menschenfeindlich? Und es ist auch gegen die Menschenwürde der Frauen, welche gezwungen werden, diese Maskierung zu tragen. Deren Rechte nach Deutschem Gesetz werden damit ausgehebelt. Es würde mich nicht wundern wenn die Polizei angehalten ist, bei eventuellen Kontrollen nicht zu verlangen die Burka ab zunehmen. Wie kommen die eigentlich durch den Zoll? Dies wiederum ist gegen den Grundsatz Staat und Kirche oder Religion zu trennen. In ihren Heimatländern können sie das ja tun. Genauso verhält es sich mit dem Kopftuch Urteil. Dieses Urteil zementiert doch eine Parallel Gesellschaft. Durch das Kopftuch, so wie es getragen wird, ist die Herkunft und die Glaubensrichtung offensichtlich erkennbar. Wo bleibt die Menschenwürde der Menschen welche sich daran stören? Hat die Bevölkerung in Deutschland auch noch Menschenrechte? Dies und vieles andere zu tolerieren ist nicht Toleranz, sondern der Anfang von Unterwanderung! Auch das ist dekadent! In Deutschland werden Kreuze aus Schulen und öffentlichen Gebäuden abgenommen, weil die Islamisten sich daran stören könnten! Dies war ja schon immer ein Thema. Aber durchgesetzt wurde es erst mit der Zunahme von Muslimen um deren Menschenrechte- und Würde nicht zu verletzen. Das Kopftuch aber ist laut Bundesverfassungsgericht auch in öffentlichen und staatlichen Einrichtungen erlaubt. Atatürk schaffte dies damals in der Türkei ab! Begründung unserer Rechtsprechung sinngemäß: am Körper getragene religiöse Symbole gehören zur persönlichen Freiheit laut Grundgesetz. Auch da wird das Grundgesetz missbräuchlich genannt. So steht es nämlich nicht drin! Artikel 4 Grundgesetz (1): Die Freiheit des Glaubens, des Gewissens und die Freiheit der religiösen Weltanschaulichen Bekenntnisses sind unverletzlich. (2): Die ungestörte Religionsausübung wird gewährleistet. Jetzt wird es schwierig. Wenn das Kopftuch unter Zwang aus religiösen Gründen getragen wird oder werden muss, dann wiederspricht es dem Grundgesetz. Zwangsläufig gilt es dann auch für die Burka! Burkas und Kopftuch wie sie die Muslime tragen, ist religiöses Bekenntnis. Dies gehört in die jeweiligen Gotteshäuser, in den privaten Bereich und nicht in die Öffentlichkeit! Erst recht nicht in Behörden! Das ist mit der Möglichkeit der Religionsausübung laut GG Artikel 4 gemeint. Ist wie alles Betrachtung und Auslegungssache der Justiz! Ein Vergleich mit Nonnen und Padres ist nicht zulässig. Deren Kutten und Kleidung ist mehrheitlich Arbeitskleidung. Darum sollen sich Würdenträger der Islamischen Glaubensrichtung durchaus in ihren Kafkas in der Öffentlichkeit bewegen. Bin mal gespannt, wenn alle Christlichen Lehrkräfte oder im Kindergarten tätige Kräfte ein großes, sichtbares Kreuz tragen, was dann? Denn dies würde den strenggläubigen Muslimen nicht gefallen! Die Reaktion unserer Justiz ahne ich schon! Dies hat aber mit Menschenrechten nichts zu tun. Dies ist Unfähigkeit der uns Regierenden und auch der Justiz. Und die Dementis einiger Politiker es sei nicht angedacht Christkindlmärkte in Wintermärkte oder Weihnachtsferien in Winterferien um zu benennen, laut Herr Kauder CDU, wird sich wie so vieles als Lüge heraus stellen. Ebenso wird ein Muslimischer Feiertag kommen! Die praktizierte Zwangsheirat, die teilweise Unterdrückung der Frauen und damit deren Rechte nach Deutschem Gesetz, wird eben von diesem Staat geduldet. Eine Religion aus der man nicht konvertieren kann und dies mit dem Tode bestraft wird, Frauen wegen Ehebruch gesteinigt werden, Zwangsheirat üblich ist, Hände abgehackt und Peitschenhiebe verabreicht werden, ist dies ist eine Religion? Mit Sicherheit nicht nach westlicher Auslegung. Dies ist absolute Diktatur und finsteres Mittelalter. Und eigentlich gehört diese Art von Islam in Deutschland verboten denn der radikale Islam verstößt permanent gegen das Grundgesetz. Daran erkennt man die Schwäche und Unfähigkeit unserer Justiz, einschließlich der Politik! Für dieses Verhalten unsere Demokratie verantwortlich zu machen ist eine faule Ausrede. Eben oder gerade in einer Demokratie ist die konsequente Anwendung von Gesetzen unerlässlich. Ansonsten wird aus dieser Demokratie eine Bananen-republik. Die ersten Triebe der Frucht sind erkennbar! Ich möchte hier nicht weiter darauf eingehen. Die Probleme sind hinreichend bekannt.

Die Penetranz mit der die Muslime in Deutschland agieren sieht man daran dass ihr Boss in Deutschland Wahlkampf macht. Dies darf er laut Verfassung der Türkei eigentlich nicht. Aber die ist Herrn Erdogan gleichgültig. Eigentlich Verhalten sich so nur Dikta-toren! Von der Reaktion und Äußerungen der an den Kundgebun-gen teilnehmenden Türken möchte ich erst gar nicht reden.

Die konservativen und radikalen Islamisten sind die eigentliche Gefahr, nicht der Muslim an sich!

Solange sich die Muslime nicht auf eine für alle zuständigen Zentralrat einigen, solange können sie nicht mit einer Religion ver-glichen werden wie wir es bei den Christlichen und auch Jüdischen Religion kennen. Die verschiedenen Glaubens-Richtungen oder Auslegung des Korans wie es gerade passt, dies ist das Problem. Und es ist lächerlich wie die Regierung und Justiz auf Salafisten, Hassprediger und die Penetranz zur Durchsetzung deren Dogmen reagiert. Solche Menschen gehören sofort ausgewiesen! Diese Dul-dung ist nicht nur Dekadenz sondern absolute Unfähigkeit, ja schon Aufgabe unserer Rechtsordnung! Mit Willkommens Kultur oder Menschenrechten hat dieses Verhalten nichts gemein. Ein Bei-spiel ist der Iman welcher einer Politikerin den Handschlag ver-weigerte. Er gehört sofort ausgewiesen. Nicht wegen der Verwei-gerung des Handschlages. Dies ist eine Frage der Höflichkeit und des Respekts. Aber wegen der Bemerkung, weil sie eine Frau ist! Diese Bemerkung ist gegen das Grundgesetz! Und dies auch noch von einem Iman welche doch angeblich unser Grundgesetz akzeptieren und in den Moscheen weitergeben! Und die Argumentation von Politikern und Gutmenschen, diese genannten Fakten seien nur ganz wenige Ausnahmen, dies ist schön geredet.

Dass der Islam auf dem Weg zur „Weltreligion" ist und damit auch zur Weltherrschaft wird, dies ist so wie es sich darstellt nicht mehr auf zuhalten. Allein die Population und die damit verbundene Armut in den islamischen Ländern sorgt dafür. So auch in Afrika. Armut darum, es gibt so gut wie keine tragfähige Ökonomie in diesen Ländern. Nur das Öl sorgt noch für etwas Wohlstand. Und dieser Wohlstand steht im großen und ganzen nur der Elite dieser Staaten, den Herrschenden zur Verfügung. So ist es ja auch in Afrika. Sprudelnde Ölquellen und damit die Geldquelle sind nun mal endlich! Und dann? Die westlichen Weichei Staaten sind gegen diese Entwicklung so ziemlich hilflos. Aber auch teilweise Verursacher dieser Entwicklung.

Der Wahn die Demokratie auf der ganzen Welt ohne Beachtung der Kulturen zu verbreiten ist auch ein Grund. Während der einzelnen Diktaturen in Ländern wie Iran, Irak, Ägypten und viele mehr, hatten wir diese Probleme auf der Welt in dieser Größenordnung nicht. Mag sein dass nach westlichen Werten Diktaturen unmenschlich sind. Aber Fragen sie mal heute die Menschen in den von der Diktatur entsorgten Regionen. Geht es ihnen heute besser? Die Antwort geben die Flüchtlingsströme! Stammeskriege und religiöse Auseinandersetzung, vor allem in vom Islam geprägten Ländern, sind die Folgen des Demokratisierung Versuches. Es ist schlicht und einfach nicht machbar die Errungenschaft Demokratie, sie brauchte Jahrhunderte, in Länder mit 400 Jahren rückständiger Denkungs- und auch Lebensweise bedingt durch den Glauben von vor über 1 400 Jahren, zu implantieren. Und in dieses Zeitalter möchte offensichtlich die IS zurück! Dieser Irrglaube wird der westlichen Welt noch weh tun! Und dass die Politik, nicht nur in Deutschland, stets scheinheilig agiert ist sichtbar. Saudi Arabien, die Emirate usw. sind lupenreine islamische Staaten mit den Gesetzen der Schahira.

Aber da sie über Öl verfügen gehören sie zu den „ Guten Islam Staaten" und sind Freunde des Westens. Auch dies geht nicht mehr lange gut! Die Welt machte in den letzten Jahrhunderten enorme Fortschritte in Forschung, Technik und Entwicklung. Was davon kam da von der Islamischen Welt? Ohne das Öl wären diese Länder noch im Mittelalter. Und der Widersinn der Islamischen Revolution und Durchsetzung des Islams gegen die westliche Welt liegt darin, ihre Interessen eben mit Hilfe der Ungläubigen durch zusetzen. Die IS, und nicht nur die, setzt Waffen und Fahrzeuge aus den Ländern ein welches sie bekämpfen und islamisieren wollen. Würden die dekadenten Staaten welche das Gerät liefern damit aufhören, dann wäre dieses Affentheater bald erledigt. Aber wer glaubt wenn Deutschland keine Waffen exportiert ginge dies zu Ende der irrt. Diese Geschäfte machen eben dann die Anderen! Mit Kamelen, Schwertern und Vorderladern kann man keinen Krieg führen. Das war einmal. Der Islam wird der zur Dekadenz neigenden westlichen Welt und damit auch Deutschland seine Grenzen aufzeigen und langfristig auch beherrschen! Die von westlichen Kulturen eingeforderten sogenannte Menschenrechte und die Menschenwürde gehen einher mit Verweichlichung wenn sie überzogen werden! Und es würde mich nicht wundern wenn im dekadenten Deutschland verwundete IS Kämpfer nach ihrer Rückkehr gesund gepflegt würden. Natürlich auf Krankenschein und somit auf Kosten der Beitragszahler. Das hat es schon gegeben. Nachdem der IS Kämpfer aber spitz bekommen hatte dass die Polizei nach ihm fahndete um als Beweis seiner Teilnahme am heiligen Krieg einen Granatsplitter zu sichern war er auf einmal weg. Heilig ist dieser

Krieg nur für Islamisten. Ist solch eine Behandlung von Verletzungen der Menschenwürde geschuldet?

Und es ist borniert von den sogenannten zivilisierten Ländern, vor allem den westlichen Nationen, einen Glaubenskrieg gegen den Islam gewinnen zu können. Und dies unter Berufung auf technische Überlegenheit. Diese vermeintliche Überlegenheit durch die Technik ist die Achillesferse. Diese technische Überlegenheit ist auf Grund ihrer Komplexität sehr angreifbar. Die scheinbare Überlegenheit macht die IS oder ähnliche radikalen Gruppierungen mit Brutalität wett. Die sogenannte zivilisierte Welt kann gegen den radikalen Islam nicht gewinnen. Die Zivilisation ist das Problem. Zu einer so brutal geführten Kriegsführung ist die zivilisierte Welt nicht in der Lage. Das müsste sie erst lernen. Die animalische Art, Menschenleben spielen keine Rolle, nur die Vernichtung ist das Ziel, dies ist die große Gefahr! Aber dies ist ja symptomatisch für Glaubenskriege! Zudem wird dieser Glaubenskrieg nicht offen geführt. Mit Terroranschlägen versetzen die radikalen Islamisten den „nicht gläubigen" Ländern permanent Nadelstiche. Diese Taktik wird Erfolg haben. Nicht zu unterschätzen ist auch die Anzahl der in Europa und der westlichen Welt schon lebenden Muslime. Länder in Europa mit der Demokratie als Regierungsform tun sich schwer wirksam dagegen zu agieren. Die überzogenen Menschenrechte und lasche Gesetzesauslegung behindert eine Abwehr dieser Bedrohung. Was bewirkt dann die Lahmlegung von Infrastruktur bezüglich Kommunikationstechnik? Die Zentralisierung von Wasser, Telekommunikation und Energieversorgung macht es relativ einfach eine Nation lahm zu legen. Man stelle sich vor durch Stromausfall kann man das Handy drei Tage nicht benutzen. Die Bevölkerung, vor allem die Jugend, wüsste nichts mehr mit sich an zu fangen und wäre dem Wahnsinn nahe! Dazu benötigt man keine Armee. Nicht dass ich etwas gegen den Fortschritt hätte. Aber der Mensch sollte sich nicht zum Sklaven dessen machen! Auch das ist ein Zeichen von Dekadenz. Den Kampf gegen den radikalen Islam kann die westliche Welt im jetzigen Zustand nicht gewinnen. Dazu wäre ein Umdenken und Geschlossenheit der betroffenen Staaten erforderlich.

Der IS wird durch ihre brutale Kriegsführung die USA zwingen mit Bodentruppen ein zugreifen. Nur aus der Luft ist die Bewegung IS scheinbar nicht zu bezwingen. Bei den heutigen technischen Möglichkeiten der Überwachung für mich nicht ganz nachvollziehbar! Und dies wird Folgen für die westlichen Verbündeten haben. Es wird ein drittes Afghanistan Desaster geben mit viel schlimmeren Ergebnissen als bisher. Gerade eben dieses Afghanistan hat ja schon gezeigt dass man trotz technischer Überlegenheit in diesen Ländern keinen Krieg gewinnen kann. Russland und Amerika haben dies in zwei Kriegen schon zu bitter zu spüren bekommen. Da in Europa viele Islamisten leben und ein Teil davon auch dem radikalen Islam zugehörig sind, kommt es zwangsläufig zu Unruhen in den Europäischen Ländern. Insbesondere Deutschland ist stark gefährdet. Die Aussagen von IS Kämpfern, wir werden Europa besiegen, diese Drohung ist ernst zu nehmen. Da die Bundeswehr innerhalb Deutschlands nicht eingesetzt werden darf und die für die innere Sicherheit zuständige Polizei Dank der Politik ausgedünnt wurde, wird es den radikalen Islamisten ein Leichtes sein ihre Ziele zu erreichen. Die Verweichlichung der Bevölkerung tut das ihrige dazu. Unsere Rechtsprechung macht diese Angelegenheit nicht leichter. Dass durch die Flüchtlingsströme auch uns nicht gut gesinnte Menschen kommen werden will man ja nicht wahrhaben. Es ist gegen unsere so gepflegte Gutmenschenmentalität.

In einem ist der Islam der westlichen Welt, auch in Deutschland, voraus. Die Erziehung und der Respekt gegenseitig, vor allem gegen Kinder und Älteren ist ausgeprägter. Bedauerlicher Weise aber leider meistens nur gegenüber den eigenen Landsleuten mit der zugehörigen Glaubensrichtung!

Dies war auch in Deutschland einst Grundlage des Zusammenlebens. Aber in der zum Weichei Staat degenerierte Bundesrepublik gelten eben diese Attribute nur noch verbal. Die Realität ist eine Andere.

Ich hatte Mitarbeiter islamischen Glaubens. In all den Jahren gab es nie Probleme. Sie waren fleißig, verantwortungsvoll und immer höflich und freundlich. Bei Gesellschaften tranken viele keinen Alkohol. Dies wurde stets akzeptiert und es gab nie dumme Bemerkungen. Diese jungen Leute waren in Sportvereinen und anderen Gesellschaften involviert. Mit einem Älteren hatte ich Probleme. Er konnte eine Frau aufgrund seiner Glaubensauslegung als Vorgesetzte nicht akzeptieren. Ich habe ihn dem freien Arbeitsmarkt zur Verfügung gestellt. Ob es gegen die Menschenwürde war, diese Frage stellte sich für mich nicht! Ich habe versucht ihm zu erklären dass in Deutschland nach dem Gesetz Frauen und Männer gleichberechtigt sind. Die Gesetze gelten für Deutsche war seine Antwort! Das war es dann. Dass dieses Gesetz in Deutschland nicht durchgehend ist, dies ist ein anderes Thema. Wie schon erwähnt, ein Großteil der hier lebenden Menschen islamischen Glaubens machen absolut keine Probleme. Und die sind willkommen, aber eben nur die!

Die Behauptung, die Gastarbeiter aus der Türkei hätten Deutschland mit aufgebaut und den Wohlstand erst ermöglicht ist schlicht und einfach falsch! Die ersten Gastarbeiter aus der Türkei kamen Mitte/ Ende der sechziger Jahre. Da war das Wirtschaftswunder schon im Gange. Der Aufbau Westdeutschlands so gut wie erledigt.

Dass überhaupt Gastarbeiter aus der Türkei kamen hatte damals vorwiegend politische Gründe auf Drängen der USA. Sie wollte damit den NATO Partner Türkei, damals ein ganz enger Partner der USA, politisch stabilisieren indem die damals hohe Arbeitslosigkeit in diesem Land abgebaut wurde. Westdeutschland noch nicht souverän als Vasall der USA konnte nicht anders! Der Aufenthalt war ursprünglich auf zwei Jahre beschränkt. Daher der Ausdruck „Gastarbeiter"! Gingen alle Türkische Mitbürger Weltweit in ihr Ursprungsland zurück würde der Türkische Staat kollabieren!

Den Koran mit der Bibel zu vergleichen ist nicht haltbar. Auch wenn Ähnlichkeiten nicht zu verleugnen sind. Bezüglich der Jungfrauen im Paradies sprach auch die Katholische Kirche bei den Kreuzzügen von Himmlischem Lohn. Aber im Gegensatz zum Islam mit dem Koran hat sich die christliche und westliche Welt weiterentwickelt. Dieser Prozess war für die katholische Kirche sehr schmerzhaft. Aber er war richtig. Nun prallen halt in der Religion Mittelalter und Moderne auf einander Und nicht nur da. Dennoch haben beide Religionen laut Schriften so ziemlich die gleichen Wurzeln.

Warum die Bibel und der Koran als heilige Schriften deklariert werden entzieht sich meinem Verständnis. Beides sind schlicht und einfach Bücher! Ob das Geschriebene was mit heilig zu tun hat ist Betrachtungssache. Was bei den Katholiken bis ins siebzehnte Jahrhundert die Hexenverbrennung war und dies trotz der zehn Gebote, ist im Islam die Verfolgung und Tötung der Ungläubigen.

In den zehn Geboten ist Gewalt nicht das Thema. Anders bei den Suren. In Sure 47 I Vers 4 Mohamed steht geschrieben, wenn ihr Ungläubige trefft, dann herunter mit dem Haupt, bis ihr ein Gemetzel unter ihnen angerichtet habt, den Rest legt in Ketten. Das habe ich in den zehn Geboten noch nicht finden können. Dem aber widerspricht Sure 5 I Vers 32, wenn einer jemand tötet ist es so, als ob er alle Menschen getötet hat. Bestimmend für den radikalen Islam ist jedoch Sure 8 I Vers 39. Hier steht geschrieben, kämpft gegen sie (die Ungläubigen) bis es keine Verfolgung mehr gibt und die Religion gänzlich Allahs ist. Dem Gegenüber steht im neuen Testament unter anderem ich aber sage euch: Liebet eure Feinde, segnet die die euch verfluchen, tut Gutes denen, die euch hassen. Matthäus 5,44. Die Männer stehen über den Frauen, und wenn ihr fürchtet, dass Frauen sich auflehnen, dann vermahnt sie. Sure 4 I Vers 34. Genau dieser Widerspruch und Auslegungsmöglichkeiten machen den Islam unberechenbar. Aus diesem Grund kann er nicht zu Deutschland gehören! Und Menschen denen der Glaube und dessen Gesetze über denen unseres Staates stehen haben hier nichts zu suchen! Diese Duldung ist nicht nur dekadent sondern dumm. Der Staat hat die Verpflichtung seine Bürger zu schützen. Offensichtlich steht diese Verpflichtung hinter den sogenannten Menschenrechten und der angeblichen Humanität! Wo bleiben diese Werte der eigenen Bevölkerung? Diese Personen, Hassprediger und Gotteskrieger, auszuweisen ist nicht gegen die sogenannte Menschenwürde sondern zwingend notwendig. Die Dekadenz der Regierung lässt aber eine entsprechende Anwendung von Gesetzen nicht zu. Und die Karlsruher Richter, ich habe es schon einmal erwähnt, sind dem Islam auch schon hörig mit dem Kopftuch Urteil. Die Begründung dieses Urteiles: am Körper getragene religiöse Symbole sind zulässig. Aber dieses Urteil steht im Widerspruch. In öffentlichen Gebäuden wie Schulen, Behörden und auch Gerichten, mussten Kruzifixe und ähnliche Christliche Symbole entfernt werden um anders Gläubige nicht zu brüskieren. Das Kopftuch ist eindeutig ein Glaubenssymbol der Islamisten. Von der Unterdrückung der Frauenwürde ganz zu schweigen. Es ist nicht zu überprüfen ob die Frauen dieses Glaubenssymbol freiwillig oder unter Druck tragen! Nun hat die Dekadenz auch schon die Justiz befallen! Noch einmal, ich stelle mir vor Lehrkräfte oder Betreuer in den Kitas tragen als Christen offen ein gut sichtbares großes Kreuz um den Hals...! Da dies den überzeugten und auch radikalen Muslimen deren Kinder in diesen Einrichtungen sind nicht gefallen würde, bekäme aber unsere Rechtsprechung ein Problem! Die Antwort darauf und das Urteil unserer Weichei Rechtsprechung kann ich mir schon denken...!

Wahrscheinlich kommen bald separate Kindergärten und getrennte Schulklassen. Dies wäre enorm förderlich für die Integration! Vor allem der Menschenwürde und Menschenrechte würde man gerecht! Dass die Linken noch nicht darauf gekommen sind?

Und wenn die IS Kämpfertypen den deutschen Pass haben und einen anderen, dann gehört der Deutsche Pass entzogen. Das Mitleid mit den angeblich verführten armen Jugendlichen welche zur IS wandern, dies hält sich bei mir in Grenzen. Es ist eine Frage der geistigen Potenz dieser Jugendlichen! Wenn mir einer erzählt ich müsse mich in die Luft sprengen um ins Paradies zu kommen, mit zig Jungfrauen und was sonst noch alles, dann müsste ich ihm die Frage stellen warum er eigentlich dies noch nicht selbst gemacht hat! Um den Pass zu entziehen ist allerdings eine Änderung im Grundgesetz notwendig. Dies wäre auch zum Schutz der gemäßigten Muslime notwendig und würde eine Diskriminierung dieser Menschen, welche voll integriert und somit auch wertvoll für unser

Land sind, zum großen Teil beenden. Zugegeben, es bräuchte seine Zeit, leider.

Warum nennt man das Christentum und den Islam Religion? Der Buddhismus und der Hinduismus zum Beispiel gelten nur als Glaubensrichtung. Im Großen und Ganzen sind diese Glaubensrichtungen gegenüber den Religionen nicht aggressiv. Ganz abgesehen davon basieren ja die Religionen auf Schriften, Erzählungen und mündlicher Weitergabe seit über zwei Tausend Jahren. Da wurde mit Sicherheit viel hinein interpretiert. Je nach Gusto derer welche jeweils das „Sagen" hatten und ihnen Vorteil brachte. Wissenschaftlichen Forschungen halten viele Aussagen und Behauptungen der Bibel und auch des Korans nicht Stand! Ein Beispiel sind doch die Mauern von Jericho. Die sind nicht eingefallen wegen der Trompeten die da angeblich geblasen wurden. Sondern laut Forschung und Wissenschaft wegen einem damaligen Erdbeben. Das Meer teilte sich nicht damit Moses durchgehen konnte. Auch da war eine Naturkatastrophe ursächlich. Heute nennt man dies Tsunami. Die Ergebnisse der Wissenschaft ist für die Kirche und auch dem Islam ein Dorn im Auge denn sie stellt so vieles in Frage. Die Behauptung der Papst sei ein Nachfolger von Petrus ist so wenig haltbar wie die, dass der Kalif Nachfolger des Propheten sei. Beim Papst kann es schon deshalb nicht sein, derweil durch das Zölibat direkte Nachkommen nicht möglich sind. Über dieses Thema gibt es genügend Literatur. Der Unterschied zu Sagen und ähnlichen Schriften besteht eigentlich nur darin, für beide Schriften gibt es zumindest für die Anfänge, Überlieferungen und auch Zeitzeugen wie Gebäude usw. Alles weitere wurde je nach Bedarf von Menschen hinzu gefügt. Auch in der neueren Zeit gab es ja ähnliches. Die Mao Bibel, mein Kampf, Schriften von Lenin usw., je nach Glaubensrichtung. In der heutigen aufgeklärten Zeit tun sich solche Bücher schwer den Erfolg der Bibel oder des Korans zu erreichen.

Nun ist mit Recht in unserer Verfassung die Glaubensfreiheit garantiert. Als Grundrecht des Menschen. Dieses Recht hört aber da auf wenn eine Glaubensrichtung über eine Andere dominieren will. Damit schränkt sie die Freiheit der Anderen und damit deren Grundrecht ein. Grundsätzlich aber hat sich jede Religion oder Glaubensrichtung den Gesetzen eines demokratischen Landes unter zu ordnen! Da aber schwächelt halt unsere Justiz. Eine Duldung der Missachtung von Gesetzen hat mit Toleranz nichts mehr zu tun!

Auch sind mir alle Radikalen und Extremisten in jeder Form suspekt. Es bleibt dem Leser überlassen mich aufgrund dieses Buches denen zu zu ordnen. Dies aber bedeutet dass es in diesem Lande nicht mehr angebracht ist, Dinge welche aus dem Ruder gelaufen sind, zu benennen! Und dies ist dekadent.

Mit Populismus hat es auch nichts zu tun denn ich zeige realisierbare Änderungen und auch Lösungen auf. Wobei der Begriff Populismus zur Diffamierung anders denkender Menschen oder Parteien missbraucht wird. Populismus ist natürlich auch bei den herrschenden Parteien ausgeprägt. Auch sie versuchen, das versteht man unter Populismus, die Menschen zu beeinflussen. In der Politik ist es dann halt der gute Populismus! Dies ist der Unterschied.

Jeder Mensch der nach Deutschland kommt aus welchen Gründen auch immer, hat sich diesem Land anzupassen. Dies gilt für die Gesetze und auch der Lebensart. Unabhängig von Religion und Lebensgewohnheiten. Erst wenn dies so ist ist man integriert. Wir leben hier, noch, in einem freien Land und dem es hier nicht passt oder gefällt kann Deutschland wieder verlassen. Die Argumentation von Zuwanderern Deutschland sei ein freies Land und darum könne man seine Lebensgewohnheiten ausleben, dies müsse die Bevölkerung akzeptieren, ist anmaßend. Dies gilt vor allem für vom Sozialstaat alimentierte Ausländer! Ist das wieder Fremdenfeindlich und Rechtsradikal? Für Gutmenschen und die Linken sicherlich. Wenn ja, dann bin ich es eben für die! Es belastet mich absolut in keiner Weise. Ich stehe zu meiner Meinung!

Getrennte Zubereitung von Essen bei der Bundeswehr (Quelle: Buch Mekka Deutschland, Seite 44), Gebetsräume in Schulen und Krankenhäusern, die Forderung von Trennung Mädchen und Jungen in Schulen, das alles ist die Aufgabe unserer Jahrtausend alten Kultur. Vor allem hat es mit Fortschritt und Multi Kulti nichts mehr zu tun. Dies ist Resignation und Kapitulation gegenüber dem Islam. In spätestens 20 bis 30 Jahren wird es Deutschland und Europa in jetziger Form nicht mehr geben. Damit hat der Islam nun im zweiten Anlauf sein Ziel erreicht! Es sei denn, es kommen mal Politiker welche real denken und handeln. Politiker die sich nicht scheuen die Dinge beim Namen zu nennen und ändern. So eine ähnliche Konstellation gab es 1934 schon einmal. Auch damals schaute man zu lange weg oder zu! Wie weit die Islamisierung in Deutschland und auch Europa schon fortgeschritten ist zeigt das Buch „Mekka Deutschland" des Bestseller Autors U. Ulfkotte. Und was er schreibt kann er belegen. Sollte sich nichts ändern von Seiten der Politik und Justiz, dann werden die Rechtsradikalen zwangsläufig gestärkt und Zulauf bekommen.

Ich stelle nochmals eines in aller Deutlichkeit fest und dies ist mir wichtig. Ich akzeptiere die Glaubensrichtung der Muslime so wie andere Religionen auch. Aber das Ausleben ihrer Religion nur in ihren Herkunftsländern. Ich wehre mich gegen die Missionierung in der gewalttätigen Form und Penetranz in unserem Land und Europa! Und wie weit die Penetranz geht sieht man in Flüchtlingsunterkünften. Wenn Muslime Christlichen Frauen zwingen oder nötigen ein Kopftuch zu tragen, dann geht es zu weit. Solche Flüchtlinge gehören wieder zurück geführt. Man kann davon ausgehen dass solche Menschen auch nach Anerkennung ihres Antrages und Bleiberecht weiter so agieren! Und da beginnt die muslimische Unterwanderung. Jeder Mitbürger, gleich welchen Glaubens, kann und soll unser Land wieder verlassen wenn er seine Glaubensrichtung nach unseren Gesetzen hier nicht ausleben kann. Daran ginge dieser Staat nicht kaputt! Noch sind wir ein freies Land! Zudem diese Missionierung ein Rückschritt ins Mittelalter bedeutet!

Strenggläubige Muslime sind nicht integrierbar! Sie können und werden sich auf Grund ihres Glaubens nicht den Regeln und Gesetzen eines Laizistischen Staates unter ordnen. Die westliche Lebensart steht im krassem Gegenspruch zu ihrer Religion. Somit wird, teilweise haben wir es ja schon, sich eine Paralellgesellschaft bilden! Dies ist für jeden Staat gefährlich und gefährdet langfristig die innere Ruhe und Sicherheit. Es sei denn, der Staat und damit die Bevölkerung passt sich an. Dieser Trend ist erkennbar! Auch dies ist dekadent.

Sollte dies so weitergehen dann wird es zu Unruhen und gewalttätigen Auseinandersetzungen kommen! Und wie immer muss die Bevölkerung für die Folgen einer schwachen und realitätsfremden Politik büßen.

Es ist bedenklich feststellen zu müssen dass bei der momentanen Flüchtlingswelle vorwiegen Menschen des Islamischen Glaubens kommen. Es ist Besorgnis erregend wenn die Golfstaaten

Deutschland den Bau von 250 Moscheen anbietet. Moscheen haben wir ohnehin schon mehr als genug. Dies machen sie nicht aus Menschenliebe! Da wird mit einem dauerhaften Verbleib der Glaubensbrüder in Deutschland und Europa kalkuliert.....!

Nun kocht der Streit in der Türkei mit den Kurden wieder auf. Da von beiden Gruppen Menschen in Deutschland leben wird Deutschland wieder Tummelplatz für gewalttätige Auseinandersetzungen sein. Hatten wir auch schon mal! Ist das der Demokratie geschultert?

Grundsätzlich stehe ich der „Demokratisierung" in seiner Gesamtheit von Islam Staaten sehr kritisch gegenüber. So wie die Westlichen und Christlich geprägten Nationen sich gegen eine Islamisierung wehren, das mit Recht, so sollte der Westen die Regierungsform dieser Länder akzeptieren!

Zum Schluss noch eine Bemerkung. Ich verstehe die angeblich immer noch vorhandene Abneigung gegen Juden nicht. Diese Glaubensrichtung ist uns Deutschen mit Sicherheit näher als der Islam. Und genau mit diesem Islam wird auch der Judenhass zusätzlich in unser Land getragen. Denn im Islam ist dies Bestandteil der religiösen Denke. Die Siedlungspolitik Israels ist unbestritten gegen das internationale Recht. Aber sie ist identisch mit der Politik der IS und manchen anderen Nationen. Die in Deutschland lebenden Juden sind unauffällig und nicht so penetrant zur Durchsetzung ihrer Ziele, wie teilweise Mitbürger islamischen Glaubens. Ich kenne trotz großem Bekanntenkreis keinen Menschen jüdischen Glaubens. Aber viele Islam Gläubige!

Menschenwürde/ Menschenrechte

Grundsätzlich ist jeder erwachsene und gesunde Mensch für sich selbst verantwortlich! Menschenrecht- und Würde hin oder her. Schon im antiken Athen war dies ein Thema und in der Geschichte der Menschheit wurde viel darüber philosophiert. Von Cicero bis Emanuel Kant. Die heutigen Menschenrechte einschließlich der Menschenwürde wurde 1948 in der UN Charta erstmals angesprochen und behandelt. Inzwischen gilt sie verbindlich für fast alle Staaten in dieser Welt.

Die sogenannten Menschenrechte dienten am Anfang eigentlich dazu, die Menschen vor der Willkür von Regierungen in jeder Form zu schützen. Im Grunde genommen sind die Menschenrechte heute die Regeln zur Artgerechten Haltung des Spezies Mensch. Was die Menschenrechte beinhaltet kann man in der Literatur nachlesen.

Vorwiegend in den westlichen und wohlhabenden Staaten spielen diese Begriffe Menschenrecht- und Würde ein große Rolle. In armen Ländern finden diese Begriffe keine oder wenig Beachtung. Aus religiösen, politischen oder wirtschaftlichen Gründen. Menschenrechte muss man sich leisten können! Zumindest so wie es in den reichen oder sogenannten zivilisierten Ländern gehandhabt wird. Dies wird vielen nicht gefallen, aber es ist so. Ein Beweis ist doch die Flüchtlingswelle nach dem Krieg in Deutschland. Als Millionen von vertriebenen Deutschen Westdeutschland überfluteten spielten Menschenrecht- und Würde keine Rolle. Man konnte es sich schlicht und einfach nicht leisten! Die Unterbringung und Versorgung dieser Menschen damals würde heute als unmenschlich gegeißelt! Es gibt genügend Zeitzeugen! Und diese Menschen kamen nicht aus Armut in ihren Ländern. Sie wurden innerhalb des eigenen Landes vertrieben. Wir fordern, wir wollen und wir haben das Recht, so Forderungen von heutigen Flüchtlingen, dieses Vokabular kannte man damals nicht! Die deutsche Politik fördert eigentlich auch diese Forderung. Wer zu uns kommt dem wird zuerst einmal eine Broschüre mit ihren Rechten ausgehändigt. „Willkommen in Deutschland", Information für Zuwanderer. Für Einwanderer wäre dies angebracht! Herausgeber ist das Bundesamt für Migration und Flüchtlinge. Von Pflichten habe ich darin nichts gelesen! In der Charta der UN, auch im deutschen Grundgesetz, finde ich das Wort „Menschenpflichten" nicht. Nun kann es natürlich sein, die für diese Charta involvierten Wissenschaftler gingen davon aus, Pflichten seien im Erbgut des Menschen enthalten und bedürfen dadurch nicht der Festschreibung. Wie war das mit der Wissenschaft.....? Grundsätzlich gilt, wer Rechte einfordert hat auch Pflichten! Alles andere ist dekadent. Jemand dem die Menschenwürde- und Rechte nichts bedeuten und sich bewusst dagegen verhält, kann eben nicht gerade diese Werte einfordern! Die Gutmenschen sehen dies natürlich als Menschenunwürdig an. Darum sind es auch Gutmenschen. Ganz besonders kommt dies bei Straftätern zum tragen. Mit welchem Recht sitzt der Serienmörder von Norwegen nach dem sinnlosen Mord an über 70 Menschen, im Gefängnis mit all den Privilegien eines „humanen Strafvollzuges" und darf auch noch Rechtswissenschaft studieren. Deren Beispiele gibt es genug! Lebenslang mit den notwendigsten Dingen zum Erhalt seines Lebens würde genügen! Nun wird dies als Unmenschlich, Menschenverachtend und primitiv deklariert. Ob die Angehörigen der Opfer es auch so sehen? Lebenslange Haft ist nicht gegen die Menschenwürde! Zwar ist das in Norwegen. Bei uns wäre das nicht anders! Da wird das Grundgesetz mit dem Artikel 1, die Würde des Menschen ist unantastbar, falsch ausgelegt! Wie so viele Gesetze in Deutschland! Zudem in Deutschland in der

Regel „Lebenslang" nur 18 Jahre dauert. Was sind wir Deutschen kurzlebig!

Die Todesstrafe gehört verboten. Es wurden schon zu viele unschuldige Menschen hingerichtet!

Nirgendwo wird dieser Begriff Menschenrecht- und Menschenwürde mehr strapaziert als in der westlichen und wohlhabenden Welt. Und genau dies ist auch eine Gefahr. Wenn diese Rechte weiter überzogen werden, dann wird es für die sogenannten Demokratien in der westlichen Welt irgendwann zum Kollaps führen! Ich komme im Kapitel Politik darauf zurück. Nur zur Durchsetzung eigener Interessen von Staaten mit Kriegen oder innenpolitischen Gründen spielt dann diese Menschenrechte- und Würde keine Rolle mehr. Ausgerechnet die diesbezüglich scheinheilige USA macht es mit Guantánamo vor. Vor allem die USA fordern doch überall auf der Welt die Menschenrechte- und Würde ein. Wie scheinheilig ist dies denn! Im eigenen Land wird der Rassismus gepflegt, sozial ist ein Fremdwort und der Waffenbesitz und die Todesstrafe ist legal. Menschenrechte sind für manche Regierungen nur so lange ein Thema, so lange es in Ihr Weltbild passt und den politischen Interessen dienlich ist!

Ein Beispiel ist doch die endlose Diskussion über das „Humane Sterben" und der Sterbehilfe. Es wird der Mensch nicht gefragt ob er geboren werden will. Aber er müsste sehr wohl die Möglichkeit haben zu bestimmen, ob und wie er bei unheilbarer Krankheit sein Leiden beenden will. Noch gibt es kein Gesetz zur Pflicht zum Leben! Das ist Menschenwürde und Menschenrecht! In Deutschland beruft man sich auf das Euthanasie Programm der Nazi Zeit und befürchtet einen Missbrauch der Sterbehilfe. Genau dies ist der Grund eines fehlenden und klaren Gesetzes. Dies ist nicht haltbar.

Heute haben wir eine ganz andere Gesetzgebung und keine Diktatur wie damals! In der Schweiz ist Sterbehilfe erlaubt. Auch dieses Land ist eine Demokratie! Wenn man bösartig wäre könnte man unterstellen, am langen Siechtum und Leiden wird Geld verdient!

Im Grundgesetz der Bundesrepublik Deutschland, Artikel 1, steht: vor dem Gesetz sind alle Menschen gleich und die Menschenwürde ist unantastbar. Was ist ursprünglich damit gemeint? Kein Mensch darf aufgrund seiner Herkunft, Rasse oder Religion benachteiligt werden. Und dies ist unstrittig richtig und gut so. Was aber ist inzwischen daraus geworden?

Ist es gegen die Menschenwürde Straftäter in Gefängnisse zu sperren mit Einschränkungen von Wohltaten und Nutzung wie in der Freiheit? Wozu braucht ein Straftäter im Gefängnis Handy und Fernsehen? Wegen der Menschenwürde und Menschenrechte? Das Handy kann ich noch nachvollziehen. Damit kann man vom Knast aus noch seinen kriminellen Tätigkeiten nachgehen! Ich bin durchaus ein Vertreter von Menschenrechten und auch der Würde. Aber diese Rechte sollen in einem vernünftigen Rahmen bleiben. Durch ihr Verhalten haben die Straftäter eben die Attribute der Menschenrechte außer Acht gelassen. Somit können sie sich eben auch nicht darauf berufen!

Nehmen wir das Wort „Gleich" Damit ist sicherlich nicht gemeint, dass ohne eigenes Zutun der erarbeitete Wohlstand der Allgemeinheit für alle gelten muss. Den gab es bei Schaffung des Grundgesetzes damals so nicht! Das überzogene soziale Getue in diesem Lande wird aber eben wegen der sogenannten Menschenrechte- und Würde so gehandhabt. Natürlich gibt es in diesem Lande Menschen welche aus verschiedenen Gründen, seien es körperliche Benachteiligungen oder durch Krankheit verursachte Einschränkungen, nicht in der Lage sind für sich selbst zu sorgen. Um deren Leben Menschenwürdig zu gestalten ist die soziale Unterstützung gedacht und angebracht. Damit sollten diese Menschen genügend zu Essen haben, eine ordentliche Unterkunft und ärztliche Versorgung erhalten. Keinen Fernseher, kein Handy, keine Wasch- oder auch Spülmaschine zu haben und viele andere Dinge mehr, ist dies Menschenunwürdig und damit gegen die Menschenrechte? Hängt ein Menschenwürdiges Leben von solchen Dingen ab? Sicher nur in reichen Staaten. Viele Empfänger von Sozialleistungen außerhalb der schon Erwähnten, vor allem deren Verbände, argumentieren erfolgreich damit. Natürlich ist es unangenehm arbeitslos oder krank zu werden und Abstriche machen zu müssen. Das geht Tausenden von Rentnern so obwohl die Meisten ihr Leben lang gearbeitet haben. Da habe ich noch nichts von Menschenrechten gehört. Viele müssen jetzt den Cent umdrehen. Wo ist ihre Menschenwürde geblieben derweil sie ihren Lebensstandard herunterfahren müssen? Nicht für jedes Kind ein Zimmer zu haben, von den technischen Geräten zur Kommunikation ganz zu schweigen, ist dies gegen die Menschenwürde?

Es ist nicht gegen die Menschenwürde und Menschenrechte wenn man durch Arbeit erworbenen Wohlstand mehr hat als ohne! Wenn ein Mensch sich etwas leisten möchte dann hat er gefälligst dafür etwas zu tun! Im letzten Jahrhundert prägte dieser Vorgang das Wort Leistungsgesellschaft. Davon haben wir uns ja zum Teil schon verabschiedet. Der von Politikern und Sozialträumern so oft verwendete Satz der Starke muss den Schwachen stützen, dieser Satz ist missverständlich! Er ist zutreffend und auch angebracht für wirklich hilflose und schwache Menschen! Aus welchen Gründen auch immer. Arbeitslosigkeit und niederes Einkommen gehören nicht dazu. Wenn man zugunsten der angeblich Schwachen den Starken schwächt stärkt man nicht den Schwachen. Ganz im Gegenteil. Die Schwachen richten sich darauf ein. Damit wird der Starke zwangsläufig auch schwach. Und dann? Natürlich spielt die Neidgesellschaft in diesem Lande eine große Rolle. Die Ursache dafür sind die linken Parteien mit ihrem Verteilungswahn und auch dogmatischen Behauptungen. So langsam muss man sich ja in diesem Staate dafür schämen wenn man es zu etwas gebracht hat! Mein bescheidener Wohlstand, den Meisten des Mittelstandes geht es so, ist mir nicht geschenkt worden. Dafür haben meine Frau und ich über 45 Jahre gearbeitet und zwei Kinder ohne die heute üblichen und überzogenen staatlichen Unterstützungen groß gezogen. Und für unser Eigentum haben wir auf vieles verzichtet. Aber Verzicht ist ja heute ein Begriff aus der Steinzeit! Und ich bin auch nicht Willens von dem mir in 45 Jahren selbst erarbeiteten bescheidenen Wohlstand etwas ab zugeben! Warum auch, es wurde mir nichts geschenkt! Es ist die Pflicht einer jeden Regierung für alle gleiche Bedingungen bei Schule und Bildung zu schaffen. Herkunft und Vermögen dürfen nicht Grundlage und Ausschlag für die Nutzung schulischer Einrichtungen sein. Was aber jeder Schüler aus dem Angebot der Lernmöglichkeit macht oder kann, dies liegt dann in seiner Verantwortung und auch Möglichkeit. Ich halte das Gerede von wegen die Herkunft entscheide über die Schulbildung als völlig daneben. Wir haben in Deutschland in der Regel den kostenlosen Schulbesuch. Also sind für alle die Bedingungen gleich! Ich komme noch im folgenden Kapitel darauf zurück. Solange trotz Grundgesetz eben nicht alle gleich sind, solange wird es Unterschiede in der Gesellschaft geben. Für die Sozialverbände ist dieses Thema eine gemähte Wiese. Und Politiker, vor allem der Linken Parteien, fühlen sich auf diesem Spielfeld wohl! Somit sind die Begriffe Menschenwürde und Menschenrechte hypothetisch. Der von einigen Parteien und Wohlfahrtsverbänden so gerne gespielt Ball der „Armut" ist Polemik pur! Es gab und gibt schon immer Unterschiede in der Bevölkerung bezüglich des Wohlstandes. Armut aber gibt es, wenn man sich legal aufhält, in diesem Lande eigentlich nicht! Dafür sorgt schon unser Sozialstaat. Er sorgt für Unterkunft, Mittel zur Ernährungsbeschaffung und Gesundheitsfürsorge. Damit ist der sogenannten Armut die Grundlage entzogen! Natürlich gibt es ein Wohlstandsgefälle! Die Ursachen und Gründe sind vielfältig. Aber mit Armut hat dies eigentlich nichts zu tun! Als „arm" gilt wer weniger als einen Dollar am Tag zur Verfügung hat. Diese Menschen fallen unter die Kategorie extreme oder absolute Armut. Und es gibt die „gefühlte" Armut. Diese ist vorwiegend in Wohlstandsstaaten wie bei uns zu finden. So die Definition der Weltbank! Somit gibt es in Deutschland definitiv in diesem Sinne keine Armut! Gefühlte sehr wohl und dies nicht nur in Deutschland. Aber von diesem Thema leben die Linken und Gutmenschen!

Dass die Kaufkraft der Bevölkerung und des Mittelstandes gesunken ist, Dank Euro, ist ohne Zweifel richtig. Wobei der „ EURO" an sich nicht schuldig ist. Das ist politisch bedingt. Dies wird zwar von der Politik und der Wirtschaft vehement bestritten. Ändert aber nichts an dem Wahrheitsgehalt dieser Aussage! Und diese Aussage ist belegbar. Wenn man sich nicht alle Dinge leisten kann, man Arbeitslos ist oder in Berufen mit niederer Entlohnung wie andere, dann kann man dies aber nicht als Armut bezeichnen. Diese verbal vorhandene Armut entsteht vorwiegend aus gestiegenem Anspruchsdenken der Gesellschaft! Wenn Kinder keine Markenklamotten tragen, kein Tablett oder das neueste und modernste Handy, all solche Spielereien haben, weil es sich die Eltern nicht leisten können dann ist dies keine klassische sondern subjektiv empfundene Armut! Bei der Berechnung der sogenannten Armutsgrenze spielen statistische Zahlen eine Rolle. Und auch diese Zahlen, wie bei vielen Statistiken, sind rein theoretisch Werte.

Demnach steigt mit dem Wohlstand die Armut! Nach dieser Logik wäre es wohl besser kein Wachstum mehr zu haben. Dann stiege die Armut nicht! Ich habe nur ein Auto, der Nachbar zwei. Bin ich nun ihm gegenüber „bearmutet"? Neues Wort, ist von mir! Jetzt sind die gelangweilten Sprachgurus beschäftigt! Man kann natürlich auch das Wort benachteiligt nehmen. Für die Wohlfahrtsverbände und Linken ist dies ein politischer Spielplatz. Einen Zusammenhang mit der Menschenwürde oder den Menschenrechten ist diesbezüglich nicht zulässig.

Von den westlichen Politikern so gerne geforderten Menschenrechte und die Menschenwürde in der Arabischen Welt, und nicht nur da ein zu fordern, ist nichts anderes als eine Alibifunktion. Man hat es versucht, das war es dann. Nur Traumtänzer in der Politik und auch in der Bevölkerung glauben dass diese Länder sich die westliche Kultur, die Menschenrechte sind eine westliche Errungenschaft, aufdrängen lassen. Dies kann nicht funktionieren weil die Voraussetzungen dafür in diesen Ländern fehlen! In Diktatorischen und vom Glauben regierten Ländern sind die Menschenrechte hinderlich. Alles andere ist Mangel an Realitätswahrnehmung. Natürlich kann man sich ganz furchtbar darüber aufregen, wenn Touristen in diesen Ländern Straftaten begehen und nach den Regeln dieser Länder bestraft werden. Peitschenhiebe sind nach westlichen Werten nicht gerade die feine Art von Strafe. (Damit wurden zwei westliche Jugendliche bestraft, weil sie Eisenbahnwagen mit Graffiti verschönert haben). Wenn man sich anständig benimmt in diesen Ländern, dann hat man nichts zu befürchten! Diese Länder haben nun mal keine Weichei Justiz wie wir Deutschen oder andere westliche Länder. Nehmen wir die Golfstaaten. Bezüglich Ordnung, Sauberkeit, Sicherheit und gegenseitigen Respekt, spricht das für solche Länder. Grundsätzlich aber hören die sogenannten Menschenrechte und die freie Entfaltung des Einzelnen da auf, wo die des Anderen eingeschränkt werden! Um dieses zu realisieren bedarf es der konsequenten Einhaltung der Gesetze und auch der Folgen bei Ignoranz von Gesetzen.

Politik

Ich bin kein Politiker. Es liegt weniger an meiner geistigen Potenz. Na ja vielleicht ein bisschen doch, sondern an meinem Mangel an biegsamen Rückgrat. Ich habe auch nicht die Psyche von einem Herrn Bosbach, CDU, den ich als Politiker sehr bewundere. Einer der wenigen ehrlichen Politiker welche sich nicht verbiegen lassen und auch gegen die Parteiideologien stimmen, welche oft an der Realität vorbeigeht. Dazu zähle ich auch den Baden-Württembergischen Ministerpräsidenten Kretschmann. Obwohl ich im Prinzip absolut kein Wähler der Grünen bin. Mit seinem ja zur Änderung des Asylgesetzes bezüglich sicherer Herkunftsländer entschied er sich für die Vernunft und der Realität. Im Gegensatz zu seiner Traumtänzer Partei. Er nimmt auf jeden Fall das war was eigentlich für jeden Politiker selbstverständlich sein soll. Das gleiche gilt für Herrn Gauweiler, CSU, der aus Protest seine Ämter abgab. Dies zu tun, dazu gehört verdammt viel Rückgrat und Stehvermögen! Das verdient Respekt. Diese Politiker dann als Abtrünnige gegenüber der Partei zu titulieren ist dumm! Ein Politiker ist bei Abstimmungen nur gegen sich selbst und seinen Wählern verantwortlich und nicht nur der Partei! Aber solche Politiker haben wir bis eben auf die genannten Ausnahmen nicht. Leider haben wir zu wenig solche Exoten in diesem Lande! Zu viele Politiker stimmen um ihre politische Kariere nicht zu gefährden oft auch gegen ihre Überzeugung Beschlüssen zu! Die Politiker dürfen nicht mehr selbstständig denken. Dabei haben wir ein Parteiengesetz welches eigentlich den Fraktionszwang nicht zulässt. Unbestritten kann die Politik es nicht allen Recht machen. Aber sich auf die Bedürfnisse der Bürger zu konzentrieren und nicht nur denen der Lobbyisten und der Parteiideologien alleine, dies würde die Politik glaubwürdiger machen. Aber der sogenannte Fachkräftemangel ist bedauerlicherweise auch deutlich bei der Politik zu spüren!

Grundsätzlich zolle ich dennoch den Politikern aber Respekt ob ihrer physischen und psychischen Belastung! Dies unabhängig der Ebene und Ergebnisse ihrer Politik. Meine Kritik an Personen des politischen Lebens in diesem Buch sind rein politisch und nicht an deren Persönlichkeit!

Die Bundesrepublik hat ein gravierendes Problem. Deutschland lebt in zwei Welten. In einer leben die Politiker mit ihren jeweiligen Gesinnungen. Die Reichen und die angebliche Elite aus akademischen Kreisen. Die andere Welt und das ist die Mehrheit, besteht aus dem in der Realität lebenden Mittelstand der Bevölkerung. Dazu zähle ich auch die Kommunalpolitiker. Deren Lobby nimmt in unserer bürokratischen und dem Turbo-Kapitalismus verfallenen Republik permanent ab. Schuld daran sind die Erstgenannten.

BRD steht für Bundesrepublik Deutschland. BRD kann aber in heutiger Zeit auch **B** für Bevölkerungsbedürfnisresistente, **R** für Realitätsfremde und **D** für Durchsetzungsunfähige Republik ausgelegt werden. Hinzu kommt noch das Gutmenschentum gepaart mit Sozialromantik! Und dies geht so nicht mehr lange gut.

So lange über 80 Prozent unserer „Herrscher" im Bundestag aus vorwiegend Juristen und der Rest aus Studierten bestehen, solange bleibt dieser Staat schwerfällig und lahmarschig! Als ob man mit einem Jurastudium den Stein der Weisen inkludiert! Im Gegenteil, mit dieser Spezies ist keine reale Politik zu machen, denn die Realität ist ihnen fremd. Sie leben in einer Welt in der statt Manna Paragraphen fließen! (Manna ist ein biblischer Begriff für Nahrung). Wann kommt eigentlich für dieses Studium ein Numerus Clausus? Angebracht wäre er allemal. Ich zitiere ein

Kommentar von Wolfgang Bok in einer Stuttgarter Zeitung (Artikel liegt dem Autor vor) „Rechtsanwälte sind mittlerweile so zahlreich wie Hunde. Und weil es nicht so viel zu klagen gibt, drängt das Zuviel an Juristen in die Politik, um den Rechtsstaat zu einem Rechtsmittelstaat auszubauen". Somit sorgt eine Berufsgruppe für ihren Bestand! Und diese Entwicklung ist dekadent. Es fehlt im hohen Haus einfach eine gesunde Mischung von Theoretikern und Menschen aus dem praktischen und realem Leben. Das hatten wir noch in den 50-er und 60-er Jahren im letzten Jahrhundert. Wann begann das Wirtschaftswunder? Zudem alimentieren wir eindeutig zu viele Parteifunktionäre im Bundestag! 630 Abgeordnete bei 80 Millionen Einwohnern. Zum Vergleich, die USA hat 445 bei rund 320 Millionen Einwohner! Wir können uns dies leisten, sind ja ein so reiches Land! Der Hinweis auf eine andere Regierungsform rechtfertigt das mehr an Politikern nicht!

Eine Bestätigung ist doch die Tatsache, kein Land der Welt hat ein so kompliziertes Steuerrecht (50 Prozent der Steuergesetze dieser Welt sind angeblich auf Deutsch) und gerecht ist es ohnehin nicht. Es dient vorwiegend den Konzernen und den Banken sowie den ohnehin schon Vermögenden. Das hat mit Klassenkampf, Neid oder Hetze nicht zu tun! Kein Land dieser Welt hat eine Rechtsprechung welche so Auslegungsfähig ist und damit oft an Wirkung und auch Verständnis verliert. Manchmal ist die Rechtsprechung schon eine Lachnummer, so traurig dies ist! Kein Land dieser Welt hat so eine Politik welche die Leistungsträger durch die Fiskalpolitik benachteiligt. Und dies ist erst in den letzten 30 Jahren so entstanden. Ursache ist die Sozialpolitik. Die ist total überzogen. Und dies ist höchst dekadent. Festzustellen ist in dieser sogenannten Demokratie Deutschland die Tatsache, dass der Bürger durch das Staatsfernsehen und den Medien manipuliert und auch belogen wird! Themen welche für die Herrschenden nicht genehm sind werden entweder nicht publiziert oder so hingebügelt dass es passt! Dies gilt für Statistiken ebenso. Zugegeben, noch nicht ganz so schlimm und rigoros wie in einer Diktatur. Um die ganze Wahrheit zu erfahren muss man Medien anderer Länder benutzen! Dies ist äußerst bedenklich und stellt die Information und Pressefreiheit in Frage. Obwohl dies im Grundgesetz verankert ist.

Ein Beweis ist die Berichterstattung im Drama Griechenland. Dies hat mit der Politik dahingehend zu tun, dass man eine linke Regierung in Griechenland nicht möchte. Warum eigentlich? So ein großer Unterschied zu derzeitigen Regierungsform in Deutschland wäre es ja nicht! Auch hier werden die Reichen geschont und die Bürokratie und Regulierung nimmt Überhand. Korruption ist ja auch nicht ganz unbekannt! Seit Herr Tsipras mit seinen Linken an der Regierung ist kocht das Griechenlanddrama erst auf, seltsam! Die Information von anderen unabhängigen Medien in Nachbarländern sieht demzufolge ganz anders aus als in Deutschland. Auch Frau Gesine Schwan, SPD, bemängelte die unfaire Berichterstattung im Deutschen Fernsehen. Ebenso ist dies bei der Berichterstattung über die Flüchtlingsflut zu beobachten. Vorwiegend werden Bilder mit Frauen und Kindern mit großen Kulleraugen gezeigt! Dass die Mehrheit der Flüchtlinge aber junge Männer sind, dies zu zeigen wird wenn möglich vermieden. Frauen und Kinder mit großen Kulleraugen machen den Bürgern weniger Angst!

Schon länger wird ja in Berlin keine Politik mehr gemacht, zumindest nicht innenpolitisch. Es wird nur noch verwaltet und ausgesessen! Unsere „Angie" profiliert sich, mit Erfolg, vorwiegend in der Außenpolitik. Offensichtlich hat sie vergessen dass sie eigentlich vom Deutschen Volk gewählt wurde und für die Belange der Bevölkerung, also für die Innenpolitik Verantwortung trägt. Sie schwebt aber in der Weltpolitik! Das darf nicht auf Kosten der Innenpolitik gehen. Was Bitte schön ist denn in der Bundespolitik in den letzten zehn Jahren positiv verändert worden? Eigentlich hat es die Politik leicht in einem Land des Wohlstandes und der damit verbundenen Gleichgültigkeit des Großteils der durch soziale Wohltaten ruhig gestellten Bevölkerung zu regieren! Der Wohlstand ist aber vorrangig nicht auf die Politik, sondern auf die Arbeitskraft der das Bruttosozialprodukt erwirtschafteten Bevölkerung und guter Konjunktur zurück zuführen. Und dafür verantwortlich ist vorwiegend der Mittelstand! Damit ist die Behauptung von Frau Fahimi, SPD, ihre Partei habe die Arbeitslosigkeit auf die Hälfte reduziert Eigenlob und gelogen dazu. Es sind vorwiegend Zeit- Arbeitsplätze im Niedriglohnbereich, unbezahlte Praktikanten Stellen und und! Es ist eben wie immer Auslegungssache. Insgesamt leben in Deutschland über vier Millionen Bürger von Hartz-4 oder von Zuschüssen des Staates! Und da schreien wir nach Zuzug! Dieser Wohlstand macht träge. So war es auch im alten Rom. Die Folgen sind bekannt! Die Trägheit verhindert eine zukunftsorientierte Politik und notwendige Änderungen scheitern eben am „es geht uns doch gut" Diese Einstellung hat auch schon einen Großteil der Bevölkerung. „Es ist halt so, man kann nichts dagegen machen", diese Aussagen zeigt schon die Resignation und die Gleichgültigkeit der Bevölkerung. Verantwortlich für diese negative Stimmung ist eindeutig die Politik! Aber dann über die mangelnde Wahlbeteiligung zu jammern! Und es zeigt damit auch den Erfolg die Bevölkerung mit Brot und Spiele der Neuzeit, das Soziale, ruhig zu stellen. Es war und ist in der Politik schon immer so. Ein ruhig gestelltes, träges und vom eigenständigen und kritischem Denken entwöhntes Volk, lässt sich leichter und auch bequemer regieren und für dumm verkaufen! Und das ist Dekadenz der Bevölkerung. Wie im früheren Römischen Reich. Das Ergebnis wird langfristig dasselbe sein! Auch sollte man tunlichst nichts gegen die herrschende Meinung sagen, trotz der Meinungsfreiheit im Grundgesetz! Ich stelle es fast täglich fest dass Bürger sich erst umsehen bevor sie etwas gegen die Politik sagen. Es gab mal einen Deutschen Staat da war dies ebenso! Er nannte sich DDR.

Man wird dann entsprechend katalogisiert! Und dies muss man aushalten können, je nach dem auf welcher Seite des Kataloges man platziert wird! Meinen Platz kann ich mir denken! Damit kann ich umgehen. Besser als mit der Gleichgültigkeit!

Und man könnte durchaus etwas ändern! Es würde wie bei Domino Steinen funktionieren. Am Anfang ist nur ein kleiner Stein, die folgenden Steine werden immer etwas grösser und damit die Energie. Am Ende fällt dann auch der schwerste Stein!

Man kann schon den Eindruck gewinnen im Bundestag sitzen Nachfahren von Baron Münchhausen, dem Lügenbaron. Beispiele gibt es genug. Unsere „Angie" behauptete im Wahlkampf, mit mir wird es keine Maut geben und keine Steuererhöhungen. Jetzt ist dieses in dieser Form bescheuerte Maut-Gesetz beschlossen. Also eindeutig eine klare Lüge! Auch Tabakwaren schon zweimal teurer. König Horst aus Bayern verspricht die paar Millionen welche übrig bleiben, zweckgebunden in den Straßenbau zu stecken. Wohl wissend dass es keine zweckgebundenen Steuern gibt und und..! Die Verhandlungen über das No- Spy Abkommen mit der USA und deren angebliche Zusage stellt sich genau so als Lüge heraus. Entweder haben Frau Merkel und ihr Herr Pofalla, künftiger Boss der DB, etwas falsch verstanden oder uns bewusst belogen! Bezüglich Herrn Pofalla. Was man doch als Politiker so alles werden kann? Dank Lobbyist als Politiker. Offensichtlich sind für solche Posten Fachkenntnisse und Qualifikationen nicht von Nöten! Das richtige Parteibuch reicht wie damals in der DDR! Für die Industrie und Wirtschaft ist er gleichzeitig der Türöffner für die Lobbypolitik! Mit seinem Jurastudium gehört er ja zur Elite dieser Nation! Dies befähigt ihn natürlich besonders für diesen gut bezahlten Job! Und das sogenannte „Stimmvieh" dieser Republik nimmt alles hin. Auch dies ist Dekadenz. Anderseits, was kann sie denn machen? Der Vergleich Stimmvieh stammt nicht von mir. Ich glaube es war ein Ausdruck von Adenauer. Es hat aber etwas Wahres. Dieses Stimmvieh wird einmal in vier Jahren üppig gefüttert mit Wahlversprechen und dann vier Jahre lange nur gemolken. Es gibt eine Nutztierart die wird täglich mit gutem Futter versorgt. Daher dieser Vergleich. Da sich der IQ der Bevölkerung durchschnittlich im Mittelfeld anderer westlichen Nationen bewegt, der Schulbildung sei Dank, fällt es der Regierung natürlich leicht sich zu behaupten. Wobei der IQ sehr umstritten ist und nicht als Maßstab gelten kann. Ich denke, eine Bevölkerung kann man durchaus an der allgemeinen Bildung messen! Das Ergebnis ist dasselbe.

Demokratie und Rechtsstaat

Die Demokratie und der Rechtsstaat haben sich längst verselbstständigt. Bei der Demokratie sieht man das an der Vielfalt von Parteien in Bund und Ländern. Dies ähnelt schon der Weimarer Republik. Eine klar ausgerichtete Politik ist nicht mehr möglich. Es müssen eben durch die Parteien Vielfalt zu viele Kompromisse gemacht werden. Und wir haben momentan keine Volkspartei mehr. Nur die CDU auf Bundesebene kommt diesem Begriff mit etwas über 40 Prozent noch nahe. Wenn die CDU so weitermacht und das Feld der Innenpolitik der CSU und SPD überlässt, dann wird sie bei den nächsten Bundestagswahlen prozentual in der Nähe der SPD landen. Wobei allerdings die CSU bei der Flüchtlingsproblematik von allen Parteien die beste Figur abgibt. Bedauerlicherweise aber sind sie gegen ein Einwanderungsgesetz. Dies kann ich nicht verstehen. In der momentanen Situation ist es für die Parteien gut dass die CSU nur in Bayern gewählt werden kann! Vor allem wenn Frau Merkel, ohne Zweifel eine Galionsfigur der deutschen Politik, vorwiegend in der Außenpolitik, nicht mehr kandidieren sollte. Und außer Frau von der Leyen gibt es momentan keine Alternative. Ich vermute aber die Ministerin der Verteidigung wird aufgrund ihres Durchsetzungsvermögens noch von der Partei demontiert. In den Parteien nennt man dies dann notwendige Neuaufstellung! Und mit Olaf Scholz, dem Exoten in der SPD, hätte die SPD durchaus einen Kandidaten für die Nachfolge. Herr Scholz macht als Oberbürgermeister in Hamburg gute Politik für die Wirtschaft. Vor allem auch für die restliche Bevölkerung. Es weiß, alles was verteilt wird muss erst einmal verdient werden! Und er meint was er sagt und setzt es auch um! Darum ist Herr Scholz für mich der Exot in der SPD. Dieses Denken und Handeln geht seinen Genossen und Genossinnen ab. Das Wahlergebnis belohnte ihn dafür. Herrn Schulz in Brüssel darf man auch nicht unterschätzen! Und bei Wahlen wird ja permanent gelogen. Dies ist bei allen Parteien so. Wahllügen werden als notwendige Kompromisse bei Koalitionsverhandlungen deklariert. Jede Partei schiebt ihre eigene Unfähigkeit dem Wohl des Volkes zu dienen auf den jeweiligen Koalitionspartner. Es ist doch Perversität der Politik die niedere Wahlbeteiligung zu beklagen. So ist es nun mal wenn nur Parteipolitik, die Lobbypolitik nicht zu vernachlässigen, gemacht wird und nicht Politik für das Volk. Früher waren deftige Diskussionen der einzelnen Ideologien üblich und wurden auch vehement vertreten. Heute wird nur noch verwaltet und angeglichen durch weichgespülte Politiker. Dies ist auch mit ein Grund der Wahlzurückhaltung. Wenn ich als Wirt kein gutes Essen zubereite dann darf ich mich doch nicht wundern wenn kein Gast kommt. Auch im alten Rom nahmen die Senatoren, heute heißen sie Minister, das Volk nicht mehr ernst. Auch damals bestimmte das Geld, also die Reichen, die Politik. Wie schon erwähnt, damit zum Ausgleich wurde das Volk mit Brot und Spielen davon abgelenkt. Heute nennt man dies Soziales. Letzten Endes führt dies zur Dekadenz, wenn es überzogen wird.

Um Verhältnisse wie in der Weimarer Republik und mögliche ähnliche Folgen auszuschließen hilft nur eine Änderung im Wahlrecht. Ein Mehrheitswahlrecht mit der Einbindung der Volksabstimmung wäre eine Alternative. Damit ginge Deutschland mit seiner angeblichen Demokratie nicht unter. Andere demokratische Staaten haben dies auch. Herr Markwort, Herausgeber des Focus, sieht dies in einer Ausgabe des Focus nun etwas anders. Er bezieht sich auf das Wahlsystem in England. Dort gibt es das Mehrheitssystem. Er hält dies für nicht so gut wie unseres. Das ist Ansichtssache. In England ist die Demokratie anders geregelt als in Deutschland. Dort gibt es keinen Bundesrat welcher ein Mitspracherecht bei Gesetzen hat. Herr Markwort vertritt die Parteienvielfalt. Aber genau diese Vielfalt macht das Regieren eben so schwerfällig und sorgt für Verärgerung in der Bevölkerung und stellt die Demokratie so langsam in Frage! Solange in Deutschland die CDU/CSU, die SPD und die FDP die politische Landschaft pflegten, ging es uns da schlechter? Ganz im Gegenteil. Was ist denn ob der Parteienvielfalt besser geworden? Ich kann nichts feststellen! Durch die Zunahme von Parteien bekommt dieses Land Probleme. Die Volksabstimmung verhindert einen Missbrauch der regierenden Partei. Und sie würde die in unserer Demokratie vorhandene vierjährige politische Diktatur beenden. Vier Jahre lang können die Politiker im Bundestag ihre Parteienideologie ausleben. Die Worte „wir müssten und wir sollten" haben beim jetzigen Zustand dieser Regierung Hochkonjunktur. Es gibt aber auch noch die für Politiker offensichtlichen Fremdwörter „ tun und machen"! In der heutigen, so schnelllebigen Zeit, ist dies für die Demokratie fatal! Diese Entwicklung der Parteienvielfalt war damals bei der Erschaffung des Grundgesetzes nicht voraus zu sehen. Somit gehört das Grundgesetz mit der Aufnahme der Volksabstimmung geändert. Dies würde in der heutigen Zeit der Demokratie gerechter machen. Vor allem aber auch dem Gedanken des Grundgesetzes, „die Macht geht vom Volke aus!" Welch eine schöne Vision! In Deutschland geht die Macht von den Wirtschaftsbossen und dem Kapital aus! Die Schweiz hat die gesetzlich veranderte Volksbefragung. Ist dieses Land keine Demokratie? Zudem haben wir mit dem Bundesrat ebenfalls eine Möglichkeit, Missbrauch zu verhindern. Eine gute und Bürger nahe Regierung wird wiedergewählt. Ansonsten bekommt eben eine andere Partei nach 4 Jahren die Chance. Genau genommen haben wir defakto schon jetzt eine Einparteienregierung als Regierung, wenn auch mit zwei Parteien. Die Union macht die Außenpolitik, die SPD ist für die Innenpolitik zuständig. So sieht sie auch aus! Es gibt so gut wie keine Opposition mehr. Somit sind die Stimmen der Wähler von Grünen, Linken und anderen Parteien verlorene Stimmen. Zumindest auf Bundesebene. Und nun kann die jetzige Regierung vier Jahre machen was sie will. Und dies tut sie auch! Da hat Herr Stegner von der SPD schon recht mit seiner Behauptung, die SPD mache in dieser Koalition die Politik. Aber leider nicht zum Guten dieser Republik! Der Verteilungswahn wird weiter gepflegt. Die SPD mit ihrem bei Meinungen flexiblen Herrn Gabriel hat aus Profilierungssucht noch nicht bemerkt, dass sie letztes Endes die ungeliebten Themen der CDU /CSU, dem Koalitionspartner ab arbeitet. Was macht man in der Politik nicht alles um seine Regierungsgeilheit zu befriedigen! Der erste Warnschuss war das Ergebnis der Wahl in Bremen. Die Regierungsbildung täuscht über das Wahlergebnis. Die SPD wird dies bei den nächsten Bundestagswahlen eventuell zu spüren bekommen! Dazu müssten allerdings die Wähler ihre Wahlzurückhaltung aufgeben und wieder anfangen real zu denken! Die Opposition hat nichts zu sagen. Also haben wir eine „Demokratur". Offiziell gibt es diesen Begriff nicht, warum eigentlich? Zumindest wäre die von mir angedachte Art von Regierung handlungsfähiger. Es ist ja ein Trauerspiel wie bei unseren Politikern rum gezickt wird. Vernünftige Vorschläge scheitern an den Eitelkeiten der Parteien. Auch das ist dekadent. Zudem bedarf eine Änderung des Grundgesetzes bei Einführung der Volksbefragung eine Zweidrittel Mehrheit des Bundestages. Und das ist nicht machbar mit unseren Politikern! Vor diesem Instrument haben die Politiker eine panische Angst und es wäre zu viel Veränderung. Sie sind damit absolut überfordert! Nicht zu vergessen unser manchmal seltsames Bundesverfassungsgericht. Und diese Überforderung wird eben mit hohlen Sprüchen oder fadenscheinigen Argumenten kaschiert. Somit wird jeder auch nur angedachte Vorschlag für eine Änderung im Keime erstickt. Und dies ist dekadent.

Mit der Logik der Politiker kann man auch argumentieren, wenn nur 50 Prozent der Wahlberechtigten zur Wahl gehen, ja dann sind ja 50 Prozent mit der Regierung zufrieden. Sie wollen keinen Wechsel, sonst würden sie ja zur Wahl gehen. Es sind eben die Unzufriedenen welche zur Wahl gehen! Die Borniertheit der Politiker lässt ja die Erkenntnis eine falsche Politik zu machen, weit ab vom Wohle des Bürgers, nicht zu. Im Vordergrund steht stets die Parteienideologie und das Eigenwohl. Auch dies ist Dekadenz.

Da sich die Parteien so ziemlich angleichen, in Verteilungsparteien und dem Kapitalismus hörigen Parteien, kann man durch Wahlen nichts Gravierendes ändern. Zudem ist auch bei der CDU/CSU ein Linksdrall zu erkennen. Ich gehe davon aus die Ursache liegt an der Koalition mit der SPD. Und dies ist der Grund warum viele Bürger nicht mehr zur Wahl gehen! Dann kommt noch der Koalitionspoker dazu. Der Wähler kann sich nicht darauf verlassen was rauskommt an Regierung! Ob dies noch mit Demokratie vereinbar ist oder eine solche darstellt? Ein Mehrheitswahlrecht und eine Volksabstimmung stellt die Demokratie nicht in Frage. Ganz im Gegenteil! Von Nöten für unser Land in dieser Zeit wäre eine Plebiszitäre Demokratie. Denn die enthält eine Volksabstimmung. Die Schweiz hat diese Regierungsform. Die als Moderne Staatsform geltende repräsentative Demokratie der Bundesrepublik ist den Neuzeitlichen Problemen nicht mehr gewachsen. Zumindest nicht mehr was die Meinung des Volkes betrifft! Die Meinung des Volkes zu respektieren und um zusetzen ist eigentlich die Grundlage einer Demokratie und die Aufgabe der vom Volke gewählten Politiker!

Grundsätzlich müssen Deutschland und die Westlichen, sich langsam Bananenrepubliken nähernden Demokratien aufpassen, nicht zum Auslaufmodell zu werden. Denn langfristig führt die Abhängigkeit der Politiker gegenüber dem Wertekonservatismus, realitätsfremden Denken und der Hörigkeit gegenüber Lobbyisten und Kapital dazu! Es ist nur eine Frage der Zeit bis die Bevölkerung es nicht mehr hin nimmt, dass an ihren Bedürfnissen vorbei regiert wird!

Mit der Rechtsstaatlichkeit ist es eben so. Da hat sich eine Berufsgruppe verselbstständigt. Manche Richter sehen sich als Auserwählte um Recht zu sprechen! Ich wüsste nicht dass Richter vom Volk gewählt werden. Darum ist auch „im Namen des Volkes" eine Anmaßung! Im „Namen des Gesetzes" wäre korrekt. Denn Richter ist ein Job wie jeder andere auch! Wenn man in einem Land wie in der Bundesrepublik keinen Pups mehr machen kann ohne in den Fängen dieser Berufsgruppe zu landen, dann ist dies

Dekadenz in höchstem Ausmaße. Ebenso die Rechtsprechung. Eine Rechtsprechung, welche nicht mehr verständlich ist mit seltsamen Urteilen und oft Kopfschütteln bei der Bevölkerung verursacht, diese Art von Rechtsprechung ist einfach nicht akzeptabel. Es ist bedenklich für einen angeblichen Rechtsstaat wenn sich unsere Polizei in Einsätzen gegen gewalttätige Demonstranten nicht wirklich wehren darf. Bei der Polizei spielt offenbar die Menschenwürde und teilweise Gesetze wie der Notwehrparagraph keine Rolle. Dank der Justiz. Die hält aber nicht den Kopf hin und muss sich verhauen lassen. Und ausgerechnet diese Theoretiker beurteilen die Verhältnismäßigkeit! Haben die schon einmal in die Hasserfüllten Augen der gewalttätigen Chaoten geschaut? Ein Pflichtpraktikum bei den Einsatzkräften während des Jurastudiums ist angebracht! Aber die könnten sich dabei ja wehtun! Der Polizei bleibt nach solchen Einsätzen nur das lecken ihrer Wunden übrig. Und mit Rechtsstaat hat dies so langsam auch nichts mehr zu tun!

Man sieht dies vor allem bei Topmanagern welche vor Gericht stehen. Die können sich freikaufen oder werden nur mit Geldstrafen belegt. Damit gelten sie als nicht vorbestraft! Einen Rechtsstreit zu gewinnen hängt in diesem angeblichen Rechtsstaat oft auch von der jeweiligen Geldpotenz ab. Dies ist so! Natürlich wird dies vehement bestritten! Die Politiker in Deutschland behaupten Deutschland sei ein Rechtsstaat und eine Demokratie. Ist das noch so? Für die Vermögenden und die Juristen schon. Die Vermögenden, damit meine ich auch die Konzerne, vor allem Versicherungen können sich in der Regel ihr Recht auf Grund des Kapitals durch endlose Prozessen aussitzen. Die Juristen verdienen damit ihr Geld. Es hat mit Rechtsstaat nichts mehr zu tun wenn Schadenersatz in Zivilprozessen zehn bis zwölf Jahre dauern. Ursache dafür sind die zig Instanzen der Gerichte und das unleidliche Gutachter Thema. Gutachter sind Größtenteils nur verbal unabhängig!

Da das Justizministerium keinen Handlungsbedarf für Änderungen sieht bleibt es eben so. Der Bedarf ist durchaus vorhanden. Nur die Politiker sind dafür zu schwach! Auch die Herrscher im Römischen Reich passten sich nicht der Zeit an und waren Reformresistent. Das Ergebnis ist bekannt.

Und die Berufung auf die Gesetzeslage ist ein ganz schwaches Argument der überbewerteten angeblichen Elite unserer Gesellschaft, den Juristen. Wenn Gesetze der Zeit nicht mehr gerecht werden gehören sie entweder abgeschafft oder zumindest sinnvoll geändert und der Realität angepasst (wir pflegen ja noch Gesetze aus dem Kaiserreich!). Dazu ist aber der Gesetzgeber und auch die Justiz nicht in der Lage. Man sieht es zum Beispiel am § 133 Insolvent Gesetz. Dieses Gesetz dient vorwiegend dem Kapital! Mit diesem Gesetz und seinen nicht mehr zeitgemäßen Auslegungsmöglichkeiten dient es nicht nur den Gläubigern. Nein, auch dem Insolvenz Verwalter zur Einkommenssteigerung. Auf der Strecke bleibt der kleine Bürger welcher primär nichts mit der Insolvenz zu tun hat. (Quelle Plusminus 8.7.15 ARD) Wenn angesparte Rentenversicherungen für Mitarbeiter von Betrieben in die Insolvenz Masse müssen, dann ist dies zwar Justiz konform, logisch und verständlich aber nicht! Dies grenzt schon an legale Enteignung oder Diebstahl. Und es ist beängstigend dass Bürger schon bei Drohung von Gericht oder Rechtsanwalt die Hosen voll haben. Dies ist ein Zeichen des Verfalles und Dekadenz einer zu wohlhabenden Nation. Es ging und geht der Blick für das Wesentliche und Wichtige unter. Ursächlich dafür, außer cleveren Winkeladvokaten, ist die Überstrapazierung des Begriffes Menschenrechte und Menschenwürde. Und welche Blüten dieses Getue treibt sieht man an vielen Dingen. Im Strafrecht ist es deutlich zu sehen. Bei Justizirrtümern, wenn mal zugegeben, sieht man ganz deutlich wir sind kein Rechtsstaat! Beispiel der Fall Mollath. Da verkriecht sich die Justiz hinter unzähligen Paragraphen um nicht für das Fehlurteil einschließlich der schlampigen Ermittlungen aufkommen zu müssen. Da ist in Bananenrepubliken so üblich! Dann noch die Floskel mit „der Härte des Rechtsstaates" Ein beliebter Ausdruck der Politik! Er zeigt gleichzeitig deren Hilflosigkeit. Haben Sie, lieber Leser, schon einmal einen Pudding an die Wand genagelt? So weich und nachgiebig ist für mich auch die Deutsche Justiz geworden. Es ist dekadent das Strafrecht in Namen der Humanität und Menschenrechte zu verweichlichen. Wer Volljährig ist gehört auch nach dem normalen Strafrecht behandelt und nicht nach dem Jugendstrafrecht! Wenn ein Mensch nach dem Gesetz volljährig ist mit allen Rechten der Volljährigkeit, dann gehört er auch nach diesem Recht betraft! Bemerkenswert, das Volljährigkeitsgesetz wurde ja nicht geändert weil die Menschen klüger geworden sind, sondern um Wählerstimmen zu generieren! Mit Menschenwürde hat es nichts zu tun, gewalttätige Mörder nach 18 Jahren in die Freiheit zu entlassen. Mit Humanität schon gar nicht. Und wenn Rauchen auf dem Balkon schon die Justiz beschäftigt, ein Klaps auf den Kinderpopo gegen die Würde der Kinder ist und Strafrechtlich verfolgt werden kann, so ist dies nicht mehr nur dekadent sondern entartet. Warum frage ich, werden dann Schläger so milde bestraft? Wenn gegen Schulnoten geklagt werden kann, bei Gericht die angebliche Menschenwürde und der Glaube höher bewertet wird als die Würde der Opfer, dann ist die Justiz in Frage zu stellen. Um nicht gegen die Menschenwürde zu verstoßen gibt es den Sarotti Mohr nicht mehr. Die Firma Ernst Neger soll ihr Firmenlogo ändern, dies war ein stilisierter Neger. Bei den heiligen drei Königen darf Balthasar nicht mehr schwarz sein. Negerküsse sind verpönt, diese Benennung ist ja rassistisch...! Das ist sowas von lächerlich. Als wenn die Schwarzen darum weißer würden! Diese Menschen sind nun mal schwarz so wie die Asiaten und wir Weißen ebenfalls eine andere Hautpigmentierung haben. Ich schlage vor den Terminus zu ändern. Statt der Zuordnung von Menschen in Farben wie Weiß oder Schwarz einfach den Begriff Dunkel pigmentierter Bürger oder Gelb pigmentierter Mensch, je nach Hautfarbe ein zuführen! Damit entgeht man rassistischen Äußerungen! Ändert zwar nichts an der Sache! Es hört sich aber weniger diskriminierend an! Wenn schon dekadent dann eben richtig! Zigeunerschnitzel verstößt auch gegen die Menschenwürde und ist von den Speisekarten verschwunden und so geht es weiter. Dieses Verhalten ist nicht nur dekadent, nein, es ist schon dumm! Das Phänomen gibt es auch nur bei uns im dekadent werdenden Deutschland.

Wenn Prozesse, nehmen wir als Beispiel den Fall NSU mit Frau Zäpsche, Jahre dauert und Millionen kostet dann hat das mit dem Rechtsstaat nichts mehr zu tun. Es stellt die überbordende Justiz und den Begriff Menschenwürde und Menschenrechte in Frage. Es ist ganz einfach Unfähigkeit der Justiz und so langsam lächerlich dazu. Auch das sind Anzeichen von Dekadenz.

Die Argumentation es ist ja alles so komplex geworden und darum ist es so, ist ja so was von schwach. Wer sorgt denn für die Komplexität, doch nicht der Bürger. Nein, es ist die Politik! Da kreiert die Politik ein neues Rezept, es heißt Gesetz. Hauptbestandteil sind Gängeleien, Realitätsfremde und Profilierungssucht. Als Einlage kommen dann der Lobbyismus von Banken, Industrie, Verbänden und andere Interessenvertretungen dazu. Und zu Ende gedacht sind viele ohnehin nicht! Das Ganze wird dann von der Legislative und der Justiz verquirlt und fertig ist der Eintopf a la Komplexa! Diesen darf dann die Bevölkerung auslöffeln und bezahlen. Ob er schmeckt oder nicht! Zurück zum System der Einfachheit und auf dem Boden des gesunden Menschenverstandes wäre der Weg in eine Vernunft orientierte Politik! Deutschland ist ein Land welches vom Bürokratismus beherrscht wird und diesbezüglich sich immer mehr einem sozialistischem Staat nähert. Auch in solchen Staaten wird überreguliert und die Meinung des Volkes ist sekundär. Dies ist eindeutig der Weg zum Staatsdirigismus! Ja es grenzt schon an Willkür. Und dies schadet der Wirtschaft. Und wie dekadent die Politik geworden ist, dies sieht man an Wirtschaftsminister Gabriel, SPD. Er möchte, die Idee ist ja eigentlich lobenswert und auch richtig, den Vorschriftenwahn eindämmen. Mal wieder ein Politiker welcher diese Notwendigkeit erkannt hat! Die Erfahrung aber zeigt dass es bei den Lippenbekenntnissen bleiben wird. Für jedes neue Gesetz oder Vorschrift soll ein altes gestrichen werden. Nun bin ich im rechnen nicht gerade eine Koryphäe, aber das bringe ich noch zusammen. Weniger werden es dadurch nicht! Dann wird auch noch ein sogenanntes Expertenteam eingesetzt. Dies bedeutet ja zusätzliches Personal und damit Kosten eben für die Verwaltungsbehörde. Dies kann nicht gut gehen und führt zu keinem positiven Ergebnis. Denn diese Mitarbeiter der Behörden sind darauf programmiert genau die Vorschriften und Gesetze zu erarbeiten und zu verwalten! In solche „Expertenkommissionen" gehören nicht nur „Experten" der Verwaltung, sondern Menschen aus der realen Wirtschaft und Berufszweigen welche letzten Endes mit den oft überflüssigen verabschiedeten Gesetzen der „Experten" leben müssen! Für eine Industrie und Export lastige Volkswirtschaft ist dies fatal. Eigenverantwortung und Kreativität werden durch dieses Gängeleien ausgebremst. Vorwiegend dafür sind die Sozialisten, leider teilweise inzwischen auch die Union, verantwortlich. Deutschland braucht nicht mehr Vorschriften welche von Theoretikern und Zahlenknechten erdacht werden sondern weniger. Da wird von der Politik beklagt in Deutschland würden zu wenig Unternehmen gegründet. Die Regierungen in den letzten Jahren machen ja den Mittelstand kaputt.

Und dies ist dumm denn der Mittelstand stellt die Mehrheit der Arbeitsplätze und auch die Bevölkerung in Deutschland. Aber man muss ja den Konzernen in den Hintern kriechen und dem Turbokapitalismus hörig sein! Haben die Herrschaften in der Politik es schon einmal mit der Selbstständigkeit versucht? Da muss man sich durch einen Dschungel von Vorschriften, Gesetzen und Gängeleien arbeiten. Viele davon sind absolut unnötig und sinnlos. Ein Beispiel dafür ist ein Bauhof der nun unbedingt für rund 20 Tausend Euro eine Toilette für Frauen und Behinderte einrichten muss. Weder Frauen noch Behinderte im Rollstuhl arbeiten dort. Aber weil es eben diese Verordnung gibt verlangt die obere Sesselwärmer Behörde den Einbau gegen den absolut vernünftigen Widerstand des Bauhofs und der Gemeinde. So wurde es im Fernsehen gezeigt. Und es gibt noch mehr solchen Unsinn. Vom realen Leben haben sich die Gesetzes- und Vorschriften besessenen Menschen in Ämtern und Behörden längst verabschiedet. Zudem stehen sie nicht in der Haftung für ihr tun! Dies ist einer der Gründe für die Verschwendung von Steuergeldern. Für sinnvolle Gesetze und Verordnungen und deren realen Folgen fehlt des öfteren offensichtlich die geistige Potenz dieser Herrschaften. Und wenn Beschäftigte in Behörden mitdenken, diese gibt es genügend, dann werden sie ausgebremst. Sie gelten als Störenfriede. Man kann doch nicht Vorschriften in Frage stellen! Dies ist ja illoyal und geht ja absolut nicht! Wer schon bei Großveranstaltungen wie Konzerte usw. war, sieht in jeder Pause das Gedränge auf den Damen Toiletten. Die Gründe sind logisch. Bei solchen Gebäuden müsste einfach die Anzahl der Toiletten für Frauen mindestens doppelt so groß sein wie für Männer. Das wäre realistisch und sinnvoll. Diese Vorschrift machte mit Sicherheit mehr Sinn als die Sache mit dem Bauhof! Dies nur am Rande als kleines Beispiel! Und all diese Gängeleien sind mit Kosten für die Unternehmen in jegliche Größe verbunden. Da kann einem das „Selbstständig" machen durchaus vergehen.

Das Hauptproblem der Politik in Deutschland ist der Konservatismus Und der fehlend Mut zu Änderungen! Natürlich tun manche Änderungen weh und sind nicht populär, je nach dem wen die Änderungen treffen. Auch die Agenda 20/10 schmerzte war richtig und notwendig! Man kann zum Basta Kanzler Schröder stehen wie man will. Er setzte sich durch! Wohlwissend dass es auch seine Wiederwahl kosten könnte. Das nahm er in Kauf. Ohne diese mutige Entscheidung stünde Deutschland, zumindest wirtschaftlich, nicht so gut da wie heute. War dieser Kanzler nicht von der SPD?

Alle Vorschläge, das Steuerrecht zu ändern und gerechter zu machen, zu vereinfachen, die Rechtsprechung zu reformieren, die überzogene und bescheuerte Bürokratie auf ein Normalmaß zu reduzieren, den Banken die Grenzen auf zu zeigen, den Sozialstaat auf das Notwendigste zurück zu fahren, dies scheitert am Konservatismus. Und genau das ist der Grund mangelnder positiven Änderungen in diesem Land und zwangsläufig auch in Europa. Es bleibt die Hoffnung die nächste, jüngere Generation von Politikern, ist mutiger als die jetzigen und stellt das Wohlergehen des Volkes über die der Parteien und Lobbyisten. Viel Zeit bleibt nicht! Die Dekadenz ist schon zu weit fortgeschritten in diesem Land.

Deutschland sei ein sehr reiches Land. Ist das so? Gemessen am Bruttosozialprodukt sicherlich. Nun stellt sich die Frage warum für Instandhaltung von Straßen, Schulen, Schwimmbäder, Kitas, Schulgebäuden, Forschung und anderes Belange der eigenen Bevölkerung mehr nicht die notwendigen Mittel vorhanden sind? Die Antwort ist ganz simpel. Die Regierung gibt das Geld falsch aus.

Milliarden werden als Subventionen an Industrie und Wirtschaft verwendet. Warum zum Beispiel erhalten denn die großen Autobauer Subventionen vom Staat bei Milliardengewinnen? Und schon wieder fordern sie Staatsgelder für die Entwicklung von E Autos! Auch Gelder der Entwicklungshilfe sind oft fragwürdig. China erhält über 200 Millionen, die Filmindustrie der USA ein paar Millionen und es geht so weiter, warum? Es wird gut sein dass der Staat alle Ausgaben nicht detailliert für die Öffentlichkeit zugänglich macht oder offenlegen muss. Unbestritten kostet auch der oft überzogene Sozialstaat sehr viel Geld. Fast fünfzig Prozent der Einnahmen des Bundes werden dafür verwendet. Ursächlich ist der große Einfluss der Lobbyisten! Die stärksten Lobbyisten erhalten das meiste Geld.

Die Schulbildung wird beklagt, eine staatliche Hoheitsaufgabe. Eigentlich für diesen Staat ein absolutes Armutszeugnis! Zeigt aber deutlich die Unfähigkeit der Politik. Schon Jahrzehnte doktert man an diesen Phänomen herum ohne Besserung. Eine Änderung ist durch das Föderalistische System unmöglich. Unsere Politiker sind nicht in der Lage um bei dieser für unseren Staat Fundamental wichtige Sache im Falle Schulbildung Parteien übergreifend hinaus zu agieren. Sollte dann nach über 45 Jahren Planung und Hickhack etwas eingeführt werden, ja dann feiert man diese Lahmarschigkeit auch noch als Erfolg! So geschehen in Baden Württemberg mit Einführung der Gemeinschaftsschule. Man nannte es auch Testphase. Was aber am Sachverhalt nichts ändert. Schulbildung darf nicht der Spielball der Parteien und deren Gesinnungen sein. Somit haben wir gar kein Bildungssystem! Es ist nämlich kein System ersichtlich. Die Feststellung Schulbildung sei abhängig vom sozialen Stand ist so nicht richtig! Diese Argumentation dient nur als Alibi! Kinder von Sozialschwachen Familien sind ja von Natur aus nicht dümmer! Der Schulbesuch ist für alle noch kostenlos. Somit sind die Bedingungen gleich! Es ist Sache der Erziehungsberechtigten die Kinder zu unterstützen und zu fördern. Genau da beginnt das Problem. Das desolate Schulsystem sorgt schon seit Generationen dafür dass Schüler mit nicht ausreichender Schulbildung die Schule verlassen. Wie kann es sein dass Schüler nach acht oder neun Jahren Schule nicht richtig rechnen und lesen können? Wie sollen diese Eltern dann ihren Kindern helfen? Dennoch, es liegt nun mal in der Natur, gibt es natürlich Kinder welche nicht ganz so leicht lernen. Die gehören unterstützt durch Nachhilfe usw. Und dann das unendliche Gerede unsere Politiker die Schulbildung in diesem Lande ist uns ja sowas von wichtig! Wenn dies wie bisher nicht nur Lippenbekenntnisse und Wahlversprechen sein sollen, dann müssen sie mal den Hintern bewegen und was tun! Ganztagsschulen sind die richtige Lösung. Hausaufgaben gehören in den Schulen unter Aufsicht einer Lehrkraft gemacht. Das hilft von allem Kindern mit Schwierigkeiten bezüglich mangelnder Unterstützung durch die Eltern. Ursache dafür sind Sprachprobleme oder ungenügende Bildung der Eltern. Somit wären die Kinder mit Lernschwierigkeiten integriert und sind nicht nur abhängig von der Bildung der Eltern. Die bestehende Schulpflicht gehört auch rigoros durchgesetzt! Notfalls muss als Instrument dazu das Kindergeld entsprechend gekürzt werden. Das würde helfen! Jetzt geht die Argumentation der linken Sozialweicheier wieder los mit der persönlichen Freiheit, den Menschenrechten und noch mehr solchem Unsinn. Dekadent eben!

Die Schulbildung beginnt ja schon in Kindergärten oder Tagesstätten. Dort wird die Grundlage gelegt. Und darum ist es dumm Eltern Geld zu zu schustern wenn sie diese Einrichtung nicht nutzen. Politik eben! Es muss sichergestellt werden dass Kinder bei der Einschulung der Unterrichtssprache, also Deutsch, mächtig sind. Wer diesen Sprachtest nicht besteht wird nicht eingeschult! In

Finnland ist es Gesetz. Der Erfolg spricht für sich. Finnland steht an der Spitze der Pisa Studie bezüglich Schulbildung! Jetzt kommt das Argument der Volksgröße. Es ist keine Frage der Größe eines Volkes sondern der Umgang mit dem Problem. Wie soll ein Schüler denn lernen wenn er nichts versteht? Dies ist vorwiegend Ursache des Niveaus der Grund und Hauptschulen. Komme mir jetzt keiner mit den Menschenrechten oder Würde! Diese sogenannten Rechte führen dazu das Lernniveau und die Benotung in Grundschulen zu senken. Damit diese Kinder nicht traumatisiert werden! Das jetzige Schulsystem ohne System ist eben gegen diese Werte. Mit Volksschulabschluss braucht man heute erst gar keine Bewerbung für eine Lehrstelle mehr zu schreiben! Wenn beklagt wird, Bewerber mit ausländisch klingenden Namen hätten es schwerer einen Job zu bekommen, muss man die Ursache analysieren! Es nur mit Vorurteilen oder Ausländer- Feindlichkeit zu geißeln ist zu einfach. Der Begriff wird ohnehin missbraucht! Vorwiegend trifft dies ja auf Bewerber mit unterem Schulabschluss zu. Zum Glück gibt es noch Betriebe welche dennoch Volksschüler einstellen. Die haben erkannt man kann nicht nur Häuptlinge gebrauchen! Nein Indianer braucht man eben auch! Dies ist nicht diskriminierend gegen die Indianer. Ganz im Gegenteil. Die waren schlauer!

Nun ist es ja nicht so dass heute ein Abitur noch die gleiche Wertigkeit wie früher hat. Die Zielsetzung der Bildungspolitiker ist seit Jahren mehr Kinder in die Gymnasien und zum Abitur zu bringen. Um dies zu erreichen wurde das Niveau abgesenkt. Und es ist wie in der freien Wirtschaft. Je mehr das Abitur haben desto weniger ist es Wert. Die Qualität des Abiturs ist auch noch von den jeweiligen Bundesländern abhängig. Die Volksschule, die untere Schulform in der Rangliste der Schulhierarchie, wurde ebenfalls abgewertet. Dies um lernschwächere Kinder aus welchen Gründen auch immer, wegen der Menschenwürde nicht zu benachteiligen!

Dringend notwendig ist ein einheitliches Schulsystem in diesem Staat. Denn ist eine hoheitliche Aufgabe. Ich habe noch kein schlüssiges Argument dagegen gehört! Die Politik ist dagegen. Verstehe ich schon denn es geht um Posten in den einzelnen Bundesländern. Also die Demokratie und der angebliche Rechtsstaat ginge daran nicht zugrunde. Auch wenn man es nicht gerne hört. Die Schulbildung in der DDR war besser als in Westdeutschland! Ein Grund dafür war gerade eben „ein" System!

Eine notwendige Änderung erfordert die Ausbildung der Erzieherinnen oder Erzieher praxisorientiert. Es nützt niemanden, vor allem unseren Kindern nicht, nur mit Theorie voll gestopfte und praxisfremde Pädagogen auf sie los zu lassen. Aber dies ist ja ohnehin eine Krankheit in diesem Staat nur mit Studium ein vollwertiger Bürger zu sein. Auch dies ist höchst dekadent! Und die Vergütung deren Arbeit muss angemessen und damit attraktiver sein!

Deutschland hat kein Geld für die Instandsetzung der Schulen. Daran kann man sehen wie verlogen die Politik ist. Von wegen die Schulbildung ist uns wichtig und hat oberste Priorität. Alles Schwätzer. Wenn Eltern und Lehrkräfte Schulen in Eigenleistung renovieren müssen…! Der Tenor, dafür fehlen die Mittel. Es ist ein Armutszeugnis. (Quelle Donnerstag-Talk am 6.8.15) Hauptsache man hat Mittel für die, ich betone, Wirtschaftsflüchtlinge. Die Kosten dafür werden für 2015 mit zehn Milliarden Euro angegeben. Wahrscheinlich ist es real das Doppelte! Ich weiß, das Eine hat mit dem Anderen nichts zu tun, wirklich?

Die Verbeamtung der Lehrer gehört abgeschafft denn die ist nur hinderlich! Die Bezahlung muss nach Leistung und Erfolg bewertet werden. Dies geht nun mal bei der Beamtenbesoldung nicht. Ist nicht vorgesehen! Leistungszulagen wie in der freien Wirtschaft könnten Lehrkräfte motivieren! Eines ist klar, Grundschullehrkräfte gehören so bezahlt wie Lehrkräfte in weiterführenden Schulen. Eine notwendige entsprechende Qualifikation für weiterführende Schulen kann über Leistungszulagen honoriert werden. Es ist wie in der Landwirtschaft, nur wer gut sät kann gut ernten! Und gesät wird in den Kitas und Grundschulen. Das Ergebnis der schlechten Saat sehen und beklagen wir täglich. Dies liegt natürlich nicht nur an den Lehrkräften. Der Lehrstoff gehört der Zeit angepasst und geändert. Das können aber Beamte in den Schulministerien nur ganz bedingt, wenn überhaupt. Da fehlt die Praxisnähe! Da muss man mit der Wirtschaft zusammenarbeiten. Und die teilweise Willkür von Lehrkräften, hervorgerufen durch die gesetzlich verordnete Hilflosigkeit, sollte der Vergangenheit angehören. Ganz wichtig ist die Flächen deckende Einführung der Ganztagsschule! Ebenso ist einheitliche Schulkleidung von Nöten. Damit wird die soziale Ausgrenzung der Schüler minimiert. Das ist nicht gegen die Menschenrechte oder Würde. Auch nicht gegen die persönliche Freiheit. Natürlich ist die Bekleidungsindustrie Lobby dagegen. Darum wird die Schulkleidung nicht kommen. Die Lobby allgemein ist in diesem Staat für unsere Politiker zu mächtig! In Ländern welche diese Einrichtung praktizieren, diese Länder liegen bei der Schulbildung im internationalen Vergleich weit vor Deutschland! Dieses Land hätte genügen Geld für diese dringend notwendige Reform. Aber leider nicht die dafür notwendigen Politiker! Eine Fehlentwicklung zu erkennen und nichts oder nur halbherzig etwas dagegen zu tun, dies ist dekadent!

Pegida

Die Meinung des Volkes ist lästig. Nur vor Wahlen wird das Wahlvolk hofiert und mit Versprechungen gefüttert welche so gut wie nie eingehalten werden. Die Pegida Demonstrationen sind dafür die Ursache. Mangels klarer Gegenargumente und Angst werden solche Demonstrationen als Nazipropaganda deklariert und auch, wie zum Beispiel in Dresden, verboten. Angeblich wegen Drohung eines Terroranschlages. Das kann man, muss man nicht glauben. Dies ist nicht nur Eingriff in das Grundrecht des deutschen Bürgers laut Verfassung, sondern der Ausdruck absoluter Hilflosigkeit. Angeblich sei die Sicherheit der Demonstranten nicht gewährleistet. Dann müssten so gut wie alle Demonstrationen verboten werden. Vorwiegend bei links- und rechts-Radikalen. Bei Pegida Demonstrationen ist bisher von diesen Demonstranten noch keine Gewalt bekannt geworden. Wenn die Politik von Nazis, Pack und Mitläufern redet ist dies eine Beleidigung von zig Tausend Menschen. Ein Großteil dieser Demonstranten sind normale Bürger die nun mal die Politik, welche an ihnen und ihren Bedürfnissen vorbeigeht, anprangert. Ein Bürger der die ungehinderte Zuwanderung nicht möchte, mit der Politik nicht zufrieden ist, dieser Bürger ist nicht rechtsradikal! Aber die Medien als Handlanger der hilflosen Politik rücken die Pegida in die rechte Ecke. Wie war das mit der Lügenpresse? Was hat der Unmut über den Zuzug von Wirtschaftsflüchtlingen, die Angst vor dem radikalen Islam und die zu erwartenden Probleme damit, was hat dies mit Fremdenfeindlichkeit zu tun? Ich habe Nachbarn muslimischen Glaubens und im Bekanntenkreis ebenso. Es gibt keine Probleme. Und dennoch bin gegen den Zuzug von Wirtschaftsflüchtlingen und gegen den radikalen Islam. Bin ich darum Fremdenfeindlich? Nein, dies verbiete ich mir ganz energisch! Das Argument dass vorwiegend nur in den Ostdeutschen Ländern solche Demonstrationen statt finden, dort die Ausländerquote so gut wie keine Rolle spielt und damit nicht nachvollziehbar sei, das ist zu simpel. Die Bevölkerung der Ost- Bundesländer sieht sehr wohl die Auswüchse und Probleme in den Westlichen Bundesländern. Und die Sensibilität der

Bürger aus der ehemaligen DDR ist ausgeprägter als in West-deutschland. Sie haben die momentane Politik schon einmal erlebt! Auch heute wird dem Bürger vor geschrieben was er sagen darf und nicht. Passt es nicht in das Bild der Herrschenden ist man in der rechten Ecke! Nebenbei, die Unterteilung in alte und neue Bundesländer ist nach 25 Jahren Wiedervereinigung ohnehin ein Unding! Die Innenpolitik in Deutschland wird vernachlässigt. Da-für ist man in der Euro- und Weltpolitik sehr aktiv.

Es genügt nicht die Pegida und zwangsläufig auch die AFD zu verunglimpfen und dem Rechtsradikalismus zu zu ordnen. Dies trifft auch auf die Diffamierung der sogenannten Stammtische zu! Die unverschämter Weise so oft titulierten „Hirnlosen und saufen-den Stammtischbrüder" haben sich längst in das anonyme Netz-werk und dadurch schon asozial zu nennend, verabschiedet. Bei Stammtischen ist man nicht anonym. Da schaut man sich in die Augen und muss in der Regel begründen was man sagt! Anders in den sozialen Netzwerken. Da kann man seiner Blödheit anonym freien Lauf lassen! Die Reaktion auf Pegida ist Hilflosigkeit der Politik! Die Unfähigkeit der Regierenden sich neuen Herausforde-rungen zu stellen und den Konservatismus zu beenden, alte Zöpfe ab zu schneiden, sind die Ursachen solcher „rechten Auswüchse". So der politische Jargon. Und wenn in Deutschland Demonstratio-nen und nun sogar Karneval Umzüge verboten werden wegen Drohungen von radikalen Islamisten, dann haben die ihr Ziel er-reicht. Faktisch ist damit ein Grundrecht abgeschafft! Mit diesem Mittel kann ein Land lahm gelegt werden. Drohungen müssen of-fengelegt werden, dann dennoch eine Demonstration zu veranstal-ten, soll den jeweiligen Demonstranten in Kenntnis der Gefahr die Teilnahme frei gestellt werden. Ich denke wir haben in diesem Lande, noch, freie und mündige Bürger. Eine Gefährdung ist nie auszuschließen!

Natürlich ist so eine Bewegung wie die Pegida für die Regierenden suspekt. Diese Bewegung ist nur schwer verbal zu bekämpfen. Zum einem weil es eben keine Partei mit festen Strukturen ist, zum zweiten viele Themen bündelt. Damit ist die Politik überfordert. Diffamierung ist der einfachere Weg. Es wird aber langfristig nicht helfen. Die Probleme müssen angepackt werden. Ein aussitzen dieser Probleme reicht nicht. Ansonsten wird es irgendwann eskalieren. Das Thema Islam habe ich schon erwähnt, ebenso den ungehinderten Zuzug von Armutsflüchtlingen. Natürlich ist der Ausdruck Lügenpresse nicht angebracht. Aber an dem Vorwurf ist die Presse nicht ganz unschuldig. Ich formuliere es mal so: die Presse ist beeinflusst und nicht mehr ganz neutral. In Berlin wird die Politik gemacht und die meisten Pressezentren der großen Verlage sind eben dort auch. Natürlich hat die Presse einen Maulkorb bekommen. Bei Berichterstattung über Straftaten wird die Nennung der Nationalität möglichst vermieden. Man möchte die Bevölkerung und vor allem den Kritikern die Grundlage entziehen, Argumente gegen die unkontrollierte Zuwanderung und auch der damit verbundenen Kriminalität auf zuführen. Das Argument auch Deutsche seien kriminell ist richtig. Aber die Zunahme der Kriminalität ist Tatsache und nicht schön zu reden von den Gutmenschen. Allein in Baden Württemberg, Jahr 2014, waren von 243 Tausend Tatverdächtigen 86 Tausend nicht deutscher Herkunft. Etwa drei Tausend davon agierten aus Asylbewerberheimen. (Quelle SK 27.2.15) Nun kann man dies natürlich auf die westlichen Bundesländer hochrechnen. Dort werden die meisten Asylanten aufgenommen. Jetzt kommt wieder die so strapazierte Menschenwürde ins Spiel. Gehört die Kriminalität schon zu Entfaltung der persönlichen Freiheit und damit zur Menschenwürde? So langsam würde mich dies nicht mehr wundern. Ach ja, diese armen

Menschen sind traumatisiert. Das entschuldigt natürlich vieles in diesem Staat. Dies ist dekadent.

AfD

Die AfD, ich bin parteilos, als Partei zu verunglimpfen und deren Mitglieder zu segmentieren ist nichts anderes als Hilflosigkeit. Würde die herrschende Politik eine für den Bürger des Mittelstandes gute Politik machen hätte die AfD keine Basis! Diese Partei spricht ganz einfach Menschen an welche sich von der momentanen Politik nicht mehr vertreten fühlen. Ob das Wahlergebnis dieser Partei ein Weckruf für die Regierungsparteien ist? Ich habe Zweifel. Der Werte- Konservatismus lässt es nicht zu. Die Argumentation der Politiker nur mit demokratischen Parteien zu verhandeln ist schlicht unverschämt.

Die AfD ist bei den letzten Landtagswahlen gewählt worden. Und unser Wahlrecht gilt als demokratisch! Über den Inhalt oder Politikrichtung einer Partei kann und muss man diskutieren. Die Wahlergebnisse der AfD sind kein Ruhmesblatt für die sogenannten Volksparteien CDU oder SPD. Ist man eigentlich mit über 12% Wahlergebnis der SPD in Baden-Württemberg noch Volkspartei? Was ist dann die AfD mit über 15%? Das Wahlergebnis der CDU war im „Ländle" mit 27% noch erträglich. Aber noch Volkspartei? Die Grünen im Bundestag sollten sich ebenfalls zurückhalten. Das absolut hervorragende Ergebnis der Grünen in Baden Württemberg ist ausschließlich der Person Kretschmann zu verdanken. Zumindest in Baden-Württemberg war es für mich eine Persönlichkeitswahl. So ähnlich war es auch in Rheinland Pfalz mit der SPD und Frau Dreyer. Die Parteiprogramme waren nicht unbedingt Ausschlag gebend. Es ist unfair der AfD vor zu werfen sie hätte keinerlei Wahlprogramm. Es gibt Parteien mit Wahlprogrammen welche nicht umgesetzt werden! Aus welchen Gründen auch immer. Natürlich hat die AfD ein Wahlprogramm. Sie ist, wie sich momentan darstellt, eine Partei welche für mehr Ordnung, Eigenverantwortung und soziales Gleichgewicht einsteht. Nur wenige haben es gelesen und es passt absolut nicht zur herrschenden Politik und Meinung. Nochmal, gegen den Euro, gegen die EU zu sein hat absolut nichts mit Rechtsradikal zu tun! Diese Themen waren letzten Endes die Gründungsursache der AfD. Und diese Partei spricht noch andere Themen an. Sollte die AfD eine Steuerreform nach dem Kirchhofsystem, eine Rentenreform und ein Einwanderungsgesetz in ihr Parteiprogramm aufnehmen, auch gegen TTIP, dann wäre sie durchaus eine Alternative zu den dem Wertekonservatismus hörigen etablierten Parteien. Zugegeben, in der AfD gibt es rechtsradikale Tendenzen. Aber auch die Linken Parteien haben ihre Radikalen....! Es ist scheinheilig zu fordern die AfD müsse sich von Mitgliedern mit rechtsradikalen Gedankengut trennen. Ich erinnere an die SPD mit Herrn Sarrazin als Mitglied. Auch er wird aufgrund seines Buches „Deutschland schafft sich ab" in die rechte Ecke gestellt. In denke in jeder Partei gibt es solche Mitglieder. Wenn eine Regierung Politik gegen des Volkes Meinung macht muss sie sich über Wahlergebnisse nicht wundern. Ich persönlich kenne genügen AfD Wähler aus dem Mittelstand. Alle AfD Wähler als Rechtsradikal und Dumpfbacken zu segmentieren ist recht unverschämt und zeigt die Hilflosigkeit. Ich hätte die AfD fast selbst gewählt, gebe ich zu. Und wer mich kennt weiß dass ich absolut nicht radikal bin. In keiner Richtung. Wohl manchmal anderer Meinung als die herrschende Politik! Aber der Politiker mit für mich größtem Charisma im Schwabenländle gab für mich den Ausschlag. Ob die AfD eine Zukunft in der politischen Landschaft auf Dauer hat wird sich zeigen. Es sei denn, diese Partei zerlegt sich selbst. In Sachen Neoliberalismus konkurriert sie mit der FDP. Natürlich sorgt die Aussage der AfD bezüglich „

Schießen an der Grenze" für Aufregung. Nun wird ihr unterstellt sie stimme zu "auf Frauen und Kinder" schießen zu lassen. Diese Bemerkung war äußerst ungeschickt in der aufgeheizten Zeit. Im Wahlkampf lieferte sie natürlich eine Steilvorlage für die Gegner. Wie ist das eigentlich mit den Männern? Darf man auf die schießen? Die werden nicht erwähnt. Ist medial nicht so gut zu verkaufen. Um dies aus zuschließen muss das Gesetz geändert werden. Dies sieht nun mal den Schusswaffen Gebrauch bei unerlaubtem Grenzübertritt als letztes Mittel vor. Will der Staat dies?

Dieser Partei den gleichen Weg wie von NPD, Piraten oder auch Republikaner zu prophezeien ist gewagt. Dafür ist das Wählerpotenzial zu unterschiedlich. Die nächsten Landtagswahlen werden es zeigen. Bis zu den Bundestagswahlen 2017 ist noch Zeit. Nochmals, die AfD als Gefahr für die Demokratie zu sehen ist Panikmache. Bedenklich wäre es eventuell wenn die AfD als Partei die Mehrheit im Bundestag bekommen würde. Solange dies nicht so ist sorgen die anderen Parteien schon für ein Gleichgewicht. Ich denke ein Vergleich mit dem Dritten Reich ist nicht haltbar. Damals waren ganz andere Voraussetzungen als heute. Noch ist dies so!

Ich erinnere an die Sonnenblumenpartei. Heute nennen sie sich die Grünen. Mit ungepflegten Erscheinungen im Bundestag und fast barbusige Müttern ihre Kinder stillend, die Republik in Frage stellend. (Heute regen sich die Politiker darüber auf dass die jungen Griechen in der Regierung ohne Krawatte auftreten) Diese Partei wurde damals angebliche Nähe zur RAF unterstellt. So wie die Linken als Nachfolge Partei der SED. Schon lange ist die Partei im Bundestag und in vielen Landesregierungen vertreten! Einer von den einst so belächelten Grünen, er titulierte einmal den Bundestagspräsidenten im hohen Haus als Arschloch, brachte es sogar zum Außenminister! Auch die Grünen wurden verunglimpft und für nicht Regierungsfähig gehalten! Und als Gefahr für unser Land gesehen. Ach ja, die so unnötige und überflüssige FDP, von dem Grünen Herrn Özdemir auch schon als Schandfleck deklariert, die kommt scheinbar doch wieder. Zumindest in Hamburg, Bremen und Baden Württemberg macht sie wieder mit. Eventuell wäre diese erneuerte, auch mit jungen Politikern besetzte Partei, eine echte Alternative. Dies geht aber nur, wenn die FDP sich wieder als Partei für den Mittelstand und die Leistungsträger zeigt. Das bedeutet Abbau der Bürokratie, Ehrlichkeit, Steuergerechtigkeit und Selbstbewusstsein gegenüber den herrschenden Verwaltungsparteien. Es genügt auch nicht von der freien Marktwirtschaft zu reden. Die haben wir ja schon. Mit den Folgen! Die Betonung und dann auch die Durchführung der „Sozialen" Marktwirtschaft ist notwendig! Nur dies bringt unser Land wieder auf einen vernünftigen Kurs. Aber dem steht der von der Partei vertretene Neoliberalismus im Weg. Und sie müsste so selbstbewusst sein, bei einer Regierungsbeteiligung wichtige Ministerien zu besetzen. Im Falle einer Regierungsbeteiligung das Finanzministerium! Nur dann kann die FDP bezüglich Steuern etwas bewegen. Aber es wird schwierig für die FDP. Wahrscheinlich wird sie wie 2009, nur um an der Regierung wieder beteiligt zu sein, sich mit dem Außenministerium oder weniger für Änderungen relevanten Ministerien zufrieden geben. Damit kann man aber nichts verändern! Dieses Außen- Ministerium dient doch vorwiegend nur der Repräsentation und als Sprachrohr der Regierung. Aber mit dem ja zu TTIP tut sich die FDP keinen Gefallen. Haben sie doch nichts dazu gelernt? TTIP ist eindeutig ein Produkt des Raubtierkapitalismus. Und dies geht zu Lasten des Mittelstandes. Gerade den will doch die FDP unterstützen! Das passt nicht zusammen und wird Stimmen kosten! Bei über eineinhalb Millionen Unterschriften der Bevölkerung gegen TTIP vergibt die FDP Wählerstimmen! Man kann erkennen dass sich keine Partei der Hörigkeit von Lobby und Kapitalismus entziehen kann! Zudem ist die FDP eine Alternative für den unzufriedenen Wählern der jetzigen politischen Landschaft. Ob die AfD eine wirkliche Gefahr für die Liberalen sind wird sich zeigen. Was sind doch die Wähler undankbar gegenüber den noch herrschenden Parteien! Die Wähler trauen der Politik und den Wahlkampfversprechen dieser Parteien nicht mehr. Und dies mit Recht. Aber es wird sich nichts ändern in dieser Republik. Es wird weiter nur verwaltet, gelogen, verteilt und die Gleichmacherei gepflegt. Und Leistungsbereitschaft sowie Eigenverantwortung verbal gefordert aber nicht entsprechend belohnt und gefördert. Dekadent eben! Und es werden weiterhin unsinnige Gesetze erlassen. Jedes neue Gesetz sollte vor in Kraft treten nach der vier „W Regel" Methode durchleuchtet werden. Was, warum, wofür und welches! Was wird verändert, warum ist es nötig, wofür ist es gut und letzten Endes, welches Gesetz wird dadurch unnötig und gestrichen. Zu einfach…? Die Begründung von wegen der Komplexität habe ich schon erläutert. Nicht zu vergessen ist natürlich der starke Lobbyismus welcher die Politik fest im Griff hat und massiv beeinflusst. Somit ist die Frage beantwortet wer eigentlich in diesem Lande die Politik macht!

Ob der vom Wohlstand gesättigte und dadurch bequem gewordene Bürger in dieser Republik mal begreift, dass er von der Politik oft nur hinters Licht geführt wird? Oder ist es eine Frage der Intelligenz des Volkes? Auf jeden Fall ist es auch die Hilflosigkeit. Und da stelle ich die Demokratie bei uns in Frage! Deutschland mit seiner angeblichen Demokratie muss aufpassen diese Demokratie nicht zu überziehen! Wenn Minderheiten die Mehrheit drangsalieren können, dann hat dies mit Menschenrechten und Menschenwürde, Demokratie oder Rechtsstaatlichkeit nichts mehr zu tun! Zudem gehört dringlich auch das Grundgesetz, die Verfassung unseres Landes, der Zeit angepasst. In den fast 70 Jahren seit der Gründung hat sich die Welt gravierend verändert. Sich auf das Grundgesetz, bei den damaligen Verhältnissen absolut eines der besten Grundgesetze/ Verfassungen der Welt, in der heutigen Zeit zu berufen ist nicht ungefährlich. Man versucht mittels der Justiz und Gesetzgebung dieses Manko aus zu gleichen. Das Ergebnis ist eine absolut überbordende und fast nicht mehr kontrollierbare Gesetzgebung. Und dies ist dem Rechtsempfinden der Bürger und damit der Demokratie und Rechtsstaatlichkeit nicht dienlich.

Der römische Historiker Tacitus (ca.55 - 115 n.Chr.) sagte schon: „Corruptisima re public plurimae leges", je verdorbener der Staat, desto mehr Gesetze hat er. Dem ist nichts hinzu zufügen!

Unsere respektvoll so genannte „ Mutti" Merkel gilt laut Medien als die mächtigste Frau der Welt. Ist das so? Macht bedeutet Stärke. Sind wir stark? Wirtschaftlich und Außenpolitisch, wie schon erwähnt, ist es noch so. Allerdings ist die Hörigkeit gegenüber der USA beängstigend. Nicht nur die Affäre durch die NSA macht dies deutlich. Auch wirtschaftlich diktiert die USA Deutschland. Entscheidungen, ob wirtschaftlich oder politisch, welche der USA nicht gefallen werden nicht getroffen. Sind wir nun ein souveränes Land oder nach wie vor ein Vasall der USA? Ja, ohne Zweifel sind wir das! Der Wirtschaftsboykott gegen Russland ist ja so ein Fall. Absolut blauäugig. Den Markt übernehmen nun andere Länder. Es gibt zwar Ansätze Entscheidungen auch gegen die USA zu treffen. Diese sind aber eine Rarität. Eine davon war unter Altkanzler Schröder mit der Lieferung von Gasrohren an Russland. Dieses Geschäft hätten die Amerikaner am liebsten selbst gemacht. Auch Frau Merkel hatte kürzlich den Mut Waffenlieferungen durch Deutschland an die Ukraine, ein Wunsch der USA nicht zu genehmigen. Respekt! Ist dies nur ein Strohfeuer oder besinnt sich

Deutschland, und zwangsläufig auch die EU, an ihre eigene Stärke?

Ich möchte hier nicht den Eindruck erwecken Amerika feindlich zu sein. Ganz im Gegenteil. Meine Jahrgänge wissen was die USA nach dem Krieg für uns getan haben und haben dies nicht vergessen. Aber diese Hilfe wurde nicht aus Selbstlosigkeit gewährt sondern knallharte Politik steckte dahinter. Die USA macht grundsätzlich nichts was ihrem Eigennutz nicht dienlich ist. Das ist auch nichts Verbotenes. Nur sollte es auch entsprechen so gewertet werden! Auf diesem Gebiet ist die Politik blind!

Dennoch, die USA sind und bleiben ein Land welches seine Eigeninteressen grundsätzlich über alles stellt. Wirtschaftlich und auch im finanziellen Sektor. Es liegt wohl an den Genen dieser Nation immer die Größten und Besten sein zu wollen. Dafür nimmt die USA auch Unruhen in anderen Ländern in Kauf, teilweise bis zu militärischen Auseinandersetzungen. Den hinterlassenen Scherbenhaufen dürfen dann die Anderen aufräumen oder müssen damit leben. Auch dieses Verhalten ist ein Grund der Flüchtlingsströme nach Europa. Solange Libyen, der Irak und andere von Diktatoren befreiten Ländern, eben durch die USA, noch Regierungen hatten gab es keine Flüchtlingsströme in diesem Ausmaße, Diktatur hin oder her! Geht es den Bevölkerungen ohne Diktatoren jetzt besser?

TTIP, ich komme noch darauf, bestätigt dies. Auch da geht es ausschließlich um Erweiterung der Wirtschaftsmacht USA!

Innenpolitisch ist Deutschland nicht stark. Dieser Staat schwächelt. Die Ursache liegt eindeutig an den Politikern. Diesem Staate fehlen Politiker mit Charisma und Erfahrungen aus dem realen Leben. Mit Politikern welche nur der Lobby und Hochrechnungen von Wissenschaftlern als Dogma mangels eigener Meinung hörig sind, mit solchen Politikern ist eine Änderung in diesem Staate nicht zu machen. Ausnahme ist die Verteidigungsministerin Frau von der Leyen. Sie und ihre Staatssekretärin versuchen den Sumpf von Vetternwirtschaft zwischen Waffen Industrie und Bundeswehr Beschaffungsamt trocken zu legen. Bisher führte diese Industrie die Beamten auf Kosten der Steuerzahler doch am Nasenring vor. Dafür bekommen diese Damen Schläge von jeder Seite anstatt Respekt! Und wenn ich lese ein Gewehr als Ersatz für das G 36 dauert bis zur Einführung zehn Jahre, dann kann ich nur hoffen dass dies auch von eventuellen Gegnern respektiert wird und die solange Ruhe geben! Auch dies ist dekadent. Nicht die Entwicklung einer neuen Waffe dauert so lange. Nein, die unendliche Bürokratie mit absolut fachfremden Politikern. Die Meisten hatten noch nie ein Gewehr in der Hand. Meetings und Ausschüsse mit der Lobby, all dies erzeugt die Lahmarschigkeit. Und die Erfahrung der Praktiker, also der einfachen Soldaten ohne silberne oder goldene Litzen, fließt bei diesem Getue nicht mit ein. Wie halt so üblich, auch in der freien Wirtschaft, in einem von der Theorie beherrschten Land. Die Ergebnisse unter Labor Bedingungen sind das Nonplusultra! Ich vermute aber es geht eigentlich nicht um das Gewehr. Die linken Parteien versuchen das Image von Frau von der Leyen zu beschädigen. Sie gilt als Kandidatin für die nächste Kanzlerin. Das Verhalten ist unfair. Frau von der Leyen übernahm ja das Ministerium für Verteidigung und da war das G 36 schon lange in Gebrauch. Warum aber haut sie nicht mal verbal auf den Tisch und geigt den scheinheiligen Politikern von der Gegenseite die Meinung? Mit Höflichkeit kommt man oft nicht weiter! Aber in der Politik gehört die Demontage von politischen Gegnern zum guten Ton! Die Auflagen geilen Medien machen da natürlich begeistert mit. Jetzt wird auch noch ihre Doktorarbeit in Frage gestellt! Was ist dies eigentlich noch für ein Rechtsstaat? Doktorarbeiten gehören ohne Zustimmung des Verfassers nicht ins Internet! Wenn durch Universitäten der Doktortitel erteilt wird ist dies nicht mehr in Frage zu stellen. Das ist ausschließlich Sache der Universität. Komme jetzt keiner mit Personen der Öffentlichkeit müssen dies akzeptieren. Auch diese Personen haben Persönlichkeitsrechte. Den Auflagengeilen Verlagen ist dies anscheinend gleichgültig. Bin mal gespannt wenn einer meine abgelegte Meisterprüfung oder mein Betriebswirtschaftsstudium in Frage stellt weil er etwas gegen mich hat. In Bananenrepubliken ist so etwas üblich! Und die Justiz mit ihrer oft seltsamen Rechtsauslegung kommt noch dazu. Nehmen wir doch die SPD als Beispiel. Mit Frau Nahles Mindestlohngesetz, die Arbeitsplatzverordnung, sowie Herrn Stegner mit seinem für mich demagogischen Gerede. Damit ist eine zukunftsorientierte Politik nicht machbar. Mit dem Virus der Verteilung und Bewahrung befallen können diese Herrschaften nicht anders. Die Parteienideologie tut das Übrige dazu. Mit der CDU / CSU ist es nicht viel besser. Alleine das unselige Theater um die Maut, die Mietpreisbremse, das EE Gesetz mit dem Bremser aus dem Königreich Bayern, Herrn Seehofer, die immer noch geltende ungerechte Steuergesetzgebung, all das ist Ursache der subjektiv empfundenen schlechten Politik. Teilweise haben wir als Politiker schon eine Rentnergang. Dies gilt auch für die EU. Da sind Änderungen nur schwer zu machen. Die junge Politikergeneration wird klein gehalten. Die sogenannte Erfahrung ist ja schön und gut. Dient sie aber als Bremse gegen Zukunft orientiertes Denken oder Neuerungen, dann ist diese Bremse hinderlich. Wenn es um die Zukunft der Bevölkerung und des Landes geht dann müssen Politiker an die vordere Linie, welche diese vor sich haben und mit den Beschlüssen und deren Folgen dann auch leben müssen. Gemeinsam mit der Erfahrung der „ Alten" und dem „Elan" der Jungen etwas positiv gestalten zu wollen, der Realität und nicht den oft antiquierten Dogmen der Parteien verbunden, das ist die Zukunft für die deutsche Politik. Alles andere ist der Weg zur Dekadenz.

Und die Wahlbeteiligungen bestätigen die Politik Müdigkeit der Deutschen. Und wie hilflos die Politik darauf reagiert zeigt doch die Idee, die Wahltermine auf den Feierabend, die Stimmabgabe auf Bahnhöfen, Supermärkten und anderen öffentlichen Räumen aus zu dehnen. Mehr fällt Frau Yasmin Fahimi, SPD, nicht ein. Wahlen in Deutschland sind eine ernste Sache und keine Jahrmarkt Gaudi! Die Wahlbeteiligung scheitert absolut nicht am Mangel der Stimmabgabe Möglichkeit. Sie scheitert an der Politik selbst! Lebendige, politische Debatten, neue Ideen und den Mut zu zukunftsorientierten Änderungen, all dies gibt es nicht mehr im hohen Hause. Die Angleichung der Parteien allgemein trotz unterschiedlicher Gesinnung, dies erzeugt keine Spannung mehr bei Wahlen. Die Einen wollen verteilen und die Anderen unterstützen den ungehinderten Kapitalismus. Dazwischen gibt es Parteilich nichts mehr als Alternative. Nun hat der Wähler die Wahl zwischen Pest und Cholera! Ohne nennenswerte Opposition, ich nenne den momentanen Zustand unserer Regierung Demokratur, wird es bis 2017 und darüber hinaus so bleiben. Eine Partei für den Mittelstand, noch die Mehrheit in diesem Lande und die Leistungsträger, solch eine Partei ist außer eventuell die FDP nicht in Sicht! Eine Partei in der Regierung welche Leistung, Fleiß und Selbstverantwortung wieder in den Focus rückt. Jenseits von Verteilungswahn, Regulierungswahn und absolutem Kapitalismus, sich für soziale Marktwirtschaft einsetzt, solch eine Partei ist von Nöten. Die Union überlässt die Innenpolitik dem Koalitionspartner SPD. Und so sieht sie auch aus. Noch mehr Verteilungspolitik und Gängeleien der Wirtschaft, siehe den Mindestlohn. Ein neues Bürokratiemonster! Dieses Monster wird den Missbrauch von Scheinselbständigen und

Leiharbeit nicht beheben. Dies gehört schlicht und einfach verboten. Aber da fehlt der Wille und Mut der Politik gegenüber der Kapitalbesessenen Wirtschaft und Industrie. Die Arbeitsplätze würden durch ein Verbot nicht weniger. Dies ist eine Schutzbehauptung um die Feigheit es zu ändern zu kaschieren. Und natürlich die Angst vor der Lobby welche ja letzten Endes die Politik macht. Auch da würde eine Volksabstimmung die Politik machende Lobby bremsen. Die überzogene und oft unnötige Bürokratie trifft die Mittelständischen Unternehmen und auch Handwerksbetriebe. In diesem Land ist ja die Bürokratie wichtiger geworden als die Produktivität an sich. Ein Bäcker möchte Brot und Brötchen backen, ein Pflegedienst Kranke und Bedürftige versorgen, der Arzt seine Patienten helfen und und! Über ein Drittel der Arbeitszeit muss für die oft unsinnige Bürokratie und sogenannte Dokumentation aufgewandt werden. Zwei Drittel davon wird nie geprüft und man kann sie in den Reißwolf tun. In meinem Wohnort schließt jeden Monat für eine Woche eine Arztpraxis aus organisatorischen Gründen, wie die Aufarbeitung des Unsinns verschleiert wird. Und mit der Feststellung von Frau Fahimi, SPD, wer die Formulare nicht ausfüllen kann ist entweder faul oder doof, qualifiziert sie sich ja selbst! (Quelle Sendung Günter Jauch, 01.03.2015 ARD) Dieser Aufwand schafft keinen Cent in das Bruttosozialprodukt. Sie meinte den unsinnigen Aufwand an Dokumentation bezüglich Mindestlohn. Der ist doof. Aber dies trifft auch auf anderen Behördlich verordneten Bürokratismus zu. Die Realitätsfremde von Frau Nahles und ihren Vasallen sieht man daran, sie verstehen es nicht dass dieses Gesetz besonders für die Gastronomie und Landwirtschaft ein Unding und völlig Realitätsfremd ist. Während der Erntezeit muss ganz einfach geerntet werden! Ich bin eigentlich gegen Ausnahmen bei Gesetzen. Aber in solchen Fällen müssten Ausnahmeregelungen möglich sein. Um Missbrauch zu vermeiden bedarf es in diesem Falle eben der Kontrolle! Und bei Veranstaltungen in der Gastronomie kann man nicht einfach nach zehn Stunden das Licht ausmachen! Zehn Stunden Maximum an Arbeitszeit hin oder her. Ganz bescheuert ist ja das Argument, dann müssen eben Personal Ablösungen für den Betrieb sorgen. Ob Frau Nahles oder einer ihrer Beamten nachts um Elf Uhr für zwei Stunden den Hintern bewegen um die Arbeit zu machen? Auch die Gewerkschaften sind ja nicht besser. Offensichtlich ist im Arbeitsministerium immer nur schönes Wetter! Es ist im Grunde genommen gesetzliche Einschränkung der persönlichen Freiheit! Wenn jemand freiwillig, die Betonung liegt bei freiwillig, mehr arbeiten möchte dann ist dies zu akzeptieren. In der Gastronomie und in vielen Teilen der Dienstleistungsbranche ist es doch ähnlich! Daran sieht man mal wieder die Realitätsfremde der Theoriefraks. Dies widerspricht der Notwendigkeit des Mindestlohnes nicht. Nur dem unnötigen und bürokratischem Aufwand mit den damit verbundenen Kosten. Dieser Mindestlohn von 8,50 Euro hört sich auch nur gut an. Tatsächlich sind es keine 8,50 Euro. Es sind natürlich Steuern und Abgaben zu entrichten. Und wenn bewaffnete Zollbeamte zum Beispiel in Bäckereien und andere mittelständisch Unternehmen den übertriebenen Bürokratieaufwand prüfen, dann hört es auf! Die Beamten können nichts dafür. Sie müssen diesen Schwachsinn ausbaden. Das ähnelt schon den Methoden der ehemaligen DDR! Ob dies noch etwas mit Demokratie zu tun hat? Das Wirtschaftswunder wäre bei dieser Gängelung und überbordenden Bürokratie nicht möglich gewesen. Da stand Arbeit und Leistung im Vordergrund! Der Gesetzeswahn und die sozialen Wohltaten kamen erst später mit Zunahme der linken Parteien auf. Der Wohlstand macht offensichtlich dekadent!

Was ist nur aus dieser Republik geworden? Es gab mal Zeiten da war unser Land Vorbild für viele andere Länder. Wo ist die

Sauberkeit in Städten und Rändern von Straßen geblieben? Wo der Anstand und Respekt gegenüber den Mitmenschen, vor allem den Alten? Wo ist die soziale Marktwirtschaft geblieben, die Pünktlichkeit und Sicherheit für den Bürger? Das Vertrauen in die Politik und an das gegebene Wort? Wie lächerlich macht sich diese Republik mit ihren Projekten wie den Berliner Flughafen welcher täglich Millionen kostet und nicht fertig wird. Die Elbharmonie in Hamburg und und! Ist das der Preis den man bezahlt wenn der Wohlstand zu groß ist? Wenn der Egoismus und die Geldgier der Preis für den Wohlstand ist, dann ist es ein zu hoher Preis!

Das total überzogene Sozialsystem sorgt für das Schwächeln. Und es wird so weiter betrieben. Den Grünen und Linken Traumtänzern sei Dank! Dass die Finanzierung dieser Wohltaten letzten Endes zu Schulden im Staatshaushalt, Zweckentfremdung von Sozialbeiträgen und Steuern führen, dies wird verschwiegen oder bestritten. Der Slogan der linken Parteien mit ihrem Fimmel den Menschen in Deutschland soll es gleich gut gehen, das ist Kommunismus pur. Ganz abgesehen davon hat es da auch nicht funktioniert. Man sieht es vor allem an den Sozialgesetzen und ihren Auswüchsen. Der Lebensstandard der Allgemeinheit, welche das Bruttosozialprodukt erwirtschaften, gilt so langsam aber sicher für alle. Smart Phone zum posten, schöne Wohnung, HD Flachbildschirm, Wasch- und Spülmaschine, dies gehört heute zum Lebensstandard. Weil die Sozialhilfe dafür nicht reicht wird das Ganze zusätzlich eben über Steuermittel gesponsert. Es kann ja wohl nicht sein wenn Geräte wie Waschmaschinen usw. den Geist aufgeben, dass das Sozialamt neue Geräte bezahlt. Mir tut es im Geldbeutel auch weh wenn bei mir Geräte erneuert werden müssen. Also muss ich eben sparen bis ich es mir leisten kann! Jetzt kommt wieder die Leier mit der Menschenwürde und und! Wo ist denn dann meine? Ist es gegen die Menschenwürde seine Wäsche ohne Maschine zu waschen, das Geschirr ohne Spülmaschine zu reinigen. Da Hartz-4 Empfänger in der Regel offiziell keiner geregelten Arbeit nachgehen hätten sie ja Zeit diese Arbeit ohne Maschinen zu erledigen. Keinen HD Fernseher, Handy oder Computer zu besitzen geht ja überhaupt nicht, Traumatisierung kann die Folge sein. Lehnen dann diese Mitbürger die Annahme einer Arbeit ab darf Hartz-4 nicht gekürzt werden. Das ist nicht nur dekadent, das ist pure Dummheit! Ja ja, die Justiz! Das sei, so die Argumentation, gegen die Menschenwürde! Diese Argumentation ist für mich nicht nach vollziehbar. Wie schon erwähnt muss die Menschenwürde für viel Unsinn herhalten. Wie dekadent sind wir schon geworden! Da in Deutschland fast jeder Haushalt ein Fahrzeug besitzt bin ich mal gespannt, wenn auch das Auto zum Lebensstandard für jeden gehört und mit Steuermittel bezahlt wird! Wegen der Menschenwürde oder Traumatisierung! Wie war das mit den Brot und Spielen im dekadenten Rom? Wenn es so weiter geht, und mit den linken Parteien in der Regierung wird es so weiter gehen, müssen sich die Bürger welche jeden Tag arbeiten gehen und ihren Lebensunterhalt- und Standard verdienen, das Bruttosozialprodukt erwirtschaften fragen, ob sie nicht dümmlich geworden sind! Auch für dieses ideologische Fehlverhalten muss natürlich die so arg strapazierte Menschenwürde herhalten! Nun denn, ich bin eigentlich auch ein Opfer der sozialen Ungerechtigkeit. Mein Bekannter hat zwei Autos der Premiumklasse, ein Haus, fast kann man dies als Villa bezeichnen. Er fliegt öfters in Urlaub und muss nicht auf den Euro achten. Dass er sein Leben lang als Selbstständiger gearbeitet, die 36 Stundenwoche nur von angestellten Mitarbeitern kannte und dementsprechend Geld verdient hat, dieser Sachverhalt macht meine angebliche Armut ihm gegenüber nicht besser! Ich habe nur ein kleines Reihenhäuschen und davon ist die Bank noch Teilhaber. Fahre einen Mittelklasse Wagen und überlege mir wohin ich Urlaub fahre und was er kostet. Beide sind wir in Rente. Bin mal gespannt wann meine Traumatisierung zum Ausbruch kommt!

Renten

Im Wahlkampf 2017 ist die Rente ein Thema. Aber es geht den Parteien dabei nicht um die Verbesserung der Renten oder einer Rentenreform. Nein, es geht nur um Stimmen! Nach der Wahl wird sich diesbezüglich nichts ändern. Der Wertekonservatismus und mangelnder Mut für Änderungen lässt es nicht zu. Nun ist die Anpassung der Renten in Ostdeutschland wieder so eine Politische Spielwiese. Dieses Affentheater hat nichts mit sozial zu tun. Ganz im Gegenteil Haben die Ostrentner mehr einbezahlt als die im Westen? Es ist eine Benachteiligung der West-Rentner. Warum sind die Rentenerhöhungen Ost prozentual immer höher als die Renten West? Bei der Wiedervereinigung wurde die damalige Ostmark eins zu eins in D Mark um getauscht, die Sparguthaben eins zu zwei. Somit wurde die Kaufkraft dem Westen angepasst. Da es in der DDR auch keine Arbeitslosigkeit gab, offiziell, bekamen die DDR Rentner eben nach der westdeutschen Rentenberechnung höhere Renten. Vor allem die Mütter schnitten besser ab. Aufgrund der gut ausgebauten Kinderbetreuung im Gegensatz zur Bundesrepublik, konnten sie sofort nach der Geburt wieder arbeiten. Somit hatten sie keine Beitragszahlungslücken. Dass in einigen Bundesländern weniger verdient wird kann nicht als Grund der Anpassung gelten. Genauso so die Angleichung der Renten von Ost und West. Das ist Kommunismus pur! Der Prozentsatz zur Berechnung der Renten muss für alle gleich sein. (Wie war das mit: Die Rentenbeiträge reichen nicht!) Da im Westen schon immer mehr verdient und damit die Rentenbeiträge eben auch höher sind, muss auch die Rentenhöhe unterschiedlich sein! So ist eben das Rentensystem angelegt. Alles andere ist Sozialismus und dekadent obendrein. Die Mütter in der ehemaligen DDR bekommen ja auch für ihre Kinder Erziehungszeiten pro Kind angerechnet, obwohl sie so gut wie keinen Ausfall durch eben die gut ausgebauten Kitas an Verdienst hatten. So ganz nebenbei bemerkt. Durch die Rentenerhöhung generiert der Staat natürlich auch Steuereinnahmen in Millionenhöhe!

Die Unfähigkeit der Politiker, Dummheit wäre wohl eine Beleidigung, ist doch die unleidliche Rentendiskussion seit Jahren. Die Rentenberechnung ist ohnehin eine Wissenschaft für sich. Aus guten Gründen. Eine Rente von drei Tausend DM war zur DM Zeit mit den damaligen Preisen eine sehr gute Rente! Heute, mit der halbierten Rente und den sehr schnell angepassten Preisen DM gleich EURO, ist die Kaufkraft absolut gesunken. Das Rentenniveau sinkt kontinuierlich, liegt inzwischen bei 52% zuzüglich Steuern und Krankenkassenbeiträgen. Dies gilt nicht nur für die Renten! Bei zukünftigen Rentnern welche ihre Rentenbeiträge in Euro entrichten relativiert sich diese Angelegenheit. Bei Pensionen änderte sich nichts. Die erhalten nach wie vor 72 Prozent des letzten Gehaltes. Und dies ist ein ganz gravierender Unterschied! Es sei ihnen gegönnt. Mit dieser Feststellung werde ich natürlich anecken. Es passt nicht in die heile Welt der Politiker! Die Realität war noch nie ein Argument dieser Spezies. Die Behauptung viele Rentner hätten ja noch eine Zusatzrente in Form von Betriebsrenten oder andere selbstfinanzierte Renten, darum ginge es den Rentnern gut, die ist recht unverschämt! Da kann man auch soweit gehen und sagen, wer sich Eigentum erschaffen hat und keine Miete im Alter bezahlen muss dem kann ja die Rente gekürzt werden! Dass die dekadent werdende Politik noch nicht auf diese Idee gekommen ist! Dies wundert mich eigentlich!

Das Gejammer, die Renten kosten den Haushalt des Bundes im Jahr rund 84,9 Milliarden an Zuschuss (Quelle BamS 22.02.15), ist ja so was von Volksverarsche! Die Beamtenpensionen kosten jährlich über 50 Milliarden. Wo ist der Aufschrei? Dieser Zuschuss ist nur eine Teilerstattung des Bundes für Entnahmen der Beiträge für Versicherungsfremde Leistungen. Tatsächlich wird aus den Beiträgen der Rentenversicherung viel mehr entnommen. Dies ist politischer Betrug an den Beitragszahlern. Die Eingezahlten Rentenbeiträge werden zweckentfremdet. Die Rentenversicherung bedient Lasten aus sozial politischen Gründen. Die Integration von Vertriebenen und Aussiedlern, Absicherung bei Arbeitslosigkeit und Renten wegen Arbeitsmarktlage, Transfer in die neuen Bundesländer, Reha Maßnahmen, eigentlich Aufgabe der Krankenkassen, und und! Die Wiedervereinigung wurde zum allergrößten Teil aus den Rücklagen der Sozialkassen bestritten. Somit wird der Renteneinzahler im Gegensatz zu Pensionären zur Finanzierung des Staatshaushaltes zur Kasse gebeten und auch betrogen! Soziale Aufgaben von den Rentenbeiträgen zu finanzieren ist Betrug! Pensionäre leisten dazu keinen Beitrag. Dies ist eigentlich gegen das Grundgesetz. Würde aus den Beiträgen, im Jahr 2015 auf 140 Milliarden veranschlagt, tatsächlich nur die reinen Einzahler, und nur die, durch die Rente bedient zuzüglich der gestohlenen Rücklagen, dann reichten die Beiträge. Da können mir die Rechenkünstler und Zahlenverdreher erzählen was sie wollen! Die Regierung gibt die Kosten für die Rentenzahlung mit 270 Milliarden an, 2014. Dies ist Volksverarsche! Die Beiträge muss man abziehen! Die Beamten Pensionen kosten über 50 Milliarden! Die Rechnung, Rentenbeiträge geteilt durch Rentenbezieher, ist damit zu einfach und falsch dazu! Detaillierte Zahlen sind nicht zu bekommen. Politisch aus gutem Grund! Und ich sage in aller Deutlichkeit, der Griff in die Rentenkasse ist kriminell. Die Rentenbeiträge sind keine Steuereinnahmen und damit auch keine Manipuliermasse der Politiker! Es ist Eigentum der reinen Einzahler! Aber dem Bundesverfassungsgericht ist dies offensichtlich einerlei. Ist dieses Gericht wirklich unabhängig und neutral? Das Argument der Alterspyramide und weiterer wissenschaftlicher Hochrechnungen bezüglich Rente sind zu vernachlässigen. Sie entsprechen nicht der Realität. Bei diesen Berechnungen und Behauptungen findet die Produktivität der Volkswirtschaft so gut wie keine Beachtung. Nach wie vor gilt die Behauptung ein Arbeitnehmer müsse für zwei Rentner aufkommen. Und dies würde steigen. Zu meinen der Zuzug von jungen Migranten würde dies ändern ist nicht zu Ende gedacht. Politik eben. Dies würde nur für relative kurze Zeit helfen. Bedauerlicher Weise unterliegen diese jungen Menschen eben auch dem Alterungsprozess! Damit haben wir dann auch wieder Alte! Der Ökonom Professor Gerd Bosbach widerspricht und erläutert dies ausführlich.(Quelle Focus 52/01/14) Zudem steigen mit jeder Lohn / Gehaltserhöhung die Beiträge. Die Rentenerhöhungen liegen immer darunter. Der deutsche Arbeitnehmer tritt ja immer später in das Berufsleben ein. Im Durchschnitt mit 20 Jahren. Das sind sechs Jahre später als zu meiner Zeit. Und damit, das Renteneintrittsalter wird ja richtigerweise erhöht, geht er eben mit frühestens 65 Jahren in den Ruhestand wenn man 45 Jahre reine Erwerbs- und Arbeitszeit nachweisen kann. Dass die Sozialfraktionen dieser wieder aufweichen mit Einrechnung von Arbeitslosenzeiten ist ja ein anderes Thema! Die Behauptung der linken Fraktionen auch während der Arbeitslosenzeit zahle der Arbeitslose Rentenbeiträge ein ist gelogen. Diese Beiträge trägt der Steuerzahler! Das ist nicht sozial sondern Betrug an jenen welche 45 Jahre Arbeitszeit nachweisen. Und damit ist es ungerecht! Aber dies ist typisch für die linken Parteien! Und dennoch, wie schon erwähnt, das jetzige Rentensystem ist dekadent. Eine Mitschuld trägt der Konservatismus in dieser Republik. Den Mut einer sinnvollen Änderung haben die Politiker in der Regierungsverantwortung nicht! Die Gründe sind außer der Mutlosigkeit natürlich der Lobbyismus und die Möglichkeit den Haushalt durch Diebstahl der Sozialbeiträge zu kaschieren. Staaten wie die Schweiz, Holland und andere nördliche Euroländer haben ein anderes System. Und diese Staaten kann man diesbezüglich nicht als unsozial bezeichnen.

Grundsätzlich gehört das Rentensystem geändert und der Zeit angepasst. Es tut schon weh wenn Politiker das jetzige System weiterhin als Nonplusultra verteidigen. So Herr Spahn, politischer Staatssekretär im Finanzministerium (Quelle 30.7.15 Sendung Donners-Talk im ARD). Ein Rentensystem wie in Schweden wäre in Deutschland nicht umzusetzen! Offensichtlich verhindert der Konservatismus und die Mutlosigkeit sinnvolle Veränderungen! Da wird halt weiter geschustert. Und dies von einem jüngeren Politiker! Wie war das mit dem abnicken? Und wie borniert ist eigentlich dieser Herr. Er hat nach relativ kurzer Zeit im Bundestag einen Anspruch von drei Tausend Euro Altersversorgung im Monat. Und dies ohne Einzahlung. Ein Rentner hat Anspruch nach der „Lebensleistungsrente" durchschnittlich von dreißig Euro pro Jahr. Macht bei 40 Jahren eine monatliche Rente von 1200 Euro brutto!

Es ist alles andere als sozial wenn Rentner trotz 45 Jahre Arbeit im Niedriglohnbereich auf Unterstützung angewiesen sind oder noch hinzu verdienen müssen. Die Mehrheit der Nachkriegsjahrgänge, also die jetzigen Rentner, waren gemessen am jetzigen Einkommensniveau im Niedriglohnbereich beschäftigt. Und daran wird die Rente berechnet! Gerechter wäre es jeder Rentenberechtigte mit 45 Jahren vom Lohn/ Gehalt selbst gezahlten Rentenbeiträge erhält eine „Mindestrente" von 800 Euro. Aber eben „nur" die Einzahler. Von dieser Summe an wird die Rente dann berechnet wie bisher. Das wäre sozial. In Baden-Württemberg werden 11,5 % des Landeshaushaltes für Pensionen aufgewendet. Laut Studie gab es in Baden Württemberg im Jahr 2012, 271 700 Mitarbeiter im öffentlichen Dienst. Davon 193 800 Beamte. Das sind 77 Prozent. Hinzu kommen noch 86 Tausend Pensionäre und Tausende von Witwen und Waisen. Die Pension lag im Schnitt, bereinigt, bei 2 200 Euro. Die Standardrente nach 45 Beitragsjahren 1 300 Euro! Die Steigerung der Pensionen seit 2005 plus 12 Prozent, die der Rentner 1 bis 2 Prozent. (Quelle SK 25.7.15) Dies ohne einen Cent Eigenleistung! Damit sieht man deutlich eine Angleichung von Renten und Pensionen wäre auch nach dem Grundgesetz mehr als gerecht! Nicht finanzierbar? Blödes Argument. Natürlich, die Politik muss es nur wollen. Der Staat finanziert so viel Unsinn mit Milliardenbeträgen dann wäre diese Rentenreform auch machbar. Zuschüsse für Aufstockung, Miete usw. kosten ja auch Geld. Dies würde dann entfallen. Erziehungszeiten und Pflichtwehrdienst wird angerechnet. Was wurde die Bevölkerung von der Politik schon angelogen bezüglich Renten. Da wurde die Mineralölsteuer und die Tabaksteuer erhöht zur Rentenfinanzierung. Auch dies war gelogen.

Nicht vergessen sollten die Rentner ihre Macht als Wähler! Die Parteien haben dieses Potenzial offensichtlich noch nicht erkannt! Beim Rententhema sieht man die Unfähigkeit unserer Politikereilte!

Die Beamtenpensionen kosten den Steuerzahler jährlich Milliarden Euro. Insgesamt schiebt der Staat 1 300 Millionen an Pensionslasten vor sich her.(Quelle Fakt 8.4.13 ARD) Dabei sind die Kosten für die Beihilfen von Krankheit nicht berücksichtigt. Seltsam, ich habe noch kein Gejammer gehört von wegen der Finanzierung! Dass die Pensionen durchschnittlich 20 bis 30 Prozent höher als die Renten sind ohne Eigenleistung, dies ist nicht nur ungerecht sondern langfristig auch nicht mehr zu bezahlen. Und es entspricht auch nicht dem Grundgesetz! Aber auch dieses Gesetz ist Auslegungssache, wie so viele. Ich gönne jedem Pensionär seine Ruhestandsbezüge. Er kann ja nichts dafür dass es so ist. Die Pensionäre lebten mit Sicherheit, auch heute nicht, unter der Belastung wie Leistungsdruck, Angst um den Arbeitsplatz oder Einkommensschwankungen bei Krankheit und Arbeitslosigkeit. Von der Existenz Angst beim selbstständigen Mittelstand will ich erst gar nicht reden. Dies gilt, ich betone dies, nicht für unsere Polizei und Vollzugsbeamte. Die nehme ich ausdrücklich davon aus. Die Bezahlung unserer Beamten in diesem Aufgabenbereich steht ohnehin in keinem Verhältnis zu anderen, risikolosen und wesentlich besser dotierten Beamtenjobs! Letzten Endes halten die den Kopf hin für die Einhaltung von Gesetzen. Die zur Durchführung oft notwendige rechtliche Unterstützung wird aber durch unsere Gesetzgebung erschwert oder verweigert. Im Buch „es reicht" von Burkhard Metzger wird dies deutlich aufgezeigt. Dann wird einem klar wie Richter die Persönlichkeitsrechte unserer Polizei und deren Arbeit werten! Dies ist schlicht gesagt eines Rechtsstaates nicht würdig. So hart es klingt, werden zu wenig Richter angegriffen und verhauen mit gesundheitlichen Folgen? Da würden manche Urteile anders ausfallen. Es bestätigt meine Meinung dass die Justiz in unserem Lande fragwürdig geworden ist. Wer Polizisten körperlich attackiert oder beleidigt der gehört bestraft. Das hat nichts mit Polizeistaat zu tun! Auch die Polizei hat Anspruch auf Menschenrechte! Es ist nicht mehr Rechtsstaatlich wenn bei Demonstrationen wie am 18.3.15 in Frankfurt 80 Polizisten verletzt und Polizeiwagen in Brand gesteckt werden. Dieser Anarchismus zeigt doch eindeutig die Unfähigkeit der Staatsgewalt. Die Duldung von vermummten Chaoten stellt ebenfalls den Rechtsstaat in Frage. Wird aber geduldet. Hat etwas mit der Menschenwürde und den Menschenrechten zu tun! Dass ich dies nicht so recht verstehe liegt wohl doch an meiner mangelnden Intelligenz. Zudem gehört auch das Beamtenbesoldungsgesetz reformiert. Auch dies entspricht nicht mehr der Zeit und ist gegenüber den Erwerbstätigen in der freien Wirtschaft ungerecht. Dass die Lehrkräfte einen schwierigen Job haben ist unbestritten. Dafür trägt die Schulpolitik und auch die Weichei Gesetzgebung die Verantwortung. Die ändert aber nichts an der vorhergehenden Feststellung. Bezüglich Medien. Sie tragen eine Mitschuld an der schlechten Stimmung in diesem Lande. Im Buch „Lobbyismus, auf dem Weg zur ersten Staatsgewalt", sind die Gründe aufgeführt. Dieses Thema ist für die Politik nicht angenehm und somit halten sich Medien zurück. Wie war das mit der gelenkten Presse? Zudem ist eine Änderung durch die Anzahl von Beamten im Bundestag nicht machbar. Der Beamtenbund ist zu mächtig und steckt durch die hohe Anzahl beamteter Politiker die Politik im Bundestag in die Tasche. Wenn nicht Betroffene, die Politiker zahlen in der Regel nicht in die gesetzliche Rente ein, über die Rente bestimmen und dem Konservatismus und der Partei Ideologie abhängig sind, dann wird sich an dem Betrug nichts ändern! Nach dem Grundgesetz gehören die Pensionen eigentlich abgeschafft denn nach dem Gesetz sind alle gleich! Die Lösung, alle zahlen in die Rentenkasse ein und werden daraus nach gleichen Bedingungen Rente erhalten. Dies scheitert natürlich an der starken Beamtenlobby im Bundestag. Es ist nicht gerecht wenn Arbeitnehmer Rentenbeiträge zahlen und dann gegenüber Beamten mit Null Eigenleistung auch noch zwanzig Prozent weniger Altersruhegeld als Pensionäre bekommen. Die Ursache liegt darin, die Rentenhöhe wird nach dem Durchschnitt der Rentenbeiträge des gesamten Arbeitslebens berechnet. Bei Beamten beträgt die Pension 72 Prozent des letzten Gehaltes. Bei Rentnern 52 Prozent des durchschnittlichen Lebensarbeitszeit Einkommens! Und dies trifft vorwiegend Rentner welche in weniger gut bezahlten Dienstleistung Berufen tätig waren. Man stelle sich vor die Rentner würden wie Beamte 72% des letzten monatlichen Einkommens als Rente erhalten...! Und dies ohne Eigenleistung. Wir hätten keine Rentnerarmut und somit auch keine Rentendiskussion. Dass dies, bei der momentanen Rentenpolitik, nicht zu bezahlen ist weiß ich auch. 72% des durchschnittlichen Lebensarbeitszeit Einkommens aber durchaus. Natürlich nur für die Rentenbeitrags Einzahler! Im Ländervergleich Europa liegt Deutschland bei der Durchschnittsrente in % mit 50% an letzter Stelle! Die Niederlande ist mit 95,7% führend (Quelle Bild, OECD.dpa Stand 2014, ausgewählte Länder „Rentenanspruch" nach 45 Beitragsjahren). Wie ist das mit dem so reichen und sozialen Deutschland? Es ist eine Diskussionsgrundlage zu diesem Thema! Eigentlich sind Rentenbeiträge zweckgebunden. Wenn jemand ein Sparbuch besitzt und einbezahlt, nichts anderes ist die Rentenkasse, dann bedient er ja daraus auch nicht diejenigen welche nichts darauf einbezahlt haben! Somit stelle ich den Begriff „Solidarität" bei der Rente in Frage! Das hat damit nichts zu tun. Es ist für mich schlicht und einfach politisch legaler Betrug an den Einzahlern. Die Einkommen waren ja vor 40 Jahren nicht so hoch wie heute. Und genau diese damaligen niederen Einkommen sind aber die Grundlage der Rentenzahlung! Somit ist dies gegenüber Beamten ungerecht! Zudem hätte die Gleichstellung den Vorteil, die Renten würden im Bundestag ein größeres Gewicht bekommen. Denn diese Herrschaften würden dann zu ihrem Eigenwohl für angemessene Rentenerhöhung sorgen! Außer dem, der Beamtenstatus stammt ja noch aus dem Kaiserreich. Diesen Status nicht der Zeit an zu passen ist absolute Dekadenz. Die damaligen Gründe oder Argumente zu diesem Gesetz sind ja längst nicht mehr gegeben! Das aber haben die Politiker noch nicht begriffen. Und das Argument der Beamte verdiene weniger als in der freien

Wirtschaft, dies ist nicht haltbar. Das mag mal so gewesen sein. Man darf nicht die Einkommen der Industrie und Bankenbranche zum Vergleich nehmen. Die Mehrzahl der Deutschen gehört zum Mittelstand! Da sind die Einkommen geringer! Eine vernünftige Änderung wäre den bisherigen Beamtenstatus für die Staatsbeschäftigten zu lassen. Statt der Pension werden sie aber mit den Rentnern gleich gestellt. Da die Beamten, wie schon erwähnt, gegenüber den Arbeitnehmern in der freien Wirtschaft unbestritten Vorteile haben erhalten sie kein Streikrecht. Darauf komme ich noch. Ihre Bezüge werden dem Durchschnitt der Tariferhöhungen in der freien Wirtschaft angepasst. Damit wäre die Gleichheit laut Grundgesetz vollzogen. Als Stichtag könnte man ja das Jahr 2017 oder 2018 nehmen. Komme jetzt keiner mit dem Bestandsschutz! Bei der Besteuerung der Renten spielte der auch keine Rolle! Diese Maßnahme würde der Rentenkasse mehr Einnahmen bringen sowie den Bund langfristig entlasten da die Renten immer niederer sind als die Pensionen. Die als Gegenargument aufgeführten höheren Ausgaben für die Rentenanstalten sind nicht stichhaltig. Die bisherige Kosten für die Pensionen, immerhin 50 Milliarden jährlich aus Steuergeldern, für die Übergangzeit den Rentenkassen zugeführt kompensiert die höheren Ausgaben. Dabei sind die Kosten für Beihilfen im Krankheitsfall nicht eingerechnet. Auch dies wird aus Steuermitteln finanziert. Diese Änderung ist ein Modell welches spätestens bei der nächsten Beamtengeneration Wirkung zeigt. Dieser Vorschlag wird Utopie bleiben, leider! Und es würde die Bedenkenträger, Totrechner und auch Zahlenknechte, Verbände wie der Beamtenbund usw. auf den Plan rufen. Ich höre schon die Argumentation die Änderung ginge mangels Daten nicht! Natürlich ginge es. Man will nicht. Damit ist die Politik überfordert, etwas Vernünftiges und Gerechtes durch zu setzen. Dies ist dekadent.

Die Manipulation mit den Rentenbeitragssätzen ist Verdummung der Bevölkerung. Eine Senkung des Rentenbeitrages um 0,2 Punkte bringt pro Tausend Euro Einkommen eine Ersparnis von 2 Euro, toll! Der Beitragssatz wurde gesenkt weil die Rentenkasse so voll wie schon lange nicht mehr ist. Noch! Dies ist absolute Dummheit und dient nur dem Stimmenfang. Die so langsam dekadent werdende Bevölkerung fällt auf diesen destruktiven Unsinn auch noch rein! Ein gleichbleibender Beitragssatz täte niemand weh! Aber die Regierung hat die volle Rentenkasse im Visier zur Haushaltssanierung. Wie war das mit der Zweckentfremdung der Beiträge? Aber zu meinen die Zuwanderung würde das Problem der Rentenzahlung lösen ist nicht haltbar. Die Arbeitsplätze in Deutschland werden ja nicht mehr. Nur die Anforderungen haben sich geändert. Durch Technisierung und Digitalisierung in fast allen Berufen fallen Arbeitsplätze weg. Jeden Tag kommen darüber Meldungen in den Medien. Vor allem Konzerne sind da führend. Man muss ja die Gewinne maximieren. Insbesondere Arbeitsplätze verschwinden für nicht qualifizierte Menschen. Genau diesem Klientel muss man den Großteil der Flüchtlinge zu ordnen. Bei einer guten, der Zukunft geschulterten und auch einheitlichen Schulausbildung, könnte man mit der eigenen Bevölkerung größtenteils den Ansprüchen der Wirtschaft und Industrie gerecht werden. Selbst wenn die Armutsflüchtlinge in den Arbeitsmarkt eingefügt werden könnten, so werden sie in den meisten Fällen in den untersten Einkommensgruppen zu finden sein. Und dadurch teilweise durch Aufstockung der Einkommen mit Steuergeldern subventioniert. Und das geht wieder zu Lasten der Sozialkassen. Denn aufgrund des niederen Einkommens zahlen sie so gut wie keine Steuer und Rentenbeiträge und werden im Alter dann mit Steuergeldern oder aus der Rentenkasse bedient. Alle anderen Behauptungen sind wissenschaftliche und damit rein theoretische Erkenntnisse. Wann sind schon solche Vorhersagen eingetroffen? In Deutschland herrscht aber kein Mangel an Arbeitskräften allgemein. Nur in bestimmten hoch qualifizierten Berufsgruppen gibt es Mangelerscheinungen. Auch der Dienstleistungssektor ist nicht unbegrenzt Aufnahme fähig. Zudem, die Gesetzgebung baut in diesen Berufen Hürden auf. Warum frage ich mich, muss man zum Beispiel als Kindergärtnerin Abitur haben? Und eine Fünfjährige Ausbildung ist absolut übertrieben. Für Führungskräfte mag das Sinn machen. Als ob das Abitur oder ein Studium die pädagogischen Fähigkeiten verbessern würden. In der Theorie eventuell, aber nur in der Theorie! Und genau auf diese Fähigkeit kommt es bei solchen Berufen an. Angeblich werde mit höheren Anforderungen die Wertigkeit verschiedener Berufsgruppen erhöht. Die Wertigkeit einer Berufsgruppe erkennt man an seiner Bezahlung! Der Dienstleistungssektor liegt eindeutig im untersten Bereich der Einkommens Skala. Warum? Die Wertschöpfung ist im Gegensatz zur Industrie und auch anderen mächtigen Wirtschaftszweigen geringer. Das liegt an der Personalintensität und den damit verbundenen Kosten. In der Industrie kann zum Beispiel durch Automatisierung und Technik die Produktivität, also die Stückzahl pro Mitarbeiter, gesteigert werden. Und dies ohne zusätzliche Personalkosten. Darum wird ein Facharbeiter der Industrie oder Angestellter höher bewertet wie die personalintensive Arbeit einer Krankenschwester, eines Polizisten oder Handwerkers, von der Gastronomie ganz zu schweigen. Zur Erinnerung, auch bei diesen Berufen ist in der Regel eine Lehre oder Ausbildung Grundlage! Ob die psychische und physische Belastungen dieser Berufsgruppen höher zu bewerten sind überlasse ich dem Leser. Ich meine ja.

So ähnlich ist es ja mit dem flächendeckenden Mindestlohn auch. Dies ist eine politische und gesetzliche Missgeburt. Mal wieder. Die Politik kann es nicht. Solche Gesetze dienen nur dem

Stimmenfang. Denn im Wahlkampf bringt eine Forderung nach Erhöhung des Mindestlohnes Stimmen! Dieses Gesetz ist purer Sozialismus. Solange die Einkommen in den Bundesländern aufgrund ihrer Produktivität unterschiedlich sind, die Verbraucherpreise und Einkommen variieren, solange ist der Flächendeckende Mindestlohn Gleichmacherei. Ein Mindestlohn ist angebracht, aber nicht Flächendeckend! Dies ist eindeutig Sache der Tarifpartner und nicht der Politik. Im Buch „Lobbyismus auf dem Weg zur ersten Staatsgewalt" habe ich aufgeführt wie diese Angelegenheit ohne Politik sinnvoll gelöst werden kann. Ich habe von den linken Parteien, insbesondere von Frau Nahles, nichts anderes erwartet. Die Schaffung einer angeblichen unabhängigen Kommission zur Festlegung des Mindestlohnes ist doch Augenwischerei. Natürlich wird sich die Politik zum Stimmenfang einmischen. Der Mindestlohn und die überarbeitete Arbeitsstätten Verordnung spiegelt doch die Realitätsfremde von Frau Nahles und den Beamten wieder. Wenn es nach Frau Nahles, SPD, geht, dann muss in jeder Toilette, Umkleideraum, Lagerraum für Aktien und anderes totes Material ein Fenster sein. Es könnte ja ein Mitarbeiter da hinein müssen. Wie will die Dame denn diese Forderung im Berg- und Tunnelbau realisieren? Wenn es in neu geplanten Gebäuden vorgeschrieben wird könnte man es eventuell noch verstehen. Aber diese Forderung nachträglich zu verlangen ist Schwachsinn! Jetzt soll auch noch der Paternoster verboten werden. Über eineinhalb Hundert Jahren funktionierte diese Technik reibungslos! Offensichtlich ist die Bevölkerung dümmer geworden wenn sie mit dieser Technik nicht mehr zurecht kommt! Und dieser dumme Bürger muss natürlich von den so gescheiten Politikern geschützt werden! Die Frage stellt sich, wer muss eigentlich vor wem geschützt werden? Diese SPD nennt sich auch noch Volkspartei! Eigentlich ist dies kein Kompliment an das Volk oder Wähler! Das Arbeitsministerium wird zu sehr von der Langeweile gepeinigt! Auch das sind Zeichen von Dekadenz einer zu wohlhabenden Gesellschaft! Offensichtlich wird die Politik mit gravierenden Problemen nicht fertig und verlagert ihre Inkompetenz auf die Spielwiese von Nebensächlichkeiten. In Deutschland ist ja jedes Gesetz, mag es Sinn machen oder nicht, mit zusätzlichem Verwaltungsaufwand verbunden. Und genau dies macht so manches Gesetz im nach hinein lächerlich und albern. Es gab zwar mal Politiker welche mit dem Unsinn aufhören wollten. Doch wo sind die geblieben? Statt den Bürokratenwahnsinn zu stoppen kommen immer neue Gängeleien. Und solange Politiker und die Regierung nicht den Mut haben diese Themen sinnvoll und Zukunftsorientiert anzugehen, solange ändert sich nichts. Änderungsressistenz ist dekadent.

Sollten Politiker mal von einem Geistesblitz getroffen werden und etwas Neues aushecken so wie die Mautgebühr, dann geht es wieder los. Da wird alles wie so üblich verkompliziert. Gutachter und die Wissenschaft werden auch noch beschäftigt. Die Zunahme von Gutachtern, deren angebliche Neutralität stelle ich in Frage, spiegelt doch die Unfähigkeit wieder selbst noch normal zu denken. Dies könnte man sich ersparen wenn Menschen aus dem produktiven und realen Lebens- und Arbeitsbereich als Gutachter hinzu gezogen würden. Aber solche Gutachter sind den Theoretikern natürlich nicht genehm. Sie würden manchen Schwachsinn schon im Keim ersticken und den Unsinn aufzeigen. Natürlich spielt die überbordende Justiz und Gesetzgebung auch eine Rolle. Jedes Gesetz muss durch die Mühle der Justiz. Aber dies funktioniert ja auch nicht! Manche Gesetze werden wieder einkassiert. Aufgrund dieser Gesetzesflut geht dies nicht mehr anders. Eine einfache und klar geregelte Gesetzgebung ist doch nicht mehr möglich. Ausnahmen, Sonderregelungen um ja niemand weh zu tun, Rücksicht auf die Lobby, all das sind Gründe dafür. Auch dies ist dekadent.

Wenn Hausbesitzer nicht mehr über ihr Eigentum frei verfügen können, Mietpreisbremse, ein gepflanzter Baum im Privatgrundstück nicht ohne behördliche Genehmigung gefällt werden darf, eine Garage genehmigt wird, aber als Alternative ein Carport nicht, dann stimmt etwas nicht mehr in diesem Lande! Dies ist wie schon erwähnt, Staats- und Behördendirigismus. Teilweise grenzt es schon in Willkür. Auch durch Mitarbeiter der Behörden. Ebenso verhält es sich doch mit der Naturschutzbehörde und dem Denkmalschutz. Diese Behörden sind doch absolut aus dem Ruder gelaufen! Wenn Juchtenkäfer oder andere Tiere, manche wurden noch nie gesehen oder nur vermutet, Millionen Kosten verursachen, dieses Geld fehlt für Sinnvolles im Straßenbau, dann ist dies dekadent! Wenn der Naturschutz über den Belangen der Bürger steht dann ist dies Wohlstandsdekadent! Da gibt in Norddeutschland ein Landwirt auf weil Flug Gänse seine Saat auffressen. Und er darf laut Naturschutz nichts dagegen tun! Diese Tiere haben sich derart vermehrt dass sie nun zur Plage werden. Ist das noch normal? Und wenn eine Eisenbahn nicht mehr fahren darf weil in den Tunnels Fledermäuse überwintern, bestimmte geschützte Tierarten nun über Hand nehmen aber nicht reguliert werden dürfen aufgrund der Naturschutzgesetze, dann läuft etwas falsch! Im Denkmalschutz ist es nicht viel anders. Natürlich haben beide Einrichtungen in angemessener Form ihre Berechtigung. Wenn es so weitergeht brauchen wir bald noch einen Bürgerschutz Behörde um gegen diese absolut überzogenen, realitätsfremden und ideologisch nicht mehr kontrollierbaren Behördenunsinn geschützt zu werden! Dies ist auch die Folge des Wohlstandes und mutiert langfristig zur Dekadenz.

Und mit der Politik jenseits von Realität und Verstand geht so weiter. Jetzt wird darüber debattiert Drogen frei zu geben. Natürlich sind die Grünen da vorneweg dabei. Die Argumentation wieder so typisch für diese Traumtänzer. Herr Özdemir vertritt die These jedem Bürger soll es doch selbst überlassen sein ob er Drogen konsumiert oder nicht. Bei Tabak und Alkohol geht es auch, seien ja auch Drogen. Das Problem aber ist doch dass Drogenkonsumenten aufgrund der massiven Bewusstseinstrübung zu Straftaten neigen. Nun kommt unsere so oft seltsame Justiz wieder ins Spiel. Da sie im Drogenrausch als nicht zurechnungsfähig gelten fällt die Strafe relativ mild aus. So ist es ja auch im Alkoholrausch. In beiden Fällen müssten die Strafen ohnehin wesentlich höher ausfallen. Niemand wird gezwungen Drogen zu nehmen oder sich zu berauschen! In welcher Form auch immer! Also trägt er auch die Folgen. Die Verantwortung! Wobei wir wieder bei den juristisch nicht vorhandenen Menschenpflichten oder der Eigenverantwortung sind! Nun kommt wieder die so überstrapazierte Menschenwürde und und! Von Rauchern geht eigentlich aufgrund des Tabakkonsums keine Gewalt aus. Perfide ist ja die Äußerung eines CDU Politikers, man könne dann auch mehr Steuern einnehmen. Von den steigenden Gesundheitskosten redet niemand. Die Grünen hoffen mit diesem Unsinn auf mehr Wählerstimmen! Und die werden sie auch vom dekadent gewordenen Wahlvolk bekommen! Der Großteil der Bürger dieses Landes ist ja aufgrund des Wohlstandes und der so sozialen Absicherungen nicht mehr in der Lage, realistisch zu denken!

Die leidliche Diskussion über die gleichgeschlechtliche Ehe ist auch so ein Drama in der Politik. Natürlich ist diese Thematik auch eine Ursache des Wohlstandes und der überzogenen Menschenrechte und Menschenwürde. Grundsätzlich sollen erwachsene Menschen ihr Sexualleben so gestalten wie sie wollen. Vorausgesetzt, dies nur mit Gleichgesinnten. Ich halte es aber nicht für angebracht solchen Paaren umfassend die gleichen Rechte einzuräumen wie bei der Ehe zwischen Mann und Frau bezüglich Adoption von Kindern. Sollen sie doch heiraten, aber Kinder zu adoptieren geht mir einfach zu weit. Wie sollen Kinder eigentlich in den Gleichgeschlechtlichen Partnerschaften ein Verhältnis zu Vater oder Mutter aufbauen. Wie sollen sie lernen dass Väter oder Mütter, also Männer und Frauen, ganz unterschiedlich im Verhaltensmuster sind! Ich denke diese Erfahrung ist ein wichtiger Faktor auch für das spätere Leben! Bei lesbischen Frauen gibt es natürlich anatomisch die Möglichkeit Kinder zubekommen. Dies aber geht ohne Männer nicht! Männer können keine Kinder bekommen. Also können sie auch keine „Mutter" sein. Gilt umgekehrt auch! Somit steht die Gleichgeschlechtliche Ehe nicht im Einklang der natürlichen Fortpflanzung. Und die Wahrscheinlichkeit dass solche Kinder eben auch Gefühle der Homos entwickeln ist sehr hoch. Es wird ihnen ja in den einprägsamsten Phasen ihrer Kindheit vor gelebt. Sie erleben eben nur zwei Männer oder Frauen im Schlafzimmer und Haushalt. Das prägt! Den Homos zu unterstellen ihre Kinder „bewusst" zu dieser Neigung zu erziehen ist aber nicht haltbar. Zudem, die adoptierten Kinder haben ja andere Gene. Diese Feststellung ändert aber nichts an meiner Einstellung. Die Menschheit wäre schon ausgestorben wenn diese Angelegenheit die Regel wäre! Ob das für die Erde so schlimm wäre? Die Frage ob dies alles mit dem Recht in Einklang zu bringen ist berechtigt. Die adoptierten Kinder werden nicht gefragt ob sie in solch einer Gemeinschaft leben möchten! Und ändern können sie es ihr Leben lang nicht mehr! Somit stelle ich deren Menschenrechte und Würde nach dem Grundgesetz in Frage! Dieses grenzt schon an oder ist sogar Vergewaltigung. Eigentlich ist dies gegen das Gesetz! Letzten Endes geht das Ausleben der so strapazierten Menschenwürde dieser „Eltern" zu Lasten der Menschenrechte der adoptierten Kinder! Jetzt kommt das Argument der Homos, Kinder könnten sich generell nicht aussuchen welche Eltern sie bekommen. Diese

Tatsache ist aber Natur bedingt! Ich glaube wenn Kinder in der Fruchtblase manchmal wüssten was sie auf dieser dekadenten Welt erwartet blieben viele drin!

Anderseits hat die Legalisierung der Homo Ehe, inklusive Kinder Adoption, für die Erde langfristig einen Vorteil. Die Population des Spezies Mensch verringert oder verlangsamt sich ja zwangsläufig. Ob durch Samenspenden der Rückgang von „natürlich" gezeugten Kindern aufgefangen werden kann, ich weiß es nicht. Ein weiterer Vorteil wäre die Schaffung eines neuen Absatzmarktes. Samenspenden kann dann recht lukrativ werden. Angebot und Nachfrage!

Bin gespannt was in dieser Republik als nächstes kommt. Die Ehe zwischen Geschwistern, Eltern und Kindern, oder Nichte und Onkel? Nicht vorstellbar? Das wäre ja gegen das Gesetz. Na sowas, der Paragraph 175 wurde auch abgeschafft. Allerdings mit Recht. Die Kriminalisierung von Homosexualität ist und war nicht berechtigt. Also kann man die anderen entsprechenden Paragraphen auch abschaffen. Wegen der Menschenrechte und Würde! Jetzt gerät diese Angelegenheit absolut außer Kontrolle!

Langfristig entledigt sich somit die Erde des größten Raubtieres und dies in allen Bereichen, welches je diesen Planeten besiedelt hat. Den Anfang machen zurecht die dekadenten Völker!

Grundsätzlich ist es eine Frage der Ethik, des Glaubens und der Lebensauffassung. Die Tatsache dass Irland dieses Gesetz eingeführt hat berechtigt nicht dazu es in Deutschland zwangsläufig auch ein zu führen. Zur Erinnerung, in Irland wurde zu diesem Thema ein Volksbefragung durch geführt! Dies ist bei uns nicht möglich. Die wird auch nicht kommen! Das wäre für viele Politiker ein Schreckensszenario. Ich wiederhole mich, nicht in der Homo-

Ehe sehe ich ein Problem, sondern an der Möglichkeit der Adoption von Kindern!

Und wenn die Grünen die Einstufung als sicheres Herkunftsland in Frage stellen nur weil in einem Land die Homosexualität nicht erlaubt ist, dann kommt auf diese Republik noch was zu!

Nehmen wir die Debatte über die Mautgebühr. Da wird das Rad neu erfunden! Was für ein Blödsinn! Dass sich ein Herr Dobrindt für so einen Quatsch hergibt verstehe ich nicht. Selbst als Vasall vom König aus Bayern kann man doch den gesunden Menschenverstand nicht ausschalten und die Realität außer lassen. Was die Politik aus einem Menschen so machen kann! Eine Plakette an die Scheibe für jedes Auto welches die Autobahn benutzt und fertig! Der Verwaltungsaufwand wäre ganz gering. Keine Ausnahmen und die Garantie, dass alle Einnahmen der Autobahngebühr in den Straßenbau/ Erhalt fließen, würden Diskussionen unnötig machen. Im Koalitionsvertrag wurde die Mautgebühr welche zu Lasten der Autofahrer geht ausgeschlossen. Aber es ist ja nicht die erste Wahllüge in diesem Lande. Lügen gehört in der Politik zum guten Ton! Nein, auch dieses Geld wenn überhaupt welches übrig bleibt wird in den Haushalt fließen und verbraten. Nun machte die unfähige Politik schon zwei Jahre an diesem Thema herum. Jetzt ist es Gesetz. Nur die EU verhindert die Realisierung. Das ist nicht mehr dekadent, sondern schon Unfähigkeit um das Wort Dummheit nicht zu gebrauchen. Dass der Bundespräsident dieses schwachsinnige Gesetz stoppt das wäre wünschenswert. Aber er möchte ja wiedergewählt werden mit den Stimmen der Union. Darum ist dies sehr unwahrscheinlich! Die EU wird diese Missgeburt an Gesetz ohnehin nicht genehmigen. Und darum installiert Herr Dobrindt für Millionen Euros Steuergelder ein Expertenteam für das Thema Maut. (Quelle SK 6.7.15) Weil er und sein Landesdespot, der Bayernkönig Horst der Erste, bei diesem Thema nicht sachlich und vernünftig denken können. Selbst wenn die EU die Maut genehmigen würde ist der Betrug der Politiker an den Wählern ist schon programmiert! Mit der nächsten Erhöhung der Mautgebühr. Diese Erhöhung würde dann mit Sicherheit nicht mit der Kfz Steuer verrechnet, wetten!

Da mit Einführung der Mautgebühr die Kfz Steuer für die Deutschen gesenkt wird frage ich mich schon wo mehr Geld für den Straßenbau herkommen soll. Diese Senkung fehlt doch dann im Bundeshaushalt! Die Einnahmen durch Ausländer werden mit Sicherheit den Aufwand und die Senkung der Kfz Steuer nicht kompensieren. Und wieder erkennt man die Unfähigkeit der Politiker realistisch zu denken und zu handeln. Es setzte sich wieder der König aus Bayern durch! Die Politik spekuliert mit dem Kurzzeitgedächtnis der Bevölkerung! Dabei wäre es ja wie schon erwähnt ganz einfach! Das Argument, eine von allen die Autobahn benützenden Autos, also deren Haltern eine Maut zu verlangen, dies führt mal wieder zu Armut ist dumm. Für Zubehör und Kinkerlitzchen der Autos hat man genügend Geld. Was sind da 70 Euro im Jahr für die Maut! Nun gibt es in Deutschland aber keine zweckgebunden Steuern. Dazu ist eine Gesetzesänderung erforderlich. Natürlich ist es für die Regierenden einfacher Erlöse aus Steuern hin und her verschieben zu können, je nach Gusto. Alles zu verkomplizieren ist ein Zeichen von Dekadenz.

Gesetze und Verordnungen in Deutschland sind völlig aus dem Ruder gelaufen. Leider eben oft jenseits der Realität und Zweckmäßigkeit. Dies hat seine Ursache auch an dem überzogenen sozialen Getue. Wenn Mieter die Miete schuldig bleiben und nicht gekündigt werden dürfen ist dies nicht sozial sondern Enteignung des Eigentümers. Wenn der Gesetzgeber aus sozialen Gründen

dies so festlegt, dann muss er auch für diese Mietschulden aufkommen. Zu einfach gedacht? Es ist nicht Sache des Vermieters
oder Eigentümers, für das soziale Gedankengut der Politik die Kosten tragen zu müssen. Das Gesetz Eigentum verpflichtet kann hier
keine Anwendung finden. Also wenn dieses Gesetz für solche Fälle
in Anwendung kommt würde dies ja bedeuten, wer ein Haus baut
verpflichtet sich eventuell kostenlos Wohnraum zur Verfügung zu
stellen! Bei unserer lahmarschigen Justiz dauert ja eine Räumungs-
klage Monate, wenn nicht Jahre. So schreibt es die Gesetzeslage
vor. Dann gehört dieses Gesetz eben angepasst und geändert. Und
ab und zu mal ein paar Euro zu bezahlen, dann gilt man als Zah-
lungswillig und kann nicht gekündigt werden, das ist Dummheit
pur der Gesetzgebung! Denn es geht auf Kosten der Eigentümer!
Wer seine Miete nicht bezahlt muss eben ausziehen. Das aber würde bedeuten der Staat müsste für die Unterbringung sorgen! So
delegiert der sogenannte Rechtsstaat seine Verantwortung an den
Wohnraumeigentümer. Dadurch kommt auch die Problematik für
Familien mit Kindern entsprechenden bezahlbaren Wohnraum zu
finden. Einer Familie mit Kindern zu kündigen ist nahezu unmöglich! Das sei absolut unsozial und gegen die Menschenwürde! Wer
Miete nicht bezahlt verhält sich unsozial! Der Mieter nimmt eine
Leistung in Anspruch. Dafür ist eben zu bezahlen. Für Sozial-
schwache gibt es staatliche Unterstützung für die zu bezahlende
Miete. Und wenn er diese Unterstützung zweckentfremdet muss er
eben ausziehen. Dies wiederum brächte die Sozialfraktionen auf
die Palme und darum bleibt es wie es ist. Das Gesetz der Mietpreisbremse ist eigentlich gegen die freie Marktwirtschaft. Angebot
und Nachfrage regelt den Preis und den Markt. Eine Mietpreisbremse ist richtig bei mit Steuergeldern geförderten Gebäuden.
Aber eben nur da. Und diese Mietpreisbremse wurde doch politisch erst notwendig, weil der Staat oder die Länder den sozialen

Wohnungsbau vernachlässigt haben. Die größte Dummheit war ja der Verkauf von Tausenden von Staatseigenen Wohnungen an Investoren. Eigentlich ist dies Missbrauch von Steuergeldern! Ganz normal in dieser Republik. Und dies um die Haushalte in den einzelnen Bundesländern, Städten und Gemeinden zu sanieren. Und dies ist, wie so vieles in der Politik, kurzfristig gedacht. Das Geschäft mit Wohnungen und Gebäuden machen nun die Privaten. Sie verdienen dabei gutes Geld mit ehemals von Steuergeldern erbauten Wohnungen! Genau so verhält es sich mit der Privatisierung von öffentliche Aufgaben, wie Energie und Wasserversorgung. Ich zähle auch die Verkehrsinfrastruktur, siehe Bundesbahn, dazu. Dies sind eigentlich hoheitliche Aufgaben. Gewinner sind die Konzerne auf Kosten von höheren Preisen für die Verbraucher. Infrastruktur ist eine öffentliche Aufgabe und die Privatisierung darum fragwürdig.

Ich bin durchaus für teilweise Privatisierung von bisher staatlich wahrgenommen Aufgaben. Bei hohen sicherheitsrelevanten Belangen und Infrastruktur wie Bahn und Straßenverkehr hört es aber auf! Kontrollen der Fluggäste aus Kostengründen zu privatisieren ist bedenklich! Das ist eine hoheitliche Aufgabe. Und ob dadurch gespart werden kann, dies ist seit Einführung des Mindestlohnes fragwürdig. Wer eigentlich ist verantwortlich wenn Sicherheitsstandards durch private Firmen aus Kostengründen nicht eingehalten werden? Der Staat ist ja durch die Privaten aus der Haftung! In Schadensfällen ist bei den Privaten in der Regel nichts zu holen. Also ist der Geschädigte der Dumme. Nun wird die EU mit Klagen gegen unsere Republik aktiv eben wegen dieser Mängel und der bescheuerten Mautgebühr. Für den noch sachlich und normal denkenden Bürger dieses Landes war dies von vorn herein klar! Man sieht dies ja bei dem umstrittenen Fracking. Die Geschädigten, in diesem Falle ganze Häuserzeilen, bleiben auf ihren Schäden sitzen.

Keiner ist haftbar, weder die Firmen noch die Behörden welche es veranlasst oder erlaubt haben! In diesem Lande geht ja der Gewinn vor Sicherheit. Und genau da liegt die Gefahr. Bei Fluggast Kontrollen ist Erfahrung ein wichtige Faktor. Diese Erfahrung ist beim häufigen Personalwechsel, natürlich aus Kostengründen, nicht mehr gegeben. Im November letzten Jahres wurden in Frankfurt bei privat organisierten Sicherheitskontrollen Schlampereien aufgedeckt. (Quelle WB FN 26.3.2015) Jeder zweite Versuch, Waffen und gefährliche Gegenstände durch die private organisierte Sicherheitskontrolle zu schleusen, funktionierte. Es stellt sich auch die Frage, sind die Weisungen privater Personen juristisch bindend? Natürlich wären Fehler auch bei beamteten Personal nicht gänzlich aus zu schließen. Für mich zumindest ist das Gefühl der Sicherheit aber größer! Natürlich ist die subjektiv. Bin mal gespannt wenn aus Kostengründen die Bundeswehr, Polizei und Justiz privatisiert werden! Bei der Bundeswehr wurde der Fuhrpark zum großen Teil, Ausnahme reine und spezielle Armeefahrzeuge, privatisiert. Gespart wurde dabei nicht. Ganz im Gegenteil. Die Kosten wurden nur verschoben. Der Betreiber verdient nun gutes Geld!

Bezüglich Polizei ist die Realitätsfremde der Politiker und Landesregierungen zu erkennen. Die Ausdünnung dieser Sicherheits- und Ordnungskräfte aus Kostengründen ist pure Dummheit der dafür Verantwortlichen! In Deutschland ist ja in der Gesamtheit die Kriminalität nicht weniger geworden! Und nun müssen sich die Sicherheitskräfte auch noch um die Einhaltung bescheuerter Vorschriften, zum Beispiel Mindestlohn und anderem Verwaltungsbedingtem Blödsinn kümmern. Dies ist nicht die Aufgabe der Polizei!

Das im Grundgesetz verankerte Recht des Streikes ist auch schon außer Kontrolle geraten. Auch dies ist ein Zeichen von De-

kadenz. Das Recht der Arbeitseinstellung zur „Wahrung und Förderung der Arbeits- und Wirtschaftsbedingungen", so der Gesetzestext, ist eigentlich die Grundlage des Streikrechtes laut Grundgesetz. Dieses Recht wird inzwischen verwässert. Nach dem Krieg
gab es als starke Gewerkschaften den DGB und die IG Metall.
Streiks waren selten und Deutschland galt als Vorbild. Auch dies
hat sich geändert. Nicht zum Vorteil. Wenn kleine Splitter Gewerkschaften in Schlüsselpositionen von Unternehmen, wie zum Beispiel die Lokführer oder Cockpit, ein Land so gut wie lahmlegen
können grenzt dies schon an Anarchie! Wenn die kleine GdL
mehrmals über eine Woche den Bahnverkehr diese Republik blockieren kann ist dies mit Demokratie, Streikrecht und Rechtsstaatlichkeit nicht zu vereinbaren. Zumal dieser Streik absolut nichts
mit den Arbeitsbedingungen oder Wirtschaftsbedingungen zu tun
hat! Dies ist eindeutig ein Machtkampf der GdL gegenüber anderen Gewerkschaften. Damit entfällt die Grundlage des Streikrechtes! Und die unfähige Politik ist nicht in Lage dagegen vor zu gehen. Da bräuchte man Politiker mit einem Arsch in der Hose im
Bundestag! Das gilt ebenso für die Justiz. Die Rechtsprechung
taugt diesbezüglich auch nichts. Inzwischen hat der Gesetzgeber
eine sinnvolle Änderung des Streikrechts geplant. Die Linken und
manche andere Politiker schäumen buchstäblich! Es ist kein Eingriff oder Aushöhlen des Grundrechtes der Koalitionsfreiheit! Die
müssen sich nicht so ereifern! Das Bundesverfassungsgericht wird
eine Gesetzesänderung diesbezüglich ohnehin wieder einkassieren!
Auch wenn dieses Gesetz noch so vernünftig wäre! Das Bundesar-
beitsgericht hat ja die Zulassung von den Splittergewerkschaften
und das damit verbundene Theater legalisiert. Die Vernunft und
die Realität sind in der Justiz keine Kriterien. Wobei wir wieder bei
der dringenden Anpassung des Grundgesetzes sind. Dass der Bürger sich dies gefallen lässt zeigt doch eindeutig die Resignation

und auch Hilflosigkeit der Bürger. Manchmal muss man schon die angebliche Demokratie in diesem Lande in Frage stellen! Dies war mit Sicherheit nicht der Gedanke des Streikrechtes. Aber genau dies zeigt doch die Dekadenz der Republik und der Rechtsprechung. Der Minderheitenschutz greift hier nicht. Wenn durch das Verhalten dieser Minderheit die Mehrheit einer Nation drangsaliert wird ist dies schon Willkür! Zumal es ja bei den Lokführern nicht um bessere Arbeitsbedingungen oder Gehaltsforderungen geht. Zumindest war es so bei dem letzten Theater! Bei Cockpit ist es ja noch unverständlicher. Die in der höchsten Einkommens Skala von Arbeitnehmern angesiedelten Piloten, sicherlich mit Recht bezüglich Ausbildung und Verantwortung, jammern ja auf sehr sehr hohen Niveau. In allen abhängigen Berufsgruppen mussten in den letzten Jahren zur Gewinnmaximierung der Unternehmen Abstriche hingenommen werden. Wenn ich es richtig verstanden habe, will man den jetzigen Piloten nichts weg nehmen. Neue Verträge jedoch sollen andere Bedingungen beinhalten. Unabhängig davon sieht man bei dem Streik den entarteten Kapitalismus. Bis jetzt kosteten die Streiks dieser Airline 300 Millionen Euro. Und dennoch erwartet sie einen operativen Gewinn von 1,5 Milliarden! (Quelle SK 8/2015) Somit geht die Befriedigung der Bosse und Aktionäre zu Lasten ihrer Kunden! Auch die Vermehrung der Gewerkschaften ist ja wie in der Politik. Durch die vorhandene Vielzahl von kleinen Gewerkschaften und bei der Politik die Zunahme der Parteien, dies macht ein sinnvolles Handeln oder gute Gesetzgebung nicht möglich. Dies aber sei der Demokratie geschultert ist absoluter Blödsinn! Und dies ist ebenfalls dekadent. Wenn dieser Unsinn so weitergeht dann können zum Beispiel die Pförtner oder das Küchenpersonal ein Krankenhaus lahmlegen und damit die medizinische Versorgung der Bevölkerung. Somit wird vieles und auch durchaus Sinnvolles in dieser Republik eliminiert. Und die Regierung schaut diesem Treiben hilflos zu. Die Rechtslage mache ein Eingreifen nicht möglich. Eigentlich ist das Verhalten dieser Gewerkschaften Diktatur! Dann muss eben das Gesetz entsprechend geändert werden. Zugegeben, der Weg unsere Gesetzgebung, sie gilt als eine der Besten der Welt, verhindert aber schnelle und eventuell notwendige Änderungen. Und dies ist manchmal fatal! Auch eine Demokratie hat eben ihre Nachteile. Auf jeden Fall ist es nicht demokratisch wenn eine kleine Gewerkschaft mit rund 300 Lokführern aus Profilierungssucht ihres Chefs, Herrn Weselsky, ein Unternehmen und die Bevölkerung malträtieren kann. Ich habe auch Zweifel ob dies mit Demokratie etwas zu tun hat! Aber unsere Rechtsprechung ermöglichte ja die Zunahme von kleinen Gewerkschaften innerhalb der Dachorganisationen. Das hat nichts mehr mit Recht zu tun. Dies ist dekadent. So geht es ja in Bananenrepubliken zu. Nochmal, im Falle GdL wird das Streikrecht absolut missbraucht! Und damit ist er illegal und gehört verboten!

Eigentlich sollte die DB standhaft bleiben, so hart es auch für den Bürger ist. Standhaft darum, dass dieser Missbrauch des Streikrechtes zu einer Gesetzesänderung führt. Und das Bundesverfassungsgericht soll mal in sich gehen und Gesetze nicht wieder in Frage stellen und einkassieren. Gesetze welche der Realität und damit für die Belange der Bevölkerung dienlich sind nicht zu akzeptieren hat nichts mit Rechtsstaatlichkeit und Demokratie zu tun! Und mit dem sogenannten Minderheitenschutz auch nicht! Nun ist eben, leider, für Paragraphen Menschen die Realität hinderlich und damit nicht akzeptabel.

Deutschland war einst eine Ikone, bezüglich Streik in der Wirtschaft. Dies ist vorbei! Dies ist auch ein Zeichen, dass es Deutschland offensichtlich, noch, zu geht und öffnet somit den Weg zur

Dekadenz. Aber dies ist der Politik egal. Es ist ja nicht ihr Geld, welches dieser unsinnige Streik kostet.

Und genau aus diesem Grund ist das Streikverbot von Beamten richtig. Ich persönlich würde es auch beim Öffentlichen Dienst begrüßen. Die Gründe der Vorteile von Beschäftigen des öffentlichen Dienstes, einschließlich die Möglichkeit der Vergütungserhöhungen habe ich schon erwähnt. Und schon wieder ecke ich an!

TTIP

Das zur Zeit im Geheimen verhandelte TTIP Abkommen zeigt was die Politiker von den Bürgern halten. TTIP gleich „Transatlantic Trade and Investment Partnership". Da wird ja wieder, wie üblich, das Volk belogen und nicht richtig informiert. Und das hat seinen Grund.

Diese Abkommen hat Auswirkungen auf alle Bereiche der Wirtschaft. Und es macht auch nicht bei Grundversorgung der Bevölkerung mit Wasser, Infrastruktur und Gesetzgebung halt. Eigentlich ist diese Grundsicherung Aufgabe des Staates. So ein Gesetz wäre ein Ermächtigungsgesetz für die Industrie und Wirtschaft mit ihren Konzernen und damit für den Turbokapitalismus!

Die unwahren Behauptungen der Lobby und Befürworter dieses Abkommens es würde Arbeitsplätze schaffen, man labert von alleine Hunderttausend für Deutschland, dieses Märchen glauben natürlich unsere Politiker. Es steigere den Export und macht damit Arbeitsplätze sicherer. Die Einkommen würden steigen und den Wohlstand erhöhen. Alles Phantasien! TTIP ist nichts anderes als der Machtausbau der Kapitalwirtschaft. Und die Konzerne, inklusive Banken, haben unsere Politik voll im Griff. Die Unwahrheit bezüglich Arbeitsplatzbeschaffung erkennt man daran, Unternehmen aus Deutschland produzieren ja immer mehr im Ausland. Also gibt es hier nicht mehr Arbeitsplätze! Damit stärkt die USA ihre Machtposition im Welthandel zu ihrem Vorteil. Und dass die Verträge fünf Jahre unter Verschluss bleiben ehe sie der Öffentlichkeit publik gemacht werden, diese Geheimniskrämerei spricht für sich! Wie so üblich verspricht die Politik natürlich keine Nachteile für den Bürger! Es fällt schwer dies zu glauben! Die USA werden die deutschen Politiker mal wieder über den Tisch ziehen. Beeinflusst von der Wirtschaft und Industrie. Nicht umsonst gibt es schon über 1,7 Millionen Unterschriften gegen TTIP. Aber das interessiert die Politiker nicht. Die Politik nimmt die berechtigten Ängste der Bevölkerung nicht ernst. Zu behaupten, dies seien Ängste vor etwas Neuem ist nur Gelabere und dummes Geschwätz dazu. Die Nachteile dieses Abkommens kann man belegen. Und diese Nachteile sind für die Bevölkerung größer als die angeblichen Vorteile! Die hätte ohnehin nur die Kapitalmaffia. Ich bezweifle dass die Politiker weitsichtiger und gescheiter sind als der Bürger des Mittelstandes. Dass dem nicht so ist erfährt man ja fast täglich! Und dieses Verhalten ist dekadent. Zeigt aber auch wie notwendig die Möglichkeit einer Volksabstimmung ist!

Wie lächerlich die Argumentationen der Verfechter von TTIP sind, dies sieht an dem Beispiel Automobilindustrie. Da behauptet doch so ein ganz Schlauer, durch die Angleichung von Schrauben, Blinker und Rücklicht Gläser usw. könne man Kosten sparen und den Export von Autos nach den USA verbilligen und vereinfachen. Diese These vertritt inzwischen auch unser Wirtschaftsminister Herr Gabriel von der SPD. Ist der Herr Minister nicht darüber informiert dass die großen Deutschen Autobauer bereits in der USA fertigen? Und damit ist Großteils dieses Argument widerlegt. Geht halt nichts über Lobbyhörigkeit. Damit steigen die Gewinne für die Unternehmen. Für diese Änderung braucht man kein TTIP. Dies hätte die Autoindustrie schon längst unter einander regeln können! Und dieses TTIP öffnet neue Märkte! Wo denn? Und nur durch dieses Handelsabkommen kann Deutschland und der Westen gegenüber China, Indien und anderen aufstrebenden Wirtschaftsnationen bestehen. Das ist Unsinn.

Der Grund ist ein ganz anderer. Dieses Abkommen dient vorwiegend nur den Konzernen und Unternehmen welche in die USA exportieren. Und die USA partizipiert am meisten von diesem Abkommen. Das Münchner Ifo Institut hat errechnet dass durch dieses Handelsabkommen in der USA um 13 bis 14 Prozent das Pro Kopf Einkommen steigt. In Europa wären es maximal um fünf Prozent. (Quelle Focus 16 /15) Die Normen für Zulassungen, ob Auto, Lebensmittel und anderen Technologien, sind in beiden Ländern unterschiedlich. Und durch das TTIP werden die nationalen Rechte der Gesetzgebung bezüglich Vorschriften, ob unsinnig oder nicht, generell nicht mehr möglich sein. Alle anderen Behauptungen der Politiker sind gelogen! Denn jedes Gesetz welches gegen die Interessen der USA Wirtschaft erlassen wird hat eine Klage zur Folge! Diese Klagen aber werden nicht von ordentlichen Gerichten behandelt sondern von einem zivilen Schiedsgericht. Und wer unsere schwachen Politiker einschließlich EU kennt, der muss sich darüber im Klaren sein was kommen wird. Die vorhandenen Verbraucher Gesetze in Deutschland werden den Gesetzen der USA angepasst. Nicht umgekehrt! Ich glaube das wäre ein Novum. Hinzu kommt dass in Deutschland die Politik, also der Gesetzgeber, über Zulassungen von genmanipulierten Pflanzen entscheidet In der USA einfach eine Behörde. Dies gilt für fast alle Zulassungen in der USA. Dafür wird dann ein angeblich neutrales Schiedsgericht installiert ohne Regierungsvertreter. Da gibt es sicherlich Schlimmeres! Das Problem dabei ist nur, dieses sogenannte „neutrale" Schiedsgericht besteht aus Vertretern der Industrie und Wirtschaft.

Und ganz ganz wichtig, natürlich Juristen. Was daran neutral sein soll ist mir unklar. Oder gibt es für diesen Ausdruck eine neue Definition welche ich noch nicht kenne? Somit ist dieses Gremium käuflich und natürlich manipulierbar. Und es geht ja heute nicht mehr um Milliarden, nein es sind schon Billionen im Spiel. Und warum TTIP Arbeitsplätze in Deutschland schaffen soll erschließt sich mir nicht. Aber um Arbeitsplätze geht es nicht. Diese Behauptung ist verarsche! Da das Kapital die Welt beherrscht ist der Ausgang klar! Die Lobby der Wirtschaft in Deutschland sagt unseren teilweise Rückgratlosen Politikern schon wohin der Weg geht! An solchen Fällen sieht man ganz klar, dass eine Volksbefragung dringend in dieser scheinbaren Demokratie von Nöten ist. Da aber unsere Politiker gescheiter als die Bevölkerung sind, zumindest tun sie so, wird die nicht kommen! Die haben davor ganz einfach panische Angst!

Es ist beängstigend wie die Politik in Deutschland gegenüber der Wirtschaftslobby und vor allem der USA hörig ist! Und Herr Merz, Erfinder der Bierdeckel Steuerreform, an sich eine gute Sache, befürwortet TTIP. Als Jurist in der Wirtschaft nach vollziehbar, sichert seinen Job! In einem hat er aber Recht. Seine Aussage, Vorhersagen von Akademikern und sogenannten Experten sind so gut wie nie eingetroffen und kann man eigentlich vergessen. Dies behaupte ich ja auch, danke Herr Merz! Das Letzte aber ist die Argumentation von Herrn Grillo. Durch TTIP fallen Zölle weg und dadurch würden für den Verbraucher Waren günstiger. (Quelle ZDF Anne Will am 20.5.15) Er ist ein Träumer! Die 4,5 Milliarden gesparten Zolleinnahmen vereinnahmen die Konzerne als Gewinne für sich und füttern damit die Aktionäre. Dem Staat fehlen diese Einnahmen und somit ist der Steuerzahler wieder im Boot. In einem mag Herr Merz ja recht haben. Bestehende Verordnungen und Gesetze werden wahrscheinlich nicht verändert. Das Problem aber ist, die können ohne Zustimmung der TTIP Partner auch nicht verändert werden! Damit ist die Gesetzgebung in Deutschland und den EU Staaten mit demokratisch gewählten Regierungen Geschichte! Ich habe manchmal zu unserer Rechtsprechung ein gestörtes Verhältnis. Aber sie ist offiziell bis jetzt nicht käuflich! Zumindest ist diesbezüglich noch nichts bekannt. Wobei dies aber nicht aus zuschließen ist! Bei den sogenannten privaten Schiedsgerichten ist dies anders. Dort wird stets der Kapitalkräftigste der Sieger sein. Und wer ist das wohl? Es ist richtig, Deutschland hat mit manchen Staaten ähnliche Abkommen und schon 160 Mal davon Gebrauch gemacht. Dies ist nicht mit TTIP zu vergleichen! Diese Abkommen wurden mit Staaten ohne frei gewählte Regierungen geschlossen, auch ohne Demokratie. Damit werden Investitionen geschützt welche aus politischen Gründen eventuell enteignet werden könnten. Mit Gewinnmaximierung auf Teufel komm raus hat dies nichts zu tun. Dass Herr Machnig von der SPD TTIP befürwortet ist seltsam. Aber er ist Politiker und diese Spezies ist ja bekannter Weise sehr flexibel. Hinzu kommt, Aussagen von Politikern sind mit Vorsicht zu genießen. Deren Glaubwürdigkeit hat ja schon gelitten. Gute und stichhaltige Argumente von Frau Wagenknecht, die Linke, wurden wie so üblich ab gebügelt! Dennoch hat sie recht. Deutschland braucht keine Paralleljustiz! Und dies sind Schiedsgerichte wie sie TTIP vorsieht. Die jetzige Justiz ist oft schon seltsam genug! Dann käme noch eine Unkontrollierbare dazu! Wie war das mit der Angst vor Neuem?

Nochmals, Staaten mit einer funktionierenden Rechtsstaatlichkeit brauchen keine Paralleljustiz. Eine gemeinsame Gesetzgebung in jeder Form ist doch schon innerhalb der EU mehr als schwierig. Und dann käme durch TTIP ein Gigant voller Eigeninteressen dazu! Ein Beispiel ist ja das Thema Gen manipulierter Mais. In Deutschland darf er nicht angebaut werden, so sagt es das Gesetz, noch! Nun will aber Amerika in Deutschland und Europa diesen Mais verkaufen. Man nennt es Markterweiterung oder Verdrängungswettbewerb. Je nachdem auf welcher Seite man steht. Da aber das Gesetz dies verhindert wird die USA Deutschland wegen Behinderung des Handels verklagen. Eben vor dem Schiedsgericht. Und es hat ja noch weitergehende Folgen für unsere Landwirtschaft. Die Produktion wird sich hier nicht mehr lohnen oder die Landwirtschaft wird vom Steuerzahler in Deutschland, mal wieder, subventioniert werden müssen. Unsere Landwirte können mit den billigen Preisen der US Landwirtschaft nicht mithalten. In Amerika sind die Anbauflächen viel größer und damit billiger zu bewirtschaften. Mit den Subventionen der Landwirtschaft, nur bei der Landwirtschaft wird es nicht bleiben, kommen auf den Steuerzahler wieder Kosten zu. Die Gewinne werden aber in der USA und den dortigen Konzernen gemacht! Und es geht um Milliarden. Dann werden Gesetze abgeschafft und der Handel erlaubt und schon haben wir Gen manipulierte Lebensmittel. Deutsche Autos stellen eine Konkurrenz zu der amerikanischen Autoproduktion dar. Um dies zukünftig ein zu dämmen werden in den USA Vorschriften erlassen, Crash Tests, Sicherheitseinrichtungen und und, welche eben genau diesen Export erschweren. Nun könnte man meinen umgekehrt könne dann Deutschland oder die EU klagen. Viel Vergnügen...! Diese Klagerei wird immer zu Gunsten des Stärkeren, vor allem finanziell, ausgehen und dies ist nun mal der Wirtschaftsgigant USA. Begünstigt natürlich auch durch das käufliche Schiedsgericht. Aufgrund der vielen Vorfälle diesbezüglich unterstelle ich Käuflichkeit! Dies sind nur zwei Beispiele wie es laufen wird. Nicht umsonst wird im stillen Kämmerlein verhandelt und die Bevölkerung dann vor vollendete Tatsachen gestellt! Das müsste den Bürger eigentlich stutzig machen! Wie war das mit dem Willen des Volkes und zum Wohle des Volkes! Offensichtlich spekuliert die Regierung mit der Gleichgültigkeit, dem politischen Desinteresse der durch „Brot und Spiele" der Neuzeit ruhig gestellten Bürger! Zugegeben, es werden Arbeitsplätze geschaffen. Aber nicht in der Wirtschaft, sondern bei Juristen und Verwaltungen! Auch dieses Verhalten ist dekadent. Durch den Wegfall von Zöllen, vorgesehen im TTIP, können Unternehmen aus Deutschland mehr und Zollfrei nach den USA exportieren. Dies vereinfacht dann die Verlagerung von Produktionsstätten Deutscher Firmen in die USA. Und damit natürlich auch die Arbeitsplätze! Da Deutschland dank verfehlter Energiepolitik für die Industrie gegenüber anderen Industrienationen, vor allem der USA zu teuer geworden, ist eine Verlagerung die logische Folge. Volkswirtschaftlich ein Desaster. Aber Gewinne haben Vorrang! Die Produkte werden dann in der USA produziert und nach Deutschland oder in den EU Markt exportiert. Zölle fallen ja weg. Das Argument, umgekehrt auch ist zu kurz gedacht. Deutschland und teilweise auch die andere Euroländer haben bei der Produktion einen wesentlich höheren Kostenaufwand. Durch Arbeitssicherheitsvorschriften, Sozialabgaben, Umweltauflagen und Energiepreise. Somit kann in der USA günstiger gefertigt werden. Habe ich etwas falsch verstanden von wegen der Schaffung von Arbeitsplätzen in Deutschland durch TTIP? Und die Drohung der Wirtschaft, vorwiegend der Konzerne und den Kapitalhörigen Politikern, ohne TTIP Zustimmung würden die USA ihr Augenmerk auf China oder anderen großen Märkte zuwenden, welche auch immer, diese Drohung ist nicht ernst zu nehmen. Außer Europa, inklusive Deutschland, sehe ich absolut keine Bereitschaft und Hörigkeit sich den USA unter zu ordnen. Und China schon gar nicht!

Dass China auf dem Wege ist sich unabhängig von europäischen Autobauern zu machen, dies ist Fakt. Auch wenn es die Manager dieser Firmen nicht erkennen wollen. Das typische Beispiel ist doch Borgward. Diese ehemalige Konkurrenz zu Mercedes und aus dem Weg geräumt wird in Stuttgart ansässig. Bei der letzten IAA wurde ein SUV von Borgward vorgestellt! Dahinter steckt als Geldgeber China. Und damit hat Chinas Autoindustrie den Fuß in Deutschland und Europa. Der Boom für die deutschen Autoindustrie in China wird nicht so bleiben. Schon Juli 2015 ist ein Rückgang der Verkaufszahlen zu verzeichnen. Und das Gejammer ist groß. Die Mobilität in China nimmt zu denn auch die ärmere Schicht möchte ein Auto. Da aber Reichtum und Wohlstand in China nicht durchgehend ist können sich die Ärmeren keine westlichen und vor allem Autos aus Deutschland leisten. Jeder normal denkende Bürger sah dies voraus! Aber Manager haben Dollarzeichen in den Augen. Und dies trübt den Blick für die Realität. Die Krankheit der kurzfristige Gewinnmaximierung zum Wohle der Börse und Aktionäre kommt erschwerend dazu. Trotz dieser Augenkrankheit wird man mit horrenden Vergütungen beglückt und steht im Ansehen und Wichtigkeit an vorderster Linie.

China baut eine eigene Automobilindustrie mit dem Know-how der westlichen Autobauer auf. Somit werden die Chinesen, außerhalb der Eliten, Chinesische Autos kaufen. Nicht vergessen darf man die Umweltprobleme in diesem Land. Darum forciert China die Elektromobilität. Da ist Deutschland ja nicht gerade führend! Ich erinnere mich noch an die ersten Autos aus Fernost in Deutschland. Was wurden die Japanischen Autos belächelt! Die Chinesen wollen ein bezahlbares Auto. Für den Großteil der Bevölkerung sind die westlichen mit Technik hochgerüsteten Autos zu teuer. Es kann in China wesentlich günstiger als in Europa produziert werden. Und China wird auf den Markt in Europa drängen. Mit Erfolg wie einst die Japaner und Koreaner!

Somit ist dann die Debatte um Millionen fehlender Fachkräfte bis ins Jahr 2050 noch mehr in Frage zu stellen. Dies ist ohnehin Kaffeesatzleserei! Dies betrifft aber nicht nur Deutschland. Den anderen EU Staaten wird es mit TTIP genau so ergehen. Wollen die EU Bürger diese Debatten? Die werden doch ohnehin, zumindest in Deutschland, nicht nach ihrer Meinung gefragt. Die großartige Politik, geimpft vom Kapitalismus, ist auch viel schlauer als das Volk. Meint sie! Und das ist dekadent. Und darum machen sie was sie wollen! Im alten Rom waren die Senatoren und der jeweilige Kaiser auch der Ansicht......!

Es ist bedenklich wenn Wirtschaftsminister Gabriel, SPD, inzwischen TTIP auch befürwortet. Man sieht den Einfluss der Wirtschaftslobby auf die Politik! Bis dieses Abkommen in Kraft tritt, bis dahin ist der Herr nicht mehr im Amt und niemand wird ihn dann mehr behelligen. So ist das in der Politik! Bestimmt bekommt er dann ein gut dotiertes Plätzchen in einem Konzern der durch das Abkommen prosperiert. So neu ist dies ja nicht!

So etwas ähnliches wie TTIP gibt es ja schon. Das Ding trägt den Namen NAFTA. Dies ist das Freihandelsabkommen zwischen der USA, Kanada und Mexiko. Da wurde genau so gelogen wie heute bei TTIP! Außer der USA und die Konzerne haben alle Anderen verloren. Die versprochenen Arbeitsplätze blieben aus. Schlimmer noch, sie wurden abgebaut. Besonders in Mexiko. Kanada hat Milliardenklagen am Hals von der Wirtschaft der USA! Der Reichtum der Kapitalisten in der USA ist enorm gestiegen während Löhne stagnieren.(Quelle TV am 18.5.15) Und das braucht Deutschland und die EU?

Nein, dies braucht nur der entartete Raubtierkapitalismus.

Deutschland und die EU sollten sich bemühen sich auf die eigenen Stärken und Wirtschaftsmacht zu besinnen. Die EU ist ein Wirtschaftsraum von über eine halbe Milliarde Einwohner. Der Europäische Binnenmarkt ist gemessen am BSP, Bruttosozialprodukt, der größte gemeinsame Markt der Welt. Dieser Markt wäre bei richtiger Koordination in der Lage, den Wohlstand gleichmäßig zu verteilen. Diese Union besitzt genug Fläche für Landwirtschaft. In den südlichen Ländern genug erneuerbare Energien wie Sonnenkraft und und! Der Markt reicht aus um ein moderates Wachstum zu gewährleisten. Darum brauchen wir TTIP nicht! Und käme Russland, was durchaus für die Wirtschaft sinnvoll wäre noch dazu, die Europäischen Union wäre die größte Wirtschaftsmacht, auch politisch der Welt! Dass dies der USA nicht gefallen würde, dies ist nachvollziehbar. Aber die EU hat, wie sie sich zur Zeit darstellt, keine Zukunft bei der Bevölkerung!

Wer sich mit der USA einlässt oder abhängig macht, Politisch und vor allem Wirtschaftlich muss wissen dass er verliert! Die USA haben immer ihr Eigeninteresse im Focus!

Ich halte die Politik Deutschlands und der EU, ich habe es schon erwähnt, für kontraproduktiv bezüglich Russland. Dies ist Wirtschaftlich aber auch Politisch absolut ein Fehler!

Und jetzt kommt noch eine Bürgerabfragung auf uns zu. Da will die Regierung wissen was seine Bürger glücklich macht, auf was sie Wert legen. Die Regierung will glückliche Bürger! Ja da fällt einem doch nichts mehr ein! Auch das ist eine Farce und gaukelt nur vor wie wichtig die Bevölkerung der Politik sei! Das Ergebnis wird so sortiert dass nur für die Politik positive Anregungen publik gemacht werden. So nach dem Motto seht her, wir haben ja alles richtig gemacht, was sind wir doch gut!

Aber man hat dem Bürger vermittelt dass er wichtig ist. Sonst würde man ihn ja nicht fragen. Brot und Spiele...! Würde die Bundesregierung den Volksentscheid im Grundgesetz verankern bräuchte sie solche Alibi Befragungen nicht zu tätigen.

Aber wie schon erwähnt bedarf eine Änderung des Grundgesetzes eine Zweidrittel Mehrheit unserer Abgeordneten im Bundestag. Ich weigerte mich bisher zu glauben, dass in diesem Gremium nur Menschen tätig sind welche für das Volk wichtige Änderungen aus Parteiinteressen nicht ermöglichen. Es kann doch nicht sein dass wir nur von Befehlsempfängern und Marionetten regiert werden! Offensichtlich ist dies aber so und damit ist dieser Sachverhalt beängstigend und höchst dekadent!

Bei einem Volksentscheid wüsste sie was das Volk denkt und eigentlich auch will. Das wäre dem sogenannten, aber nur verbal, mündigen Bürger würdig! Jetzt platzieren die Parteien gemeinsam auch noch eine Kommission welche herausfinden soll warum die Wahlbeteiligung so nieder ist. Man will die Wahltermine untersuchen, die Wahl vereinfachen, Wahlzeiten ausweiten und und ! Dabei ist die Lösung oder Verbesserung ganz simpel. Man muss eine Politik für den Bürger machen und er muss den Eindruck haben mit seiner Wahl etwas ändern oder beeinflussen zu können. Bei der momentan sich mehr oder weniger anpassenden Parteienlandschaft kann er dies schlicht und einfach nicht! Darum lässt er die Wahl Wahl sein.

Eigentlich bin ich froh dass keine Bundestagswahlen anstehen. Ich habe in meinem Leben als Wahlberechtigter noch nie eine Wahl verpasst. Ich weiß aber momentan wirklich nicht wen und was ich wählen könnte. Ich sehe momentan keine Partei welche dem Mittelstand Rechnung trägt. Bin ich der einzige Bundesbürger dem es so geht?

Zum Abschluss dieses Themas: Ich als Bürger des Mittelstandes in diesem Lande will keine Politik welche nur verteilt und das Soziale überzieht. Keine Politik welche diejenigen bestraft die ihren Hintern bewegen, also der Mittelstand und das BSP erwirtschaften. Bestraft durch überzogene Steuern und Abgaben. Ich will keine Politik welche die Starken, ich meine die Leistungsträger, schwächt und die nicht Leistungsbereiten belohnt. Keine Politik die dem Raubtierkapitalismus verfallen und hörig ist. Auch keine Politik der USA Hörigkeit. Keine von Banken und Wirtschaftslobby geprägte Politik. Auch keine Rechtsprechung welche durch eine entartete und für mich unglaubwürdig gewordene Justiz gehemmt wird. Und dies auch noch unverschämt im „Namen des Volkes"!

Ich möchte eine Politik der Realität, des gesunden Menschenverstandes und die Rückkehr zur Einfachheit und Verständlichkeit. Und dies in jeder Form und allen Bereichen des täglichen Lebens. Eine Politik der sozialen Marktwirtschaft, eine Politik welche für den das Bruttosozialprodukt erwirtschafteten Bürger, das ist nun mal der Mittelstand, dienlich ist. Auch möchte ich diesen Wechsel bevor es in diesem schon dekadent zu nennenden Land eskaliert! Und es wird, sobald die Wirtschaft aus welchen Gründen auch immer einbricht und dieser offizielle Wohlstand dann nicht mehr finanzier- und haltbar ist, eskalieren

Und ich fordere dies als Staatsbürger, als mein Menschenrecht und auch meiner Menschenwürde ein! Ist dies zu viel verlangt?

Und ich wäre froh, wenn die negativen Fakten in diesem Buch nicht zutreffen würden. Ich befürchte, es wird ein Traum bleiben!

Zum Autor

Helmut E. Lehr, geboren 1944 in Stuttgart und dort aufgewachsen. Er absolvierte eine Lehre, leistete seinen Wehrdienst ab. Nach der Meisterprüfung erfolgte ein Berufsbegleitendes Studium der Betriebswirtschaft VWA. Bis zum Renteneintritt war er Mitgeschäftsführer einer Dienstleistung GmbH in einem Konzern.

Im Jahr 2013 erschien sein Buch „Rechtsstaat Deutschland", wie ein Rechtsstaat seine Glaubwürdigkeit verliert. Und 2014 das Buch „Lobbyismus", auf dem Weg zur ersten Staatsgewalt

Zeitfracht Medien GmbH
Ferdinand-Jühlke-Straße 7
99095 Erfurt, Deutschland
produktsicherheit@kolibri360.de